Henrik Uterwedde

Frankreich – eine Länderkunde

Henrik Uterwedde

Frankreich – eine Länderkunde

2., überarbeitete und aktualisierte Auflage

Verlag Barbara Budrich
Opladen • Berlin • Toronto 2022

Bibliografische Information der Deutschen Nationalbibliothek
Die Deutsche Nationalbibliothek verzeichnet diese Publikation in der Deutschen Nationalbibliografie; detaillierte bibliografische Daten sind im Internet über https://portal.dnb.de abrufbar.

Gedruckt auf säurefreiem und alterungsbeständigem Papier

www.budrich.de

ISBN 978-3-8474-2623-3 (Paperback)
eISBN 978-3-8474-1839-9 (PDF)
DOI 10.3224/84742623

Umschlaggestaltung: Bettina Lehfeldt, Kleinmachnow – www.lehfeldtgraphic.de
Titelbildnachweis: Fotos: rosali, jmt-29, wolfgang staudt, robert s. donovan, al40, alle: www.piqs.de
Lektorat und Satz: Ulrike Weingärtner, Gründau – info@textakzente.de
Druck: paper & tinta, Warschau
Printed in Europe

Inhalt

Abbildungs- und Tabellenverzeichnis

Abbildungen

Tabellen

Vorwort zur Neuauflage

Das Thema Frankreich füllt ganze Bibliotheken. Und doch reichen diese nicht aus, um unser Nachbarland – das uns so nah ist und mit dem wir eng verbunden sind, das uns gleichzeitig aber auch immer wieder fremd und „anders" erscheint – vollkommen zu verstehen. Das ist auch nicht der Anspruch des vorliegenden Buches. Es will dem Leser die wesentlichen politischen, wirtschaftlichen und sozialen Strukturen, Entwicklungen und Probleme Frankreichs nahebringen und damit einen Schlüssel zum Verständnis unseres Nachbarlandes bieten.

Die Darstellung versucht, Zusammenhänge, Langzeitentwicklungen und ihre Eigenlogik sichtbar zu machen. Das bedeutet wiederum, eine Auswahl zu treffen, bestimmte Problemlagen und Ursachen besonders zu betonen und auch zuzuspitzen, was zuweilen auf Kosten anderer Erklärungen geht. Einseitigkeiten sollten dabei indessen vermieden werden.

Der Leser wird ein Land kennenlernen, das sich in einem vielfältigen Wandel befindet – einem Wandel, dem auch Deutschland ausgesetzt ist, der aber in Frankreich eigene Ausprägungen hat und besondere Probleme mit sich bringt. Ein Land, das eine Reihe schwieriger Herausforderungen zu bewältigen hat, aber auch voller Dynamik ist und über große Ressourcen und Potenziale verfügt. Ein Land schließlich, von dessen Erfahrungen und Lösungsansätzen die europäischen Nachbarn und auch wir in Deutschland lernen können.

Zur Neuauflage 2022

In den fünf Jahren seit Erscheinen des Buches hat sich in Frankreich einiges verändert. Für die Neuauflage wurden sämtliche Daten, Statistiken und Sachstände auf den aktuellen Stand gebracht sowie neuere Entwicklungen aufgenommen.

Neu ist der Online-Anhang, der unter der https://doi.org/10.3224/84742623A aufgerufen werden kann. Er soll dem interessierten Leser Anregungen und Hilfestellungen zur Vertiefung der behandelten Themen bieten. Zu jedem der zehn Kapitel des Buches wird dort eine Auswahl von Tabellen und Abbildungen bereitgestellt (im Text als Online-Tabelle zitiert); ferner gibt es ausführliche Literaturhinweise und zahlreiche Internet-Ressourcen. Diese Quellen zur eigenen Weiterarbeit sollen regelmäßig aktualisiert werden.

In der vorliegenden kompakten Länderkunde ist eine fast unübersichtliche Vielzahl von Quellen verarbeitet worden, deren Einzelnachweis den Rahmen des Buches sprengen würde. Wir haben deshalb durchweg auf Quellenangaben verzichtet, mit Ausnahme der längeren Zitate und der Tabellen. Am Ende der Kapitel sowie im Onlineanhang stehen Hinweise auf weiterführende Literatur und einschlägige

Internetressourcen, die die vertiefende Beschäftigung mit dem Thema erlauben. Dabei haben wir uns im vorliegenden Buch auf deutschsprachige Angaben beschränkt, die im Online-Anhang auch durch Hinweise auf französische Quellen und Literatur ergänzt werden.

Dank

Dieses Buch ist die Frucht einer langjährigen Auseinandersetzung mit unserem wichtigsten Partnerland Frankreich. Eigene Projekte und Veröffentlichungen, aber auch unzählige persönliche Erfahrungen und Begegnungen, Gespräche und Diskussionen mit Wissenschaftlerkollegen, Journalisten und engagierten Menschen beider Länder sind in die Darstellung eingeflossen.

Besonderen Dank schulde ich auch diesmal wieder meinen ehemaligen Kolleginnen und Kollegen am Deutsch-Französischen Institut, mit denen mich seit vielen Jahren gemeinsame Diskussionen und Projekte verbunden haben und denen ich wertvolle Anregungen verdanke. Darüber hinaus haben Dominik Grillmayer, Eileen Keller, Martin Villinger – sowie Werner Zettelmeier aus unserem früheren Partnerinstitut CIRAC in Cergy-Pontoise – Teile des Manuskripts gelesen und mir zahlreiche Hinweise gegeben. Stellvertretend für die Frankreich-Bibliothek des dfi, deren Bestände und Recherchemöglichkeiten mir offenstanden, danke ich Xavier Froidevaux für vielfältige Hilfestellungen und nützliche Hinweise bei der Suche nach Quellen, Daten und Fakten.

Seit langem teilt meine Frau Jutta Häring-Uterwedde meine Leidenschaft für unser Nachbarland Frankreich. Ihr widme ich auch die Neuauflage dieses Buches, an dessen Zustandekommen sie einen großen Anteil hat.

Henrik Uterwedde
Ludwigsburg, im Mai 2022

Einleitung: Wohin steuert Frankreich?

> [Wir] müssen alle zusammen eine neue Methode entwickeln. […] Wenn wir auf nationaler Ebene die Ziele, die Ambitionen und die Verantwortung teilen, wenn wir die Regierung, die Verwaltung, das Parlament, die Sozialpartner, die Verbände zusammenarbeiten lassen, wenn wir im ganzen Land sämtliche lebendigen Kräfte in Politik, Wirtschaft, Gesellschaft und Kultur daran beteiligen, dann bin ich sicher, dass unser Land große nationale Beschlüsse fassen und gleichzeitig überall im Land die Kreativität und die Initiativen befreien kann.
>
> (Emmanuel Macron: Rede anlässlich seiner Amtseinführung, 7.5.2022)

Frankreichs Wählerinnen und Wähler haben den Präsidenten Emmanuel Macron mit deutlicher Mehrheit bestätigt und wie schon 2017 seiner rechtsextremen Konkurrentin Marine Le Pen eine Absage erteilt. Das Aufatmen – in Frankreich wie in ganz Europa – war vernehmlich. Und doch ist alles ganz anders als vor fünf Jahren. Von der Aufbruchstimmung, die der junge, frisch gewählte Präsident damals verbreitete, ist nur wenig übrig geblieben. Mehr noch als 2017 stehen ihm heute zahlreiche Bürger skeptisch, ja ablehnend gegenüber, darunter nicht wenige, die ihm ihre Stimme nur gaben, um Schlimmeres zu verhindern. Die Vorbehalte gegenüber Macron, die Zerrbilder, die ihn schon damals als unsensiblen Autokraten, kalten Neoliberalen und „Präsidenten der Reichen“ zeichneten, haben sich eher noch verfestigt. Wie konnte es dazu kommen?

Emmanuel Macron: Fünf Jahre Reformpolitik und Krisenmanagement

Der Präsident hat Frankreich in den vergangenen fünf Jahren stark verändert. Anders als seine Vorgänger war er mit einer klaren Reformagenda angetreten und hat zahlreiche Reformen entschlossen verwirklicht (→ Kap. 6.1.d). So umstritten sie im einzelnen auch waren, setzten diese Reformen doch an neuralgischen Punkten und Schwächen der französischen Wirtschaft und Gesellschaft an, die in diesem Buch thematisiert werden: Arbeitsmarkt (→ Kap. 7.4), berufliche Ausbildung (→ Kap. 9.2), sozialer Dialog (→ Kap. 4.2, 8.3), soziale Brennpunktviertel in den städtischen Ballungsgebieten (→ Kap. 8.2), Steuer- und Abgabenbelastung und Rahmenbedingungen der Unternehmen (→ Kap. 6.5). Dem Präsidenten gelang es dabei, auch schwierige, weil stark kontroverse „Tabuthemen“ anzupacken, an denen viele seiner Vorgänger gescheitert waren.

Dieser Reformelan vor allem der ersten beiden Jahre trug seine Früchte. Frankreichs Wirtschaft ist dynamischer und attraktiver für Investoren geworden; die Zahl der Beschäftigten ist gestiegen; duale Formen der Berufsausbildung haben einen neuen Aufschwung erfahren. Wenn die Ergebnisse nicht noch deutlicher sind, liegt dies neben unvermeidlichen Fehlern in manchen Feldern auch an der Tatsache, dass es oft einen längeren Zeitraum braucht, um strukturelle Defizite, die Frankreich manchmal jahrzehntelang geprägt hatten, zu überwinden. Vor allem aber befand sich Macron ab Herbst 2018 in einem quasi permanenten Krisenmodus, der neue Prioritäten erforderte. Zunächst drängte ihn die wuchtige Protestwelle der Gelbwesten wochenlang bis zum Frühjahr 2019 in die Defensive (→ Kap. 8.4). Nur mühsam, unter Einsatz eines milliardenschweren Sofortprogramms zur Einkommensverbesserung für prekäre Mittelschichten sowie mit Hilfe eines aufwändig organisierten Bürgerdialogs, gelang es Macron, die Protestwelle zu stoppen. Ab Anfang 2020 beherrschte dann die Covid-Pandemie die Politik. Sie traf Frankreich gleich zu Beginn mit voller Wucht und veranlasste die Regierung zu unpopulären Maßnahmen wie einen überaus harten mehrwöchigen Lockdown (17.3.–11.5.2020), bevor sie mit einer erfolgreichen Impfkampagne allmählich in ruhigere Bahnen gelenkt werden konnte.

Sehr erfolgreich waren Macrons Ansätze, die wirtschaftlichen Folgen der Pandemie zu bewältigen und eine schwere Wirtschafts- und Sozialkrise zu vermeiden. Seine abgestuften Rettungs-, Wiederaufbau- und Investitionspläne konnten den drohenden Zusammenbruch der Wirtschaft vermeiden, die meisten Arbeitsplätze erhalten und zusätzlich noch Impulse zugunsten des Strukturwandels der Wirtschaft geben (→ Kap. 6.1e). Die Erfolge ließen nicht auf sich warten: Ab Mitte 2021 sprang der Wachsmotor wieder an. Auf Jahresbasis wuchs die französische Wirtschaft um 7%, und in der privaten Wirtschaft wurden 648.000 neue Arbeitsplätze geschaffen – deutlich mehr als vor der Ausbruch der Pandemie und doppelt so viele, wie ein Jahr zuvor aufgrund der Pandemie verloren gegangen waren. Schließlich hat der in Frankreich gut ausgebaute Sozialstaat (→ Kap. 7.2) ebenfalls dazu beigetragen, die Krise abzufedern und größere soziale Verwerfungen zu vermeiden.

Macron hatte auch die Reform und Stärkung der Europäischen Union in den Mittelpunkt seines Programms gestellt (→ Kap. 10.2). In einer Grundsatzrede an der Sorbonne am 26. September 2017 skizzierte er dementsprechend ehrgeizige Pläne, stieß sich allerdings in der Praxis bald an zahlreichen Vorbehalten vieler Partner, wobei auch Deutschland den Elan des Präsidenten eher bremste. Erst unter dem Druck der Pandemie erreichte Macron gemeinsam mit der Bundesregierung, dass die EU den wirtschaftlichen Wiederaufbau in den Mitgliedstaaten finanziell durch ein bisher nie dagewesenes, kreditfinanziertes Hilfspaket in Höhe von 750 Milliarden Euro unterstützte. Der russische Überfall auf die Ukraine im Februar 2022 versetzte Frankreich wie seine EU-Partner erneut in den Krisenmodus, der dem Präsidenten (aufgrund des französischen Vorsitzes der EU-Ratspräsidentschaft im ersten Halbjahr 2022) zusätzliche Energien als Krisenmanager abverlangte.

Kehrseiten des vertikalen Regierungsstils

Diese Bilanz des Präsidenten kann sich sehen lassen, auch wenn dies von seinen Gegnern links und rechts vehement bestritten wird. Dennoch schlug ihm immer wieder eine Welle der Ablehnung entgegen, die auch nach seiner Wiederwahl nicht verebbt ist. Warum ist das so? Warum ist es Macron trotz der erwähnten positiven Auswirkungen seiner Wirtschafts- und Reformpolitik nicht gelungen, die tiefen Gräben einzuebnen, die die französische Gesellschaft seit vielen Jahren kennzeichnen? Das mag erstens daran liegen, dass Macron die von ihm versprochene Balance zwischen liberaler Erneuerung und sozialem Schutz, zwischen Maßnahmen zugunsten der Unternehmen und der Einkommen breiter Bevölkerungsschichten nicht eingehalten oder ungenügend verdeutlicht hat. Im Vordergrund standen in erster Linie unternehmensfreundliche, liberale Reformen wie etwa vorsichtige Lockerungen des Arbeitsrechts und des Kündigungsschutzes; auch die Abschaffung der Vermögenssteuer oder Einzelmaßnahmen wie die Senkung der monatlichen Wohnungsbeihilfen um 5 Euro waren Wasser auf die Mühlen derjenigen Kritiker, die Macron vorwarfen, ein „Präsident der Reichen" zu sein. Verstärkt wurde dieser Eindruck durch wiederholte flapsige Bemerkungen Macrons z.B. zu Arbeitslosen oder zum teuren Sozialstaat, die von zahlreichen Menschen als herabwürdigend empfunden wurden. Da half es dem Präsidenten wenig, dass er auch die Arbeitnehmer-Sozialabgaben senkte, die in Frankreich teilweise hohe Wohnraumsteuer abschaffte, die beruflichen Perspektiven für junge Schulabgänger durch eine Reform der beruflichen Bildung verbesserte oder in den Brennpunktvierteln der Großstädte die Klassengrößen in den ersten Grundschulklassen halbierte.

Hinzu kommt als zweiter Faktor Macrons „vertikaler" Regierungsstil. Die Verfassung der V. Republik verleiht dem Präsidenten eine umfassende Machtfülle, vor allem wenn er auch über eine Mehrheit im Parlament verfügt (→ Kap. 2). Die dadurch entstehende starke Konzentration der Macht fördert die Versuchung jedes Präsidenten, „von oben" herab zu regieren, ohne allzu viel Rücksicht auf andere Positionen zu nehmen. Macron ist nicht der erste, der seine Machtfülle exzessiv genutzt hat, aber zusammen mit dem atemberaubenden Reformtempo zu Beginn seiner Amtszeit entstand der Eindruck einer selbstherrlichen One-Man-Show. Das gesamte Regierungshandeln ging pyramidal von oben aus. Das Parlament war zahnlos, denn die Regierungsfraktion bestand aus zahlreichen Neulingen und Quereinsteigern, die dem Präsidenten alles verdankten und deshalb als kritisches Korrektiv ausfielen. So konnte Macron, der im ersten Wahlgang nur ein Viertel der Wählerstimmen gewonnen hatte, quasi wie ein Alleinherrscher regieren. Mehr noch: Er hat auch die lokalen und gesellschaftlichen Akteure und Verbände deutlich spüren lassen, dass er sie für überflüssig hält, anstatt sie zumindest teilweise als Bündnispartner für seine Reformpläne zu gewinnen. So hat der ohnehin schwierige soziale Dialog zwischen Regierung und Sozialpartnern, der sich in den vergangenen Jahren allmählich entwickelt hatte (→ Kap. 4.2), einen Rückfall erlitten.

Gelbwesten – ein Symptom der Krise

Es war insofern nur logisch, dass der alles überragende Präsident zur bevorzugten oder gar alleinigen Zielscheibe der Kritik wurde. Mehr noch: Es hat sich auch früher schon wiederholt erwiesen, dass ein vertikaler und sozial wenig sensibler Regierungsstil, der betroffenen Sozialverbänden oder lokalen Verantwortlichen keine Anhörungs- oder Mitspracherechte einräumt und keine Rücksicht auf deren Argumente oder Bedenken nimmt, soziale Protestbewegungen auf der Straße provoziert (→ Kap. 4.2). „Diese vertikale Form des Regierens ist archaisch", befindet der Chef der größten und gemäßigten Gewerkschaft CFDT, Laurent Berger, zu Recht. „Sie gibt keinerlei Antwort auf die Bedürfnisse der Bürger, die mehr Mitbeteiligung an den Entscheidungen wünschen, die sie in erster Linie betreffen." (Le Monde, 26.4.22).

Insofern war es zunächst zwar überraschend, letztlich aber nicht verwunderlich, als im Herbst 2019 spontane Protestaktionen („Gelbwesten"; → Kap. 8.4) gegen eine Benzinsteuererhöhung und die Senkung der Höchstgeschwindigkeit auf Landstraßen wachsenden Zulauf fanden und die Regierung wochenlang in die Defensive zwangen. Schnell weiteten sich die zunächst sozialen Themen (Protest gegen Einkommensverluste) zu einer Generalabrechnung mit Macrons bürgerfernem Regierungsstil im besonderen und fehlenden Mitspracherechten der Bürger in der Politik im Allgemeinen aus.

So wurde die Gelbwestenkrise zu einem weiteren Beleg für die vielfachen Verwerfungen und Spaltungen der französischen Gesellschaft. Dazu zählen eine tiefe Vertrauenskrise zwischen Bürgern, politischer Klasse und Eliten (→ Kap. 2.4, 9.2c); das soziale Gefälle zwischen den florierenden Metropolen, sozialen Brennpunktvierteln der Vorstädte (→ Kap. 8.2) sowie abgehängten ländlichen Gebieten und Kleinstädten; Spannungen um Einwanderer und das Integrationsmodell (→ Kap. 8.1); schwierige Arbeitsbeziehungen (Kap. 8.3) und manches mehr. Diese Spaltungen sind in den vergangenen fünf Jahren nicht geringer geworden, sondern haben sich teilweise noch vertieft.

Tektonische Verschiebungen der politischen Landschaft

In diesem Licht muss man die Ergebnisse der Präsidentschaftswahl und sicher auch der folgenden Wahl zur Nationalversammlung betrachten (→ Online-Anhang zu Kap. 3). Der seit 2017 sichtbare Zersetzungsprozess des Parteiensystems hat sich weiter fortgesetzt (→ Kap. 3). Die Konkurrenz zwischen linken (mit der Sozialistischen Partei als führender Kraft) und rechten Parteien (dominiert von der konservativen UMP bzw. den Republikanern), die sich seit Jahrzehnten einander an der Regierung abgelöst hatten, gehört vorerst der Vergangenheit an. Macron hatte es 2017 mit seinem Sieg geschafft, diese Dominanz zu zerbrechen, und beide Parteien in eine Orientierungs-, ja Existenzkrise gestürzt. Zahlreiche gemäßigte Politiker beider Lager schlossen sich Macron an, was den Schlingerkurs bei Sozialisten und Republikanern nur noch verstärkt hat: Es ist für sie nicht einfach, ihren Platz zwischen der Mitte (von Macron besetzt) und den Rändern (wo die radikale Linke und die Rechtsextremen sich behaupteten) zu finden und ein eigenständiges Profil zu entwickeln. Diese Krise hat sich 2022 verschärft. Aus der Präsidentschaftswahl gingen drei große politische Blöcke hervor: In der Mitte Präsident Macron mit der ihm ergebenen, nur wenig eigenständigen Bewegung La République en marche (LREM); links der Radikalsozialist Jean-Luc Mélenchon, der mit seinen 22% im ersten Wahlgang alle anderen linken Kandidaten deklassierte (die Sozialistin Anne Hidalgo verbuchte ganze 1,8%) und dessen Bewegung La France insoumise (LFI) nunmehr dominierende linke Kraft geworden ist; rechts das Rassemblement national von Marine Le Pen, die mit 23,9% zum zweiten Mal die Stichwahl erreichte. Die konservative Kandidatin Valérie Pécresse verzeichnete dagegen mit 4,8% eine herbe Schlappe.

Das ist die Kehrseite von Macrons Erfolg: Indem er fast alle gemäßigten Kräfte zu seinen Gefolgsleuten machte und die demokratischen Alternativen gewissermaßen austrocknete, hat er zu einer Radikalisierung der Parteienlandschaft beigetragen. Das schränkt die Möglichkeiten einer glaubhaften politischen Alternative ein, da nicht nur Le Pen, sondern auch Mélenchon einen offenen Bruch mit tradierten Konstanten der französischen Innen- wie der Außenpolitik anstrebt.

Risiken und Chancen

Frankreichs stehen mithin bewegte Zeiten bevor. Zum einen ist die politische Agenda voller schwieriger Aufgaben wie die Reformpolitik (insbesondere bei Staat und Verwaltung sowie im Rentensystem), Klimaschutz und Energiewende, Wettbewerbsfähigkeit und Zukunft der Industrie, sozialer und territorialer Zusammenhalt, Finanzierung des Sozialstaats, Zukunft der EU und vieles mehr. Um diese oft umstrittenen Vorhaben zu meistern, muss der Präsident zum anderen Ernst machen mit der oft angekündigten, aber immer wieder verschobenen Erneuerung der Demokratie, um die Gräben zwischen Bürgern und politischer Klasse nicht weiter zu vertiefen. Dafür bedarf es teilweise neuer Regeln (Wahlrecht; Bürgerkonvente; Referenden), oft aber auch „nur“ eines neuen Regierungsstils: weniger einsame Entscheidungen, mehr Konsultationen; stärkere Einbeziehung der verschiedenen politischen und gesellschaftlichen Akteure sowie der Gebietskörperschaften in die politische Willensbildung.

Trotz aller Probleme: Frankreich ist – das ergibt die Lektüre der nachfolgenden Kapitel – weiterhin ein Land mit großer Ausstrahlung, zahlreichen Stärken und Potenzialen. Die französische Gesellschaft ist nicht nur durch die erwähnten zahlreichen Probleme gekennzeichnet, sondern auch durch eine starke Dynamik. Zahlreiche Kräfte in Wirtschaft und Zivilgesellschaft stellen unter Beweis, dass sie bereit und in der Lage sind, sich zu engagieren und dabei auch neue Wege zu gehen. Dies widerlegt die im Lande häufig vorherrschende pessimistische Stimmung und die immer wieder mit Inbrunst vorgetragenen Diskurse vom „Niedergang Frankreichs". Es wird Emmanuel Macrons Aufgabe sein, diese Kräfte zu stärken und anders als bisher zuzulassen, dass sie zu mitgestaltenden Akteuren des Wandels und der Erneuerung werden können.

1. Historische Grundlagen

> … die Franzosen [unterhalten] nicht nur eine besonders intensive, fast neurotische Beziehung zur Geschichte [...], sondern [...] das historische Bewusstsein [war] auch der wichtigste Baumeister des französischen Staates und der französischen Nation [...]. Frankreich ist mehr als andere Staaten und Nationen auf der Grundlage seines Geschichtsbewusstseins entstanden.
>
> (Jacques Le Goff, zitiert von Étienne François: Die Einstellung zur Geschichte, in: Robert Picht et al.: Fremde Freunde. Deutsche und Franzosen vor dem 21. Jahrhundert, München Piper 1997, S. 15)

Die Franzosen pflegen ein intensives Verhältnis zur Geschichte. Dies hängt auch damit zusammen, dass wesentliche Bestandteile der heutigen politischen Kultur und des modernen französischen Politikmodells tief in der französischen Geschichte verwurzelt sind. Sie sind bis heute Schlüsselbegriffe des Selbstverständnisses der französischen Demokratie.

1.1 Das französische Modell der Demokratie

Auf der Grundlage der Französischen Revolution von 1789 hat sich allmählich ein französisches Demokratiemodell herausgebildet, das eine Reihe von Besonderheiten aufweist. Diese erschließen sich am besten über eine Reihe von Schlüsselbegriffen, die bis heute das Denken und die Debatten prägen und eine besondere Bedeutung haben.

a) Staat und Nation

Frankreich kann auf eine jahrhundertealte nationalstaatliche Tradition zurückblicken, die sich im Begriff der „État-nation“ ausdrückt. „Frankreich“, so drückt es Robert Picht aus, „gilt als der klassische Nationalstaat, der sich gegen Kaiser und Papst seit dem Mittelalter in ungebrochener Kontinuität um die Pariser Zentralmacht herum gebildet hat. Der Staat hat sich die Nation geschaffen, sie durch Verwaltung, Sprache, Bildungswesen und das Streben nach internationaler Geltung und Unabhängigkeit immer weiter zu einem erstaunlich homogenen sozialen Körper vereinheitlicht“ (→ Literatur). Die Nation definiert sich in dieser Tradition als Produkt menschlichen Handelns, weil sie sich nicht auf Rasse, Sprache oder Geographie, sondern auf die freiwillige Zustimmung der einzelnen Bürger und damit auf ein „alltägliches Plebiszit“ gründet, wie dies Ernest Renan 1882 in seinem berühmt gewordenen Vortrag formulierte. Auch die Erinnerungsgemeinschaft an die in der Vergangenheit gemeinsam erbrachten Opfer, an Belastungsproben und an Erfolge, spielt dabei eine Rolle. Diese kollektiven Erinnerungen wach zu halten, ist auch Aufgabe der Geschichtsschreibung und des Unterrichts – ein weiterer Grund für die Bedeutung der Geschichte für das französische Selbstverständnis. Da diese Konstruktion auf Freiwilligkeit beruht und ihr Bestand damit immer wieder bedroht ist, hat der Staat die Aufgabe, die Einheit der Nation zu wahren und gegen Partikularinteressen durchzusetzen.

» *Zitat aus Ernest Renan: Was ist eine Nation? (1882)*

„Eine Nation ist eine Seele, ein geistiges Prinzip. Zwei Dinge, die in Wahrheit nur eins sind, machen diese Seele, dieses geistige Prinzip aus. […] Das eine ist der gemeinsame Besitz eines reichen Erbes an Erinnerungen, das andere ist das gegenwärtige Einvernehmen, der Wunsch zusammenzuleben, der Wille, das Erbe hochzuhalten […].
Eine Nation ist […] eine große Solidargemeinschaft, getragen von dem Gefühl der Opfer, die man gebracht hat, und der Opfer, die man noch zu bringen gewillt ist. Sie setzt eine Vergangenheit voraus, aber trotzdem fasst sie sich in der Gegenwart in einem greifbaren Faktum zusammen: der Übereinkunft, dem deutlich ausgesprochenen Wunsch, das gemeinsame Leben fortzusetzen. Das Dasein einer Nation ist – erlauben Sie mir dieses Bild - ein tägliches Plebiszit, wie das Dasein des einzelnen einen andauernde Behauptung des Lebens ist. […] Ich fasse zusammen. Der Mensch ist weder der Sklave seiner Rasse, seiner Sprache, seiner Religion noch des Laufs der Flüsse oder der Richtung der Gebirgsketten. Eine große Ansammlung von Menschen, gesunden Geistes und warmen Herzens, erschafft ein Moralbewusstsein, welches sich eine Nation nennt. In dem Maße, wie dieses Moralbewusstsein seine Kraft beweist durch die Opfer, die der Verzicht des einzelnen zugunsten der Gemeinschaft fordert, ist die Nation legitim, hat sie ein Recht zu existieren.“

(Ernest Renan: Qu’est-ce qu’une nation? Vortrag an der Sorbonne, 11.3.1882. Aus dem Französischen von Henning Ritter. Veröffentlicht in: Jeismann, Michael/Ritter, Henning: Grenzfälle - Über neuen und alten Nationalismus, Leipzig 1993) (zitiert nach http://www.zeit.de/reden/die_historische_rede/200109_historisch_renan/seite-4)

b) Souveränität

Die Souveränität ist unteilbar. Im Zeitalter des Absolutismus war damit die Legitimierung der absoluten Macht des Königs über sein Herrschaftsgebiet gemeint. Mit der Revolution von 1789 ist die Souveränität vom absoluten Herrscher auf das Volk übergegangen, das – über seine gewählten Vertreter, das Parlament – den allgemeinen Volkswillen und die Nation repräsentiert. Die Nation wird damit „zum Subjekt eines einheitlichen Willens". Die Souveränität muss nach außen verteidigt werden – als nationale Souveränität gegenüber Versuchen, den Nationalstaat zu überwinden, etwa durch einen europäischen Föderalismus. Deshalb waren Ideen eines europäischen Bundesstaates, der die Nationalstaaten überwinden sollte, in Frankreich nie populär und wurden oft bekämpft. De Gaulle verfocht in den 1960er Jahren das Konzept eines „Europa der Vaterländer", das auf den Staaten aufbaut und deren Souveränität achtet (→ Kap. 10.2). Die Souveränität gilt aber auch nach innen. So legt Artikel 1 der Verfassung fest: „Frankreich ist eine unteilbare, laizistische, demokratische und soziale Republik". Unteilbar heißt, dass der Wille des Volkes, der sich in den Gesetzen der Republik niederschlägt, im gesamten Territorium in gleicher Weise angewandt wird. Deshalb hat es traditionell ein großes Misstrauen gegenüber regionalistischen Bewegungen gegeben, denen unterstellt wird, die Einheit der Nation zu unterhöhlen. Noch im Jahr 2000 scheiterte die damalige sozialistische Regierung mit dem Versuch, der Inselregion Korsika aufgrund ihrer besonderen regionalen Verhältnisse einige beschränkte (und kontrollierte) gesetzgeberische Befugnisse einzuräumen, am parteiübergreifenden Widerstand im Namen der Einheit der Nation.

c) Die Republik

Das moderne, demokratische politische Modell Frankreichs hat sich nach der Französischen Revolution im 19. Jahrhundert herausgebildet. Ihr Kern besteht in der Idee der Republik und dem republikanischen Pakt zwischen dem Volk – dem Souverän – und den von ihm gewählten Vertretern (Parlament und Regierung). Dieser Pakt besteht darin, dass das Volk in der Wahl seinen politischen Willen zum Ausdruck bringt (der allgemeine Volkswillen: volonté générale); die von ihm gewählten Repräsentanten verpflichten sich, im Sinne dieses Volkswillens zu regieren. Keine anderen Kräfte sollen in dieser Lesart den republikanischen Pakt verfälschen, indem sie sich zwischen Bürger und Regierung schieben: weder Parteien, Interessengruppen oder Verbände, die egoistische Einzelinteressen vertreten und damit das Allgemeinwohl gefährden, noch Regionen (oder, wie im deutschen Föderalismus, Bundesländer), deren regionaler Egoismus die Einheit der Nation gefährden könnte. Diesen sogenannten Zwischengewalten – die in der modernen Demokratie eigentlich eine wichtige Rolle als Vermittlungsinstanzen zwischen Bürgern und Regierung einnehmen – wurde in der französischen Politik immer mit großem Misstrauen begegnet. Noch heute sind Parteien (→ Kap. 3.1), aber auch Verbände schwächer organisiert und spielen eine geringere Rolle in der politischen Willensbildung als in Deutschland. Ebenso hat man trotz der Dezentralisierung seit 1982 parteiübergreifend darauf geachtet, dass sich die Regionen nicht zu Gegenspielern des Zentralstaates entwickeln. Man spricht deshalb auch von einer Schwäche der Zivilgesellschaft, d. h. der zahlreichen nichtstaatlichen Organisationen und Verbände, die im öffentlichen Leben anderer Länder eine wichtige Rolle spielen und staatliche Regelungen oft ergänzen oder ersetzen können (→ Kap. 4.2).

» Zitat: Das allgemeine Interesse als abstrakter Begriff

„Seit zwei Jahrhunderten haben die Franzosen nicht aufgehört, eine besonders zwiespältige Beziehung zur Idee des allgemeinen Interesses zu pflegen. Der Hass auf den Korporatismus und das Anprangern der Partikularinteressen – beide repräsentierten 1789 das Ancien Régime – haben in unserem Land ein abstraktes Konzept des allgemeinen Interesses hervorgebracht. Daher rührt das französische Unvermögen, dieses als Kompromiss zwischen den Einzelinteressen zu denken, wie in England oder Deutschland. Das erklärt auch weitgehend, warum die französische Gesellschaft weder mit der Sozialdemokratie noch mit dem pluralistischen Liberalismus etwas anfangen konnte."

(Pierre Rosanvallon: Fondements et problèmes *de l'„illibéralisme*" francais, in: Thierry de Montbrial (Hrsg.): La France du nouveau siècle, Paris: PUF 2002, S. 91)

Oberste Norm der Republik ist das Gesetz, das, vom Gesetzgeber im Namen des Volkswillens verabschiedet, über allem steht. „Es gibt in Frankreich keine Autorität, die über dem Gesetz steht" – so heißt es in der Verfassung von 1791. Der Hinweis auf ein Gesetz gilt als Beweis und als nachdrückliche Autorität, das zu befolgen ist. Anekdotisch steht dafür die Aufschrift „Défense d'afficher – loi du 29 juillet 1881", die man in Frankreich auf zahlreichen Mauern immer noch vorfindet und mit der angezeigt wird, dass das Plakatieren verboten ist. Der exakte Verweis auf das entsprechende Gesetz – man beachte das Datum! – soll offenbar dem Verbot seine ganze Legitimität verleihen. In dieser Sichtweise darf nichts und niemand das Gesetz infrage stellen. Bis 1958 existierte auch keine Prüfung der Verfassungsmäßigkeit von Gesetzen durch ein unabhängiges Gericht (→ Kap. 2.3). Inzwischen hat sich die absolute Vorherrschaft des Gesetzes der Republik stark relativiert: Der 1958 eingerichtete Verfassungsrat kann inzwischen – allerdings erst seit kurzer Zeit – bestehende Gesetze auf ihre Verfassungsmäßigkeit überprüfen; die Regierung hat eine Fülle von Möglichkeiten, um mit Verordnungen zu regieren; schließlich hat auch die europäische Integration und die europäische Rechtsetzung eine normative Kraft, die nationale Gesetze relativiert.

d) Zentralismus

Der Zentralismus ist ein weiteres Kernelement der französischen Demokratie. Der Prozess der nationalen Einheit Frankreichs vollzog sich im wesentlichen dadurch, dass die Monarchie den territorialen Feudalgewalten die Autorität der zentralen königlichen Verwaltung gegenüberstellte und damit ihren Führungsanspruch schrittweise untermauerte und durchsetzte. Die Zentralisierung durch die königliche Verwaltung im Ancien Régime wurde durch die Französische Revolution von 1789 weiterentwickelt, systematisiert und gleichzeitig auf eine demokratische Grundlage gestellt. In der Folge entstand eine für die damalige Zeit hochmoderne, rationalisierte, in ihren Grundzügen bis in die heutige Zeit gültige Verwaltungsstruktur, die erst mit den Dezentralisierungsgesetzen von 1982 nachhaltige Veränderungen erfahren sollte: Der Zentralstaat als alleiniger Inhaber der politischen Entscheidungsgewalt schuf sich eine pyramidale Verwaltungsstruktur mit den Departements als Hauptelement. Die Pariser Zentralgewalt war durch ein engmaschiges Netz nachgeordneter Behörden im gesamten Territorium präsent. Dabei kam dem – von der Pariser Regierung eingesetzten – Präfekten als Vertreter der Staatsgewalt im Departement mit ausgedehnten Handlungs– und Kontrollbefugnissen gegenüber den lokalen Gebietskörperschaften (Departements, Kommunen) eine Schlüsselrolle zu.

Es verdient hervorgehoben zu werden, dass die zentralistische Verwaltungsstruktur sich nicht nur als Herrschafts-, sondern auch als Modernisierungsinstrument verstand, das im übrigen Europa seinerzeit als vorbildlich angesehen wurde. Der Zentralstaat sichert die mit der französischen Revolution entstandenen, bis heute gültigen Grundwerte des Republikanismus, unter anderem die „eine und unteilbare Republik", d. h. die Unteilbarkeit der staatlichen Volkssouveränität. Der Zentralismus war ferner Instrument zur Durchsetzung der demokratischen Republik gegen ihre im 19. Jahrhundert noch zahlreichen Gegner und insofern eng mit der Idee des politischen, aber auch ökonomischen und sozialen Fortschritts verbunden, während regionalistische, partikularistische Kräfte bis ins 20. Jahrhundert überwiegend zu Recht als rückwärtsgewandt eingestuft werden konnten.

Insofern ist der Begriff des Zentralismus grundsätzlich eher positiv besetzt. Ungeachtet der seit 1982 fortschreitenden Dezentralisierung (→ Kap. 4.3) gilt bis heute, dass der Zentralstaat als Garant der staatlichen Einheit und des Zusammenhalts der Nation gesehen und insofern positiv bewertet wird.

e) Laizität

Der schon erwähnte Artikel 1 der Verfassung spricht auch von einer „laizistischen Republik". Die strikte Trennung von Staat und Religion wurde nach erbitterten innenpolitischen Auseinandersetzungen mit dem Gesetz von 1905 festgeschrieben. Hintergrund waren anhaltende Spannungen zwischen den Kräften der demokratischen Republik (der seit 1870 existierenden Dritten Republik) und antirepublikanischen, antidemokratischen bzw. monarchistischen Kräften, zu denen damals auch die katholische Kirche zählte. Die Dreyfus-Affäre (1894–1905; vgl. Kasten), ein Konflikt zwischen antiparlamentarischen Kreisen und den Anhängern der parlamentarisch-demokratischen Republik, bestärkte letztere in ihrer Kritik an der Haltung der katholischen Kirche und führte 1905 zur Verabschiedung des Gesetzes über Trennung von Kirche und Staat. Es garantiert seither die individuelle Glaubensfreiheit, verweist aber die Kirchen in den privaten Raum. Diese haben den Status privatrechtlicher Vereine (während sie in Deutschland als Körperschaften des öffentlichen Rechts gelten). Es gibt keinen Religionsunterricht an öffentlichen Schulen; religiöse Symbole sind aus allen staatlichen Räumen verbannt. Das im Gesetz von 1905 durchgesetzte Prinzip des Laizismus hatte von Anfang an eine starke, bis heute spürbare Symbolkraft, weil es in den Zusammenhang mit dem Sieg der demokratischen Republik gegen ihre Feinde gestellt wurde. Noch in den 1980er Jahren gab es erbitterte Fehden zwischen Vertretern der öffentlichen Schulen und jenen der (zumeist katholischen) Privatschulen. Richtete sich das Gesetz vor 100 Jahren vor allem gegen die katholische Kirche, wird das Prinzip des Laizismus heute auch gegenüber Muslimen angewandt und ist dabei Gegenstand heftiger Kontroversen (→ Kap. 8.1).

Die Dreyfus-Affäre

löste um die Jahrhundertwende vom 19. zum 20. Jahrhundert eine der größten innenpolitischen Krisen Frankreichs aus. Der französische Hauptmann jüdischen Bekenntnisses, Alfred Dreyfus, wurde 1894 aufgrund falscher Beweise wegen Hochverrats und Spionage angeklagt, verurteilt und auf die Teufelsinsel in Französisch-Guyana deportiert. Das Urteil löste eine jahrelange erbitterte Kontroverse aus. Sie wurde durch die Hetzpropaganda antisemitischer und antirepublikanischer Kreise in Armee, Justiz, Erziehungswesen, Politik und Gesellschaft entfacht. Dagegen gingen republikanische Politiker und Intellektuelle den immer offenkundigeren Zweifeln an diesem Fehlurteil nach und forderten seine Revision, wie der Schriftsteller Emile Zola in seinem berühmt gewordenen offenen Brief an den Präsidenten in der Zeitung L'Aurore 1898 („J'accuse“, Ich klage an). Die anhaltende Welle von Protesten führte schließlich 1899 zu einer Wiederaufnahme des Verfahrens, aber erst 1906 wurde Dreyfus wegen erwiesener Unschuld freigesprochen und wieder in die Armee aufgenommen.

Diese Affäre erlangte weit über den ursprünglichen Fall hinaus eine hohe politische Bedeutung. In einer Zeit, in der die Republik nach 30 Jahren Existenz immer noch nicht völlig gefestigt war und sich antidemokratischen Anfeindungen ausgesetzt sah, markierte sie die Durchsetzung der republikanischen Kräfte gegen ihre Feinde.

f) Gleichheit

„Freiheit, Gleichheit, Brüderlichkeit" lautete eine der Losungen während der Französischen Revolution; sie ist heute offiziell die Devise der Republik. Dabei hat die Gleichheit (égalité) bis heute eine besondere Bedeutung. In der Erklärung der Menschen- und Bürgerrechte vom 26.8.1789, die noch heute Verfassungsrang hat, heißt es in Art 1: „Die Menschen sind und bleiben von Geburt an frei und gleich an Rechten. Soziale Unterschiede dürfen nur im gemeinen Nutzen begründet sein." Dabei geht es zum einen um die Gleichheit aller vor dem Gesetz. Das abstrakte Gleichheitsprinzip erlaubt keine Bevorzugung von benachteiligten Gruppen im Sinne einer positiven Diskriminierung. Darüber hinaus wird der Begriff aber auch als Versprechen der Solidarität und der sozialen Gleichheit aufgefasst. Gleichheit nicht nur der Chancen, sondern auch der materiellen Lebensbedingungen ist auch heute noch eine Forderung, die einen hohen Stellenwert in der französischen Politik besitzt.

g) Vorrang der Politik

Schließlich gilt der sogenannte Primat der Politik, d.h. der Vorrang der Politik (die als einzige auf eine demokratische Legitimation durch das Volk verweisen kann) gegenüber den Kräften der Wirtschaft und der Gesellschaft. Während in anderen Ländern, auch in Deutschland, die Sphäre der Politik eher als gleichberechtigt neben Wirtschaft und Gesellschaft gesehen wird, liegt der französischen Vorstellung eine klare Hierarchie zugrunde: Die Politik, d.h. Staat, Verwaltung, Parlament und Regierung als Vertreter des Allgemeinwohls stehen über der Gesellschaft und der Wirtschaft, deren Akteure „nur" Partikularinteressen vertreten. Dies verleiht staatlichem Handeln eine besondere Legitimität, die staatliche Interventionen nicht nur erlaubt, sondern im Zweifelsfall geradezu erfordert. Staatlicher Dirigismus etwa in der Wirtschaftspolitik – in Deutschland überwiegend negativ bewertet und abgelehnt – wird in Frankreich deshalb oft als sinnvoll und notwendig, auf jeden Fall aber pragmatisch gesehen und ohne ordnungspolitische Gewissensbisse verfolgt (→ Kap. 4.1). Der Vorrang der Politik zeigt sich auch im Umgang mit dem Rechtsstaat. Nur zögernd hat sich in Frankreich die Überprüfung von Gesetzen durch das Verfassungsgericht durchgesetzt, und noch heute wäre eine so ausgedehnte Rolle, wie sie das Bundesverfassungsgericht in Deutschland gegenüber dem Gesetzgeber einnimmt, in Frankreich nicht akzeptabel (→ Kap. 2.3). Auch die strikte Regelbindung der Politik (z.B. durch die Haushaltsregeln der Europäischen Währungsunion, die die Neuverschuldung begrenzen) wird nur unter Vorbehalten akzeptiert: Es ist für viele Franzosen undenkbar, dass abstrakte Regeln eine demokratisch gewählte Regierung daran hindern können, die ihr notwendig erscheinende Politik zu realisieren und dafür eventuell auch Kredite in Anspruch zu nehmen.

1.2 Grundzüge der Entwicklung seit 1870

Nachdem mit der französischen Revolution die Grundlagen für die moderne demokratische Entwicklung gelegt wurde (Erklärung der Menschenrechte, Prinzip der Volkssouveränität), war die französische Geschichte in der ersten Hälfte des 19. Jahrhunderts durch eine rasche Abfolge unterschiedlicher Herrschaftsformen gekennzeichnet: kurzzeitige Republiken, die Herrschaft Napoleons, die Rückkehr zur Monarchie bzw. zum Kaiserreich Napoleons III und am Ende die III. Republik (→ Tab. 1).

Tabelle 1: Politische Regime seit 1789

1789–1792	Monarchie	1791 Verfassung der konstitutionellen Monarchie
1792–1799	I. Republik	1792-95 Konventsverfassung (nie angewandt) 1795-99 Direktorialverfassung
1799–1815	Herrschaft Napoleons	1799-1804 Konsulat (formal Republik) 1804-1815 Erstes Kaiserreich
1815–1848	Monarchie	Restauration (Bourbonen) Julimonarchie (Haus Orléans)
1848–1851	II. Republik	Präsidentielles System; allgemeines Männerwahlrecht
1852–1870	Zweites Kaiserreich	Napoleon III (Staatsstreich 2.12.1851, Verfassung 14.1.1852)
1870–1940	III. Republik	Verfassungsgesetze 1875: parlamentarisches System, allgemeines Männerwahlrecht
1940–1944	Vichy-Regime	Autoritäres System (Marschall Pétain)
1944–1946	Provisorische Regierung	Zunächst unter de Gaulle; erster Verfassungsentwurf im Volksentscheid vom 5.5.1946 abgelehnt.
1946–1958	IV. Republik	Zweiter Verfassungsentwurf durch Volksentscheid vom 13.10.1946 gebilligt. Parlamentarisches System, seit 1944 Frauenwahlrecht.
Seit 1958	V. Republik	Verfassung durch Volksentscheid vom 28.9.1958 angenommen. Parlamentarisches System mit starkem Präsident und plebiszitären Elementen. 1962: Volkswahl des Präsidenten durch Volksentscheid gebilligt.

Quelle: eigene Zusammenstellung nach Adolf Kimmel/Henrik Uterwedde (Hrsg.): Länderbericht Frankreich, Bonn: Bundeszentrale für politische Bildung 2012, S. 377

a) Die Dritte Republik (1870–1940)

Die Geschichte der modernen demokratischen Republik beginnt 1870 mit der Ausrufung der III. Republik, deren hauptsächliche Institutionen schon auf die heutige Zeit verweisen: Ein von der Nationalversammlung für sieben Jahre gewählter Präsident, dessen Befugnisse aber schon 1875 eng begrenzt wurden; eine Regierung, die dem Parlament verantwortlich ist; ein Parlament mit zwei Kammern: die Nationalversammlung mit 600 Abgeordneten, die für 5 Jahre direkt gewählt wurden, und der Senat mit 300 Senatoren, die durch lokale Wahlmännergremien indirekt für 9 Jahre gewählt wurden, wobei alle drei Jahre ein Drittel erneuert wurde. Damit war eine funktionsfähige, auf allgemeinen Wahlen (allerdings nur durch Männer) basierende parlamentarische Demokratie entstanden, die deutlich fortschrittlicher als das 1871 entstandene, autoritär regierte Deutsche Reich Bismarcks war.

In die Zeit der III. Republik, die bis 1940 andauerte, fallen so grundlegende Entwicklungen wie die Ausdehnung des französischen Kolonialreiches, die Herausbildung des öffentlichen Schulsystems, das sich als „Speerspitze der Republik" verstand und in allen 36.000 Gemeinden Frankreichs zur Verbreitung der republikanischen Werte beitrug, oder der Kulturkampf zwischen der katholischen Kirche und der Republik, der in Zusammenhang mit der Dreyfus-Affäre (1984–1905) 1905 zum Gesetz über die Trennung von Kirche und Staat führte. Gewerkschaften und Arbeitgeberverbände wurden 1884 erstmals legalisiert und 1901 ein modernes, heute noch gültiges Vereinsgesetz geschaffen (bis heute firmieren Vereine unter der Bezeichnung „association loi 1901"). Auseinandersetzungen zwischen der demokratischen Republik und monarchischen oder antiparlamentarischen Kräften gab es immer wieder, auch in den 1930er Jahren. Angesichts der Gefahr einer autoritären antidemokratischen Bewegung (faschistische Ligen; blutige antiparlamentarische Demonstration am 6.2.1934) bildete sich 1936 erstmals eine Volksfrontregierung unter Führung der Sozialisten, die von der Kommunistischen Partei geduldet wurde.

Wirtschaftlich und gesellschaftlich war die Periode der III. Republik eine Zeit des nur langsamen Wachstums und Strukturwandels. Frankreich vollzog den zunächst in Großbritannien, ab 1870 auch im Deutschen Reich realisierten Weg der raschen Industrialisierung mit allen ihren Begleiterscheinungen (Landflucht und Verstädterung, Entstehung eines Massenproletariats, der sozialen Frage und der Arbeiterbewegung, Konzentration des Kapitals) nur zögernd und gleichsam in homöopathischen Dosen. Es war, als ob sich die herrschenden Klassen dieser Zeit – das Besitzbürgertum, aber auch die Landbesitzer – stillschweigend darüber einig waren, den ihre Machtbasis gefährdenden Strukturwandel so weit wie möglich zu bremsen. Die Folge war eine außerordentliche politische Stabilität und Blüte der demokratischen Entwicklung der III. Republik, aber auch eine relative Stagnation in der Bevölkerungsentwicklung, im Wirtschaftswachstum und in der Modernisierung von Landwirtschaft und Industrie. In der Folge sah sich Frankreich zunehmend von der Wirtschaftsdynamik vor allem des deutschen Nachbarn abgekoppelt und geriet in einen ökonomischen Entwicklungsrückstand. Der Kontrast zum hochindustrialisierten Deutschland wurde vor allem nach dem Ersten Weltkrieg überdeutlich.

Außenpolitisch war die Zeit vom deutsch-französischen Gegensatz geprägt. Deutschland hatte nach dem deutsch-französischen Krieg von 1870–71 die Annexion des Elsass und eines Teils von Lothringen und Reparationszahlungen in Höhe von 5 Milliarden Francs erzwungen. Aus dem Ersten Weltkrieg, der weitgehend auf französischem Boden stattfand und ein ungeheures Ausmaß an Zerstörungen und Menschenopfern forderte, ging Frankreich als Sieger hervor und war maßgeblich an den harten Bedingungen des Friedensvertrags von Versailles beteiligt (1919). Indessen scheiterte dieser Versuch, Sicherheit gegen den deutschen Nachbarn mittels harter Zwangsauflagen zu erreichen, spätestens mit der Machtübernahme der Nationalsozialisten in Deutschland 1933. Im Zweiten Weltkrieg gab es zunächst keine Kampfhandlungen bis zum Überfall durch die hitlerdeutschen Truppen im Mai 1940, der nach wenigen Wochen mit einer Katastrophe für Frankreich endete.

b) Kollaboration und Widerstand (1940–44)

Es folgte eine kurze Zeit (1940–44), die gleichzeitig von Kollaboration mit und Widerstand gegen Hitler geprägt war. Am 22.6.1940 schloss Marschall Pétain, Oberbefehlshaber der französischen Truppen, einen Waffenstillstand mit Hitler. Ein Teil Frankreichs blieb unter deutscher Besatzung (zone occupée); der Rest des Landes bildete den „Französischen Staat" (État français), ein autoritäres Regime mit Pétain an der Spitze und der Kurstadt Vichy als Hauptsitz (→ Online-Abb. 1.1). Dieses Vichy-Regime verpflichtete sich zur Zusammenarbeit mit Hitlers Deutschland (collaboration), z.B. Wirtschaftslieferungen und den „freiwilligen" Arbeitseinsatz von Franzosen in Deutschland. Es kompromittierte sich überdies durch seine aktive Beteiligung an den Judendeportationen. Gegen Pétain formierte sich sogleich nach dem Waffenstillstand 1940 Widerstand, der sich in den kommenden Jahren ausweiten sollte. Der General Charles de Gaulle verurteilte den Waffenstillstand in einem Aufruf, den er am 18. Juni 1940 aus dem Londoner Exil verbreitete und in dem er zur Fortsetzung des Kampfes gegen Deutschland aufrief. Er bildete bald eine Exilregierung und später auch eigene Truppen, die sich an den alliierten Kampfhandlungen vor allem bei der Befreiung Frankreichs beteiligten. Dieser Widerstand (Résistance) von außen wurde ergänzt durch Widerstandsgruppen in Frankreich selbst, an denen sich Menschen aus verschiedenen Strömungen (Kommunisten, Sozialisten, Christen, Bürgerliche, Anhänger de Gaulles) beteiligten. Sie versuchten, die Besatzungstruppen unter anderem durch Sabotageakte zu schwächen. Trotz des insgesamt begrenzten Anteils der französischen Widerstandsbewegung an der Befreiung Frankreichs durch alliierte Truppen (Landung in der Normandie, Juni 1944) schaffte es de Gaulle mit großer Beharrlichkeit, dass Frankreich am Ende des Zweiten Weltkrieges den Status einer alliierten Siegermacht erhielt und (neben den

USA, der Sowjetunion und Großbritannien) zur Besatzungsmacht in Deutschland wurde. Die Erinnerung an den Widerstand half nach Kriegsende, die Schmach der Niederlage 1940 und vor allem die Kollaboration durch Pétain in den Hintergrund des kollektiven Gedächtnisses zu drängen. Erst viel später, ab den 1970er Jahren, hat man begonnen, ein differenzierteres Bild von Widerstand und Kollaboration zu zeichnen und vor allem die Mitverantwortung des Pétain-Regimes etwa an der Verfolgung, Deportation und Ermordung der in Frankreich lebenden Juden zu thematisieren.

c) Die Vierte Republik (1946–1958)

General de Gaulle, dessen konsequenter Widerstand gegen Hitler und gegen die Kollaboration des Pétain-Regimes zur Befreiung Frankreichs durch die alliierten Truppen beigetragen hatte, wurde 1944 zum Chef einer provisorischen Regierung bestellt, die die dringendsten Aufgaben des Wiederaufbaus in die Wege leiten sollte. Allerdings trat de Gaulle am 20.1.1946 zurück, weil die Verfassungsgebende Nationalversammlung in seinen Augen eine ausschließliche Parteienherrschaft wiederherstellen wollte, die er scharf ablehnte. So entstand mit der IV. Republik ein parlamentarisches System nach dem Muster der III. Republik, in der die Regierung stark vom Parlament und den oft wechselnden Stimmungen der Parteien abhängig wurde. De Gaulle zog sich daraufhin aus der Politik zurück. Die IV. Republik erwies sich sehr bald als instabil. Taktische Manöver der führenden Parteien und wechselnde Mehrheiten führten zu ständigen Regierungswechseln; nicht weniger als 23 Regierungen lösten sich in nur 12 Jahren ab. Die politischen Institutionen und auch die Parteien funktionierten im Kern immer noch wie im 19. Jahrhundert. Sie waren den völlig veränderten Anforderungen an eine moderne Regierung, die eine stärkere Handlungsfähigkeit der Exekutive und ihre Unterstützung durch die Parlamentsmehrheit erforderten, nicht mehr gewachsen.

Während die politische Erneuerung Frankreichs zunächst gescheitert war, wurde die wirtschaftliche und soziale Erneuerung gleich nach 1944 energisch in Angriff genommen. Denn die führenden Eliten und fast alle Parteien waren sich einig darin, dass Frankreichs gebremster Strukturwandel und der Modernisierungsrückstand für die schmachvolle militärische Niederlage 1940 mitverantwortlich gewesen waren. In einem breiten politischen Konsens, der von den Gaullisten bis zu den Kommunisten reichte, wurde nach 1944 die rasche wirtschaftliche und soziale Modernisierung zur nationalen Aufgabe erklärt. „Modernisierung oder Dekadenz", so formulierte einer der Väter des französischen Wiederaufbaus nach dem Zweiten Weltkrieg, Jean Monnet, die Aufgabe der Stunde. Es bestand auch Übereinstimmung darin, dass diese Aufgabe nicht alleine dem Markt oder den Unternehmen überlassen werden könne. Die Modernisierung bedurfte einer effektiven Steuerung. Dafür wurden die notwendigen Voraussetzungen geschaffen: Eine moderne Verwaltung wurde aufgebaut, umfangreiche staatliche Lenkungsmittel entstanden, wie die *Planification*, staatliche Unternehmen vor allem im Finanzsektor und bei den großen Versorgungsunternehmen oder die Investitionslenkung durch staatliche Kreditpolitik, Sektoren-Entwicklungspläne usw. (→ Kap. 6.1).

Die IV. Republik zerbrach vor allem an ihrer Unfähigkeit, die wachsenden Auseinandersetzungen in den Kolonien (Indochina, Nordafrika) zu beenden. In einer bürgerkriegsähnlichen Situation (Putsch der Generäle in Algier, der auf das Mutterland überzugreifen drohte) wurde schließlich Charles de Gaulle als „Retter in der Not" gerufen. Dieser legte alsbald einen Verfassungsentwurf vor, der seinen Vorstellungen einer starken Exekutive und eines „gezähmten" Parlaments entsprach und der am 28.9.1958 in einer Volksabstimmung gebilligt wurde: Die V. Republik war geboren.

d) Die Fünfte Republik (seit 1958)

De Gaulle wurde zum ersten Staatspräsidenten der V. Republik gewählt und prägte deren Beginn bis zu seinem Rückzug 1969. Kraft seiner Autorität und mit Hilfe direkter Volksentscheide setzte er die unausweichlich gewordene Entkolonisierung gegen manche Widerstände – die sich immer wieder in teilweise blutigen Anschlägen seitens seiner Gegner zeigten – durch. Mit der Billigung des Abkommens von Evian 1962 und der Unabhängigkeit Algeriens wurde die Entkolonisierung abgeschlossen. 1958 traten die – noch während der IV. Republik ausgehandelten – Römischen Verträge in Kraft, mit denen die europäische Integration begann, zunächst als Europäische Wirtschaftsgemeinschaft mit sechs Mitgliedstaaten (heute: Europäische Union mit 28 Mitgliedstaaten). 1963 begann mit dem Élysée-Vertrag eine institutionalisierte deutsch-französische Regierungszusammenarbeit, die sich als wichtiger Wegbereiter zahlreicher Fortschritte der erweisen sollte (→ Kap. 10.3). De Gaulle setzte ferner durch, dass der Präsident ab 1965 direkt durch das Volk gewählt wurde.

1981 erfolgte der erste Machtwechsel in der V. Republik, als François Mitterrand, Kandidat der Linken, die Präsidentschaftswahl gewann und eine Regierung mit Sozialisten und Kommunisten bildete. Allerdings scheiterte sein Kurs einer dezidiert linken Antikrisenpolitik (Verstaatlichung von Unternehmen, ein durch Defizite finanziertes Konjunkturprogramm, ehrgeizige Industriepolitik) bereits nach kurzer Zeit. Mitterrand leitete im März 1983 eine wirtschaftspolitische Wende ein, mit der sich Frankreich stärker dem deutschen Kurs näherte.

In den darauf folgenden Jahren bis heute bestimmten wachsende wirtschaftliche und soziale Probleme die Politik. Diese fand keine Mittel, der krisenhaften Entwicklung wirksam zu begegnen. Die Folge waren häufige politische Wechsel: Linke, konservative und Kohabitations-Regierungen (→ Kap. 2.2) folgten aufeinander. Unterdessen stieg der rechtsextreme Front national seit den 1980er Jahren zu einer immer stärkeren politischen Kraft auf (→ Kap. 3.2). Nach dem Start der Wirtschafts- und Währungsunion geriet die Wirtschaft in neue Turbulenzen; die

Frage der Reform- und Anpassungsfähigkeit stellte sich immer dringlicher, wurde aber sehr kontrovers diskutiert, ebenso wie die Stabilitätsregeln der Währungsunion. Die terroristischen Anschläge ab 2015 haben ihrerseits politische Spannungen verschärft und neue Kontroversen über innere Sicherheit, Einwanderung und die Bedrohung durch islamistische Gewalt entfacht (→ Online-Tab. 1.1: Chronik 1944–2022).

Weiterführende Literatur
(Weitere Hinweise im Online-Anhang)

- Peter C. Hartmann: Geschichte Frankreichs: Vom Mittelalter bis zur Gegenwart, München: C.H. Beck, 5. Aufl. 2015
- Wilfried Loth: Geschichte Frankreichs im 20. Jahrhundert, Frankfurt/M.: Fischer 1992
- Pierre Nora (Hrsg.): Erinnerungsorte Frankreichs, München: C.H.Beck 2005
- Robert Picht, Frankreich in der Identitätskrise. Nation, Staat und Politik in der internationalen Verflechtung, in: Länderprofile. Politische Kulturen im In- und Ausland, Stuttgart 1993
- Jörg Requate: Frankreich seit 1945, Göttingen: Vandenhoeck und Ruprecht 2011
- Matthias Waechter: Geschichte Frankreichs im 20. Jahrhundert, München: C.H. Beck 2019

2. Das politische System

> Ungeachtet mancher problematischen Aspekte und Schwächen, bietet die Verfassungsordnung der V. Republik Frankreich gleichwohl bessere Chancen als zuvor, den vielfältigen Herausforderungen erfolgreich zu begegnen. Es liegt an den politischen Akteuren, diese Chance zu nutzen.
>
> (Adolf Kimmel: Das politische System der V. Französischen Republik. Ausgewählte Aufsätze, Baden-Baden: Nomos 2014, S. 299f.)

Das Regierungssystem der V. Republik kommt als eigenartiger Zwitter daher, der sich einfachen Zuordnungen entzieht. Ist es präsidentiell, ist es parlamentarisch oder keines von beiden, ein „semipräsidentielles" System, wie manche meinen? Der Verfassungstext verweist eindeutig auf ein parlamentarisches System, auch wenn dem Parlament 1958 gleich mehrfach die Flügel gestutzt wurden (2.1). Indessen verfügt der vom Volk gewählte Präsident über eine große Machtfülle, die ihn zu einem zentralen Akteur in der französischen Politik macht. Aber bei genauem Hinsehen ist der Präsident in vielerlei Hinsicht auf die Zustimmung des Parlaments angewiesen, was den Premierminister als zweites Element der doppelköpfigen Exekutive ins Spiel bringt. In der Regel dem Präsidenten untergeordnet, kann er in Zeiten der „Kohabitation" zu dessen mächtigen Gegenspieler werden (2.2). Die Bindung der Politik an rechtsstaatliche Grundsätze und ihre Überprüfung durch ein Verfassungsgericht entspricht nicht der traditionellen Vorstellung vom Vorrang der Politik, hat sich aber in den letzten Jahrzehnten stark entwickelt (2.3). Insgesamt hat sich die V. Republik als wandlungs- und anpassungsfähiges System erwiesen. Dennoch gibt die Funktionsweise der französischen Demokratie auch Anlass zu Kritik und Reformwünschen (2.4).

2.1 Ein „rationalisierter Parlamentarismus"

a) Stabilität als oberstes Ziel

Anders als Deutschland hat Frankreich zwei Anläufe gebraucht, um nach Ende des Zweiten Weltkriegs sein Regierungssystem neu zu ordnen. Der erste Versuch, die IV. Republik (1946–1958), war durch die Herrschaft des Parlaments gekennzeichnet. Regierungen wurden gebildet und oft nach wenigen Monaten wieder gestürzt. In den 12 Jahren ihrer Existenz gab es nicht weniger als 23 Regierungen! Es gab weder klare Koalitionsabsprachen oder Regierungsprogramme für eine Wahlperiode noch eine Fraktionsdisziplin. Die Regierungen waren Spielball der Machtkämpfe in und zwischen den Parteien, die sich unabhängig von den Wahlergebnissen im Parlament abspielten. Dabei spielte der Wählerwille nur selten eine Rolle. Auch deswegen hat der Politikwissenschaftler Maurice Duverger (1917–2014) die Vierte Republik als „Demokratie ohne Volk" (so der Titel seines Buches 1967) bezeichnet. Die Instabilität und Kurzlebigkeit der Regierungen belastete die Entscheidungsfähigkeit der Politik. Den Belastungen der Kolonialkriege in Indochina und Algerien, der damit zusammenhängenden Zerrüttung der Staatsfinanzen und dem Verfall der Währung zeigte sich die Vierte Republik schließlich nicht gewachsen. Die schwere Staatskrise konnte erst beendet werden, als der zur Hilfe gerufene General Charles de Gaulle eine neue Verfassung ausarbeiten ließ, die am 28.10.1958 mit über 62 % der Stimmen per Volksentscheid von den Franzosen gebilligt wurde. Dies war die Geburtsstunde der Fünften Republik.

De Gaulles Ziel war es, die Regierbarkeit des Landes wiederherzustellen, mit einer stabilen Exekutive (Regierung), die für die Dauer einer Legislaturperiode von einer Parlamentsmehrheit unterstützt wird. Eine starke Regierung, ein starker Präsident, der den direkten Kontakt mit dem Volk sucht und dadurch die alten Parteien und Zwischengewalten aushebelt, ein „gezähmtes" Parlament – das sind die wesentlichen Elemente des von ihm erdachten Systems.

b) Die Disziplinierung des Parlaments

Dazu gehörte in erster Linie, die frühere Parlamentsallmacht durch einen Mehrheits-Parlamentarismus nach britischem Muster zu ersetzen („rationalisierter Parlamentarismus"): Die aus den Wahlen hervorgegangene Parlamentsmehrheit unterstützt die Regierung während der gesamten Legislaturperiode; am Ende hat der Wähler erneut das Wort, um die Regierung zu bestätigen oder durch die bisherige Oppositionspartei abzulösen. Um dieses für die Politiker und Parlamentarier damals ungewohnte – und von ihnen scharf abgelehnte – Rollenverständnis zu erzwingen, wurde eine Reihe von disziplinierenden Vorschriften in die Verfassung geschrieben, die allesamt dasselbe Ziel hatten: Die Exekutive zu stärken und dem Parlament die Flügel zu stutzen.

Nach den Regeln der V. Republik darf sich das Parlament nur zu den vorgegebenen Sitzungsperioden versammeln. Diese wurden zunächst in der Verfassung auf zweimal drei Monate begrenzt. Erst 1995 wurde eine einheitliche Sitzungsperiode von 9 Monaten festgelegt, die von Oktober bis Juni läuft. Die Tagesordnung wird weitgehend von der Regierung bestimmt (Art. 48), erst seit 2008 hat das Parlament wieder eine Teilhoheit über die Tagesordnung. Ferner ist die Zahl der Ausschüsse dem Parlament durch die Verfassung vorgegeben: Ursprünglich war ihre Zahl auf sechs begrenzt, inzwischen sind es acht. Auch wenn es Sonder- und Unterausschüsse bilden kann, wird das Parlament in seiner Freiheit, sich selbst zu organisieren, eingeschränkt. Auch wird dadurch eine effektive parlamentarische Kontrolle der Regierung durch das Parlament erschwert – diese würde voraussetzen, dass wie z. B. in Deutschland jedes Ministerium durch einen entsprechenden parlamentarischen Ausschuss begleitet und kontrolliert wird.

Direkte Demokratie: Referenden und Bürgerentscheide

Neben den üblichen Volksabstimmungen über eine neue Verfassung (1946, 1958) sind seit 1958 auch Referenden zu wichtigen Fragen möglich (Funktionsweise der Institutionen, Ratifizierung eines internationalen Vertrages, Wirtschafts-, Sozial- oder Umweltreformen). Zunächst konnte nur der Präsident einen solchen Volksentscheid herbeiführen. Präsident de Gaulle nutzte das Referendum als Instrument, um bestimmte wichtige Vorhaben gegen den erwarteten Widerstand der Parteien und des Parlaments durchsetzen zu können: etwa die Entkolonisierung oder die Einführung der Direktwahl des Präsidenten. Ihm wurde vorgeworfen, das Referendum auch als Personalplebiszit zu verwenden, d. h. als Mittel zur Wahrung seiner Macht. Dies war nicht ganz falsch; das von ihm 1969 anberaumte Referendum über eine Regionalisierung und Reform des Senates war in Wirklichkeit eine persönliche Art Vertrauensfrage an die Franzosen. Als das Referendum scheiterte, trat er umgehend zurück.

Die nachfolgenden Präsidenten waren wesentlich zurückhaltender mit dem Einsatz von Volksbefragungen. Vor allem vermieden sie es, diese als allgemeines Vertrauensvotum für ihre Politik zu nutzen. So gab es Abstimmungen vor allem zur europäischen Politik (1972 über den Beitritt Großbritanniens, 1992 über den Vertrag von Maastricht und 2005 über den europäischen Verfassungsvertrag).

Seit 2015 kann eine Volksabstimmung auch von einem Fünftel der Abgeordneten herbeigeführt werden, die dabei von einem Zehntel der Wahlberechtigten unterstützt werden müssen. Die Hürden sind allerdings so hoch, dass es noch zu keiner einzigen Abstimmung gekommen ist. Eine von Präsident Macron angekündigte Verfassungsreform, die Volksabstimmungen erleichtern sollte, ist 2020 am Senat gescheitert.

Auch auf lokaler Ebene gibt es seit den 1990er Jahren die Möglichkeit zu Bürgerabstimmungen. Oft sind sie als unverbindliche Meinungsbefragungen ohne bindende Wirkung durchgeführt worden. Seit 2003 räumt ein Verfassungsgesetz aber den Gebietskörperschaften die Möglichkeit ein, den Bürgern eine lokalpolitische Entscheidung zur Abstimmung vorzulegen. Allerdings hat nur der Bürgermeister bzw. der Gemeinderat das Initiativrecht; ein Bürgerbegehren, das einen Bürgerentscheid herbeiführen könnte, existiert nicht. Auch wird die Rechtmäßigkeit des Referendums von der Präfektur genau geprüft. Das Bürgervotum ist verpflichtend, wenn es eine Mehrheit gefunden hat und wenn mehr als die Hälfte der Wahlberechtigten abgestimmt hat. In der Praxis wird dieses Instrument nur vereinzelt genutzt.

(→ Online-Tab. 2.1: Referenden in der V. Republik)

Die gesetzgeberischen Befugnisse des Paraments sind klar eingegrenzt und in Artikel 34 der Verfassung abschließend aufgeführt; in allen anderen Bereichen kann die Regierung selbst über Erlasse und Verordnungen entscheiden. Im Gesetzgebungsprozess kann die Regierung unliebsame Änderungsanträge der Parlamentarier durch eine Reihe von Verfassungsbestimmungen abwehren. So kann sie eine Blockabstimmung über ihren Gesetzesentwurf verlangen, mit der alle parlamentarischen Änderungsanträge unter den Tisch fallen (Art. 44 (3)). Bei besonders schwierigen, umstrittenen Vorhaben kann die Regierung nach Art. 49 (3) der Verfassung mit dem Gesetzentwurf die Vertrauensfrage verbinden. In diesem Fall wird die Erörterung sämtlicher Änderungsanträge gestoppt; das Gesetz gilt automatisch als angenommen, wenn nicht innerhalb von 24 Stunden ein Misstrauensvotum gegen die Regierung eine absolute Mehrheit des Parlaments findet. Damit wird die Regierungsfraktion von der Regierung in die Disziplin gezwungen, weil sie es kaum wagen dürfte, die eigene Regierung zu stürzen. Dieses Verfahren ist zwar inzwischen insofern etwas eingeschränkt worden, als es nur noch für den Haushaltsplan, das jährliche Finanzierungsgesetz der Sozialversicherung und für ein weiteres Gesetz pro Jahr angewendet werden darf. Dennoch spielt es bis heute eine Rolle – vor allem, wenn die Regierung nicht sicher sein kann, dass ihre eigene Parlamentsmehrheit sie bei umstrittenen Gesetzesvorhaben unterstützt. So konnten in der Spätphase der Ära Hollande zwei wichtige Reformgesetze der Regierung nur mit Hilfe dieser Brechstangen-Methode durchgesetzt werden, und im März 2020 musste Macrons Regierung ebenfalls darauf zurückgreifen, um ihre Rentenreform parlamentarisch beschließen zu lassen.

Auch der Premierminister wird, anders als der Bundeskanzler in Deutschland, nicht vom Parlament gewählt, sondern vom Präsidenten ernannt. Natürlich muss er eine Mehrheit im Parlament finden, aber der Präsident hat doch einen eigenen Spielraum, den er in der Praxis auch nutzt.

c) Die zwei Kammern des Parlaments

Das Parlament besteht aus zwei Kammern. Die wichtigere, entscheidende Kammer ist die Nationalversammlung. Sie besteht aus 577 Abgeordneten (539 im Mutterland, 27 in den Überseedepartements, 11 Vertreter der Auslandsfranzosen), die für fünf Jahre gewählt werden (→ Kap. 3.3). Im Senat sind vor allem die Vertreter der lokalen Gebietskörperschaften vertreten. Die 348 Senatoren werden in indirekter Wahl für sechs Jahre bestimmt; alle drei Jahre wird die Hälfte des Senats erneuert. Durch das Übergewicht der ländlichen Gemeindevertreter im Wahlmännergremium gilt er als eher konservativ und ländlich geprägt. Beide Kammern werden an der Gesetzgebung beteiligt. Kommt es zu keiner Einigung, versucht ein Vermittlungsausschuss zwischen beiden Kammern Einigung herzustellen. In letzter Instanz hat aber die Nationalversammlung das Wort. Allerdings besitzt der Senat bei Gesetzen, die ihn selbst betreffen, und bei Verfassungsänderungen eine wirkliche Vetoposition. Dies musste auch Präsident Macron erfahren, dessen Pläne einer Verfassungsreform 2020 am Widerstand des Senats gescheitert sind.

Die Kontrollrechte des Parlaments werden überwiegend durch die Nationalversammlung wahrgenommen. Zu den schärfsten Waffen zählt das Misstrauensvotum nach Artikel 49 der Verfassung: Sei es, dass die Regierung die Vertrauensfrage stellt, sei es, dass die Nationalversammlung einen Misstrauensantrag einbringt. Dieses Instrument ist aber durch Verfahrensregeln begrenzt. Ein Misstrauensantrag muss von einem Zehntel aller Abgeordneten unterzeichnet werden, wobei jeder Abgeordnete nur dreimal pro Jahr einen derartigen Antrag unterzeichnen kann. Die Regierung kann nach Art. 49 (1) auch selbst die Vertrauensfrage stellen, muss dies aber nicht. Bei der Abstimmung über die Vertrauensfrage muss, ähnlich wie in Deutschland, die absolute Mehrheit der Mitglieder für den Antrag stimmen, damit dieser angenommen ist. Dennoch wird das Misstrauensvotum von der Opposition häufig genutzt; erfolgreich war es nur einmal, 1962.

Die Einrichtung von parlamentarischen Untersuchungsausschüssen bedarf eines Mehrheitsbeschlusses, kann also anders als in Deutschland nicht durch die Opposition erzwungen werden. Ansonsten spielen in der täglichen Arbeit die schriftlichen und mündlichen Anfragen sowie die aktuellen Fragestunden im Parlament eine große, viel genutzte Rolle.

Im Zuge der europäischen Integration und der Verlagerung von Kompetenzen nach Brüssel verlieren die nationalen Parlamente tendenziell an Macht und Zugriff auf die Gesetzgebung. Ein immer größerer Teil der Gesetzgebung betrifft heute die Umsetzung europäischer Rechtsakte in nationales Recht. Verfassungsreformen 1992 und 1999 haben deshalb das Recht des Parlaments, konsultiert zu werden, gestärkt. Neu gebildete Unterausschüsse für EU-Fragen sollen die Informations- und Kontrollrechte beider Kammern stärken. Das Parlament erhielt ferner das Recht zur Verabschiedung von Resolutionen, die allerdings keine rechtliche Bindungswirkung für die Regierung haben. Ein echter Parlamentsvorbehalt, wie es sich z. B. der Deutsche Bundestag im Zuge der Eurokrise erstritten hat, fehlt in Frankreich.

Abbildung 1: Die Verfassung der Französischen Republik

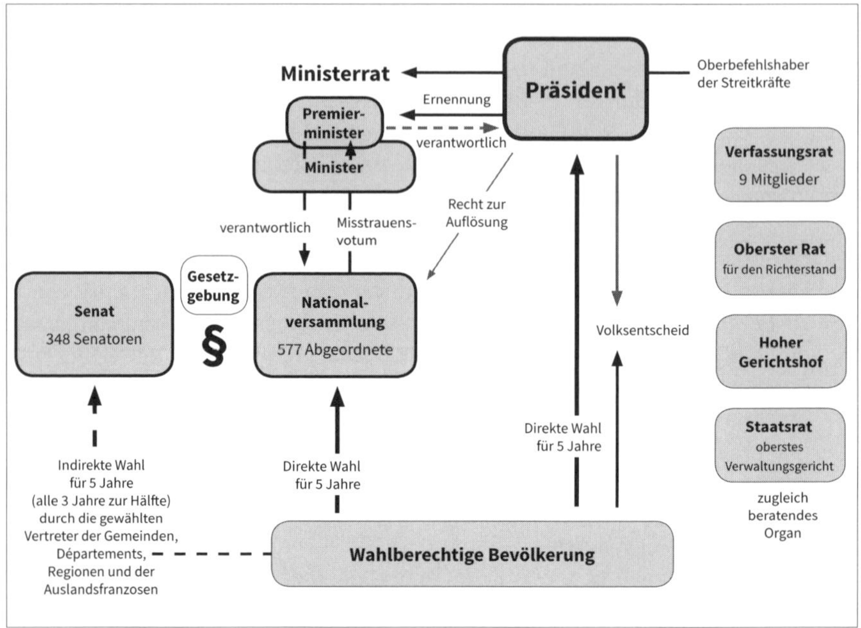

2.2 Die doppelköpfige Exekutive: Präsident und Premierminister

Die Exekutive ist also in der V. Republik sehr stark. Aber welche Exekutive? Hier hat es schon nach wenigen Jahren eine folgenschwere Veränderung der Verfassung gegeben, die den Charakter des Regierungssystems tiefgreifend verändert hat. Denn zunächst las sich die Verfassung wie ein klassisches parlamentarisches Regierungssystem, wenngleich mit einer starken Regierung und einem starken Präsident. General de Gaulle aber hatte die Befürchtung, dass nach seinem Abtritt Parteien und Parlamentarier wieder zu alten Gewohnheiten zurückkehren könnten. Während er selbst eine außergewöhnliche Autorität genoss und dadurch eine starke politische Führung ausüben konnte, war mehr als fraglich, ob dies auch für seine Nachfolger gelten würde. Deshalb setzte de Gaulle 1962 eine verfassungsändernde Volksbefragung an: Künftig sollte der Präsident nicht, wie noch 1958, durch ein Wahlmännergremium gewählt werden, sondern in direkter Volkswahl.

a) Der Präsident – Zentrum der Macht

Mit der Annahme der Verfassungsänderung durch das Referendum vom 28.10.1962 veränderte sich die Machtbalance im politischen System grundlegend. Der direkt vom Volk für sieben Jahre (seit 2002 sind es nur noch fünf Jahre) gewählte und in dieser Zeit nicht absetzbare Präsident bildet seither das Machtzentrum der Republik. Artikel 5 definiert seine Rolle als ein umfassendes Wächteramt: „Der Präsident der Republik wacht über die Einhaltung der Verfassung. Er gewährleistet durch seinen Schiedsspruch die ordnungsgemäße Tätigkeit der öffentlichen Gewalten sowie die Kontinuität des Staates. Er ist der Garant der nationalen Unabhängigkeit, der Integrität des Staatsgebietes und der Einhaltung der Verträge.“ Dementsprechend weist ihm die Verfassung weit reichende Befugnisse zu, die er entweder alleine oder auf Vorschlag der Regierung ausüben kann.

- Der Präsident kann, auf Vorschlag der Regierung oder beider Kammern des Parlaments, jederzeit einen wichtigen Gesetzentwurf oder die Ratifizierung eines Vertrages dem Volk zur Abstimmung vorlegen und durch ein Referendum direkt entscheiden lassen (Art. 11; siehe Kasten).
- Er verfügt in Krisenzeiten über weit reichende Notstandsbefugnisse (Art. 16). Dieser Artikel wurde bisher nur einmal von Präsident de Gaulle 1961 nach dem Putsch von Generälen angewandt. Davon zu unterscheiden ist der Ausnahmezustand (état d'urgence), der vom Ministerrat per Dekret verhängt werden kann.
- Er ist Oberbefehlshaber der Streitkräfte (Art. 15) und entscheidet über deren Einsatz. Dabei gab es anders als in Deutschland zunächst keinen Parlamentsvorbehalt; allerdings muss seit der Verfassungsreform 2008 das Parlament jedem Auslandseinsatz der Streitkräfte zustimmen, wenn er länger als vier Monate dauert.
- Er kann internationale Verträge aushandeln und ratifizieren, soweit dies nicht per Gesetz durch das Parlament erfolgen muss (Art. 52).
- Er entscheidet die Besetzung von wichtigen Staatsposten; die Regierung kann keine Personalentscheidungen (z.B. Präfekten, Chefs der staatlichen Unternehmen, Spitzenpositionen in der Verwaltung) ohne seine Zustimmung fällen (Gegenzeichnungsrecht, Art. 13).
- Insbesondere ernennt er drei der insgesamt neun Mitglieder des Verfassungsgerichts (Conseil Constitutionnel) und bestimmt auch dessen Präsidenten. Ferner hat er das Recht, das Verfassungsgericht anzurufen, um die Verfassungsmäßigkeit eines Gesetzes überprüfen zu lassen.
- Er kann jederzeit die Nationalversammlung auflösen und Neuwahlen herbeiführen; allerdings darf er sie nach erfolgten vorgezogenen Wahlen ein Jahr lang nicht erneut auflösen (Art. 12).
- Über diese Zuständigkeiten hinaus verfügt der Präsident, kraft seiner durch direkte Volkswahl erlangten politischen Legitimität, faktisch über weitere vielfältige politische Instrumente und Hebel. Dies gilt insbesondere für den gesamten Bereich der Außen-, Europa- und Verteidigungspolitik. Er ist der zentrale Akteur auf diesen Feldern, was vor allem auf den großen Gipfeltreffen der Staats-

und Regierungschefs auf internationaler (G5, G7, G20…) oder europäischer Ebene (Europäischer Rat) zum Ausdruck kommt.

b) Präsident und Premierminister

Diese scheinbare All- und Übermacht des Präsidenten ist von Anfang an scharf kritisiert worden, hat aber ihre Grenzen. Der Präsident handelt nicht allein, sondern oft im Zusammenspiel mit anderen Akteuren. Trotz der Machtfülle des Präsidenten spricht man beim System der V. Republik von einer doppelköpfigen Exekutive. Denn Frankreich hat kein reines präsidentielles System wie etwa die USA. Die Umsetzung der vom Präsidenten bestimmten Politik, vor allem die Gesetzgebung, obliegt der Regierung und dem Parlament.

Der Präsident ernennt den Premierminister und hat darüber hinaus einen großen Einfluss auf die Zusammensetzung der Regierung. In den Fällen, in denen die Parlamentsmehrheit demselben politischen Lager angehört wie der Präsident, ist dieser dabei nicht an vorherige Konsultationen oder eine Entscheidung des Parlaments gebunden. Faktisch ist es auch der Präsident, der einen Premierminister aus dem Amt entlassen kann, obwohl er dies laut Verfassung nur dann tun kann, nachdem dieser ihm den Rücktritt der Regierung erklärt hat (Art. 8 Ab. 1). In der Praxis aber ist es der Präsident, der seinen Premierminister drängen kann, seinen Rücktritt anzubieten. Nur zweimal – 1976 Jacques Chirac, 2016 Manuel Valls – haben Premierminister aus freien Stücken ihren Rücktritt erklärt; in allen anderen Fällen wurden sie vom Präsidenten dazu gezwungen. Dieses Verhältnis ändert sich allerdings im Falle unterschiedlicher Mehrheiten (siehe unten). Die wöchentlichen Kabinettssitzungen werden vom Präsidenten geleitet.

Die Regierung, so formuliert es die Verfassung, „bestimmt und leitet die Politik der Nation“, und der Premierminister „leitet die Tätigkeit der Regierung“ (Art. 20, 21). Er verfügt über eine weit reichende Verordnungsgewalt: Diese umfasst die Ausführungsbestimmungen zu Gesetzen, aber auch den Erlass von Regierungsverordnungen in Bereichen, die die Verfassung nicht ausschließlich der parlamentarischen Gesetzgebung zuweist. Er leitet die Arbeit der Regierung und übt dabei auch eine wichtige Kontrolle sowie eine Abstimmungs- und Koordinierungsfunktion gegenüber den Fachministern aus; Streitfälle oder Konflikte zwischen Ministerien werden von ihm entschieden, wobei der Präsident immer die letzte Instanz darstellt, vor allem in politisch brisanten Fällen.

Vor allem ist der Regierungschef wichtigster Akteur im Gesetzgebungsverfahren sowie bei der Aufstellung des Haushalts. Der Premierminister ist es, der das Recht zur Gesetzesinitative besitzt (Art. 39). Er und seine Minister bereiten die Gesetzesvorlagen vor und stehen im täglichen Kontakt zum Parlament, insbesondere zu den Fraktionen des Regierungslagers, um die notwendigen Beratungen und Diskussionen eines Gesetzentwurfes vorzunehmen, eventuelle parlamentarische Anregungen oder Bedenken zu berücksichtigen, Änderungsanträge einzubringen und am Ende für eine parlamentarische Zustimmung zu den Regierungsvorlagen zu sorgen. Im Bereich der Außen- und Sicherheitspolitik, die der Vorherrschaft des Präsidenten unterliegt, hat er ebenfalls eigene Kompetenzen (Art. 14, 15, 52).

Der Premierminister ist von zwei Gewalten abhängig: vom Präsidenten, der ihn ernennt und der ihm sein Vertrauen wieder entziehen kann, sowie vom Parlament, dessen Zustimmung er für Haushalt und Gesetzgebung braucht und dessen Vertrauen er ebenfalls benötigt. Dies ist oft ein schwieriger Spagat. Wenn dem Präsidenten der Wind ins Gesicht bläst, der öffentliche Widerstand gegen seine Politik wächst und die Regierungsarbeit ins Schlingern gerät, hat er die Möglichkeit, sich durch Auswechslung des Premierministers neuen Spielraum zu verschaffen. Letzterer ist dann eine Art Bauernopfer, um dem Präsidenten einen politischen Neuanfang zu ermöglichen. Fast jeder Präsident hat von dieser Möglichkeit Gebrauch gemacht; deswegen haben nur sehr wenige Premierminister eine ganze Wahlperiode überstanden. Dies gilt auch für die Präsidentschaft Macrons: Auf Premierminister Edouard Philippe folgte im Juli 2020 Jean Castex.

Aus alledem folgt: In der doppelköpfigen Exekutive gibt es normalerweise eine klare Hierarchie. Der Präsident steht an der Spitze, der Premierminister ist ihm untergeordnet. Präsident Sarkozy (2007–12) bezeichnete einmal seinen Premierminister François Fillon geringschätzig als „meinen Mitarbeiter". Gewinnt der Premierminister an Profil, ist er gar populärer als sein Präsident, oder gibt es politische Differenzen zwischen beiden, sitzt doch der Präsident immer am längeren Hebel.

c) Eine andere Lesart der Verfassung: die Kohabitation

Immer? Nein, denn das hier beschriebene Machtgefüge beruht auf einer entscheidenden Voraussetzung: Präsident und Parlamentsmehrheit gehören der gleichen politischen Richtung an. Dies ist seit 1958 zwar meistens der Fall gewesen: Entweder fand der Präsident nach der Wahl eine Nationalversammlung vor, in der seine politischen Freunde dominierten, oder – wenn dies nicht der Fall war – er löste das Parlament unmittelbar nach seiner Wahl auf und rief Neuwahlen aus, die ihm eine politische Mehrheit im Parlament brachten.

Dreimal aber hat es Situationen gegeben, in denen Präsident und Nationalversammlung gegensätzlichen politischen Lagern angehörten. 1986 ergaben die Parlamentswahlen eine konservative Mehrheit, die fortan dem noch bis 1988 gewählten sozialistischen Präsidenten Mitterrand gegenüberstand. 1993 erlebte Mitterrand dasselbe noch einmal (die Wahlen zur Nationalversammlung ergaben wieder eine konservative Mehrheit, während seine Amtszeit noch bis 1995 dauerte). 1997 löste der konservative Präsident Jacques Chirac das Parlament vorzeitig auf und führte Neuwahlen herbei, die dann aber von den Sozialisten gewonnen wurden. In allen drei Fällen waren Präsident und Premierminister bzw. die Parlamentsmehrheit gezwungen, sich zu arrangieren (→ Online-Tab. 3.2).

Mit diesem erzwungenen Zusammenleben zweier gegensätzlicher politischer Mehrheiten in der Regierung, in Frankreich Cohabitation (wörtlich: Zusammenwohnen, Wohngemeinschaft) genannt, kam eine andere Lesart der Verfassung zum Tragen, die stärker den parlamentarischen Systemen der Nachbarländer ähnelte.

Sie führte zu einer neuen Machtverteilung in der Doppelspitze. Denn jetzt wurde klar, dass der Präsident zwar stark, aber nicht allmächtig ist, weil nach der Verfassung viele seiner Befugnisse die Zustimmung der Regierung erfordern. So musste der Präsident den Führer der parlamentarischen Mehrheit zum Premierminister ernennen, hatte also keinen eigenen Spielraum mehr. Auch die meisten Minister wurden vom Premierminister ausgewählt. Nur in der Außen-, Sicherheits-, Europa- und Verfassungspolitik behielt der Präsident kraft seiner verfassungsgemäßen Rechte eine starke Stellung – deswegen hatte er bei der Besetzung dieser Ministerämter faktisch ein Mitentscheidungsrecht. In der klassischen Innenpolitik aber (Haushalt, Wirtschaft und Soziales u. a.) ging die politische Führung auf den Premierminister über, weil nur dieser über die notwendige parlamentarische Mehrheit verfügte, um Gesetze in seinem Sinne zu verabschieden. Da der Premierminister sein Amt in der Kohabitation nicht mehr dem Präsidenten, sondern seiner parlamentarischen Mehrheit verdankte, stand er nunmehr nicht mehr in der zweiten Reihe, sondern dem Präsidenten als ebenbürtiger Partner (und Konkurrent) gegenüber, als zweites Kraftzentrum der Politik.

Entgegen ursprünglichen Erwartungen haben die drei Kohabitations-Phasen recht gut funktioniert, weil Präsident und Premierminister im Interesse der Regierbarkeit des Landes die verfassungsmäßigen Rechte ihres Gegenübers respektierten und insofern die Staatsräson über die Parteiinteressen stellten. Dennoch gab es teilweise auch wechselseitige Blockaden und Lähmungen, und für viele Bürger verwischten sich die Grenzen zwischen den konkurrierenden Parteien der Linken und der Rechten zu sehr. Auch für Frankreichs Partner in Europa war es nicht einfach, mit dieser Situation umzugehen: Der Präsident war weiterhin der oberste Ansprechpartner; wenn es aber um Wirtschaftsfragen ging, war der Premierminister entscheidend. Es war für Frankreich in den Kohabitationsphasen nicht immer einfach, in Europa mit einer Stimme zu sprechen.

Parteiübergreifend war und ist man der Meinung, dass eine Kohabitation ein notwendiges Übel darstellt, das nach aller Möglichkeit vermieden werden sollte. Deshalb hat man einige Regelungen getroffen, um sie zu vermeiden. Wichtigste Neuerung ist die Begrenzung der Amtszeit des Präsidenten auf 5 Jahre, was der Dauer der Wahlperiode der Nationalversammlung entspricht. 2002 wurde erstmals nach dieser Regel gewählt: Zunächst der Präsident, wenige Wochen später die Nationalversammlung. Mit dieser engen Kopplung der Präsidentschafts- und der Parlamentswahl soll gewährleistet werden, dass präsidentielle und parlamentarische Mehrheit übereinstimmen. Der Präsident kann dann fünf Jahre mit seiner Mehrheit regieren, um sich anschließend erneut dem Wähler zu stellen. Bislang hat diese (zeitlich leicht versetzte) Doppelwahl auch immer eindeutige Mehrheiten ergeben:

Die Wähler haben dem jeweiligen neugewählten Präsidenten stets auch eine Mehrheit in der Nationalversammlung gesichert, die ihn in die Lage versetzt hat, seine Pläne auch praktisch umzusetzen.

Sicher ist das aber nicht: Es sind durchaus Situationen denkbar, in denen die Wähler, aus welchen Gründen auch immer, die Macht lieber verteilen, anstatt sie auf eine Person konzentrieren wollen. Auch eine – nach der Verfassung jederzeit mögliche – Auflösung der Nationalversammlung mitten in der Legislaturperiode mit anschließenden Neuwahlen würde die Amtsperiode von Präsident und Nationalversammlung wieder entkoppeln. So bleibt diese zweite, stärker parlamentarische Lesart der Verfassung, obwohl von vielen ungeliebt, im Hintergrund als Möglichkeit bestehen, sollten die politischen Umstände es einmal wieder erfordern.

2.3 Der lange Weg zum Rechtsstaat: Das Verfassungsgericht

Während in der Bundesrepublik mit dem Bundesverfassungsgericht eine starke unabhängige Instanz existiert, die die Handlungen von Regierung und Parlament auf ihre Verfassungs- und Rechtmäßigkeit hin überprüft, war eine derartige Normenkontrolle in Frankreich lange Zeit unbekannt bzw. nur schwach entwickelt. Dies hat mit dem traditionellen Politikverständnis seit der Französischen Revolution zu tun: Das Volk ist Träger der Souveränität und der Entscheidungsgewalt: Regierung, Parlament und dessen Gesetzgebung sind Ausdruck des Volkswillens, der über allen anderen Instanzen steht und dementsprechend keine Überprüfung oder gar Einschränkung durch eine unabhängige Instanz duldet (→ Kap. 1.1).

Mit der V. Republik wurde 1958 erstmals ein Verfassungsrat (Conseil Constitutionnel) gebildet, der Rechtsakte des Parlaments auf ihre Verfassungsmäßigkeit hin überprüfen kann. Er besteht aus neun Mitgliedern, deren Amtszeit neun Jahre beträgt und nicht verlängerbar ist. Jeweils drei Mitglieder werden vom Staatspräsidenten sowie von den Präsidenten der Nationalversammlung und des Senats ernannt; der Präsident des Verfassungsrates wird vom Staatspräsidenten bestimmt. Alle drei Jahre werden drei Mitglieder neu ernannt.

Ursprünglich war der Verfassungsrat in den Augen de Gaulles nur ein weiteres Instrument, um das ungeliebte, noch von den Altparteien der IV. Republik beherrschte Parlament zu bändigen. Vor allem sollte es etwaige Versuche der Parlamentarier unterbinden, das neue Machtgefüge der V. Republik wieder zu verändern. Der Verfassungsrat konnte beispielsweise nur vom Staatspräsidenten sowie von den Präsidenten der Nationalversammlung und des Senats angerufen werden. Da alle drei Ämter bis 1974 gaullistisch bzw. konservativ besetzt waren, hatte die Opposition faktisch keine Möglichkeit, den Verfassungsrat anzurufen und Gesetze überprüfen zu lassen.

Dies änderte sich in den 1970er Jahren. Zunächst fällte der Verfassungsrat 1971 ein Urteil, in dem er ein Gesetz (es ging um die Einschränkung der Vereinigungsfreiheit) als verfassungswidrig einstufte. Neu war, dass der Rat sich erstmals auf die – in der Präambel der Verfassung aufgeführten – Menschen- und Bürgerrechte und „die fundamentalen Prinzipien, die durch die Gesetze der Republik anerkannt sind", berief. Er erhob diese Prinzipien zu Normen, an denen er Gesetze künftig prüfen wollte, und weitete damit seinen Prüfungsspielraum deutlich aus.

1974 wertete eine politische Reform die Rolle des Verfassungsrates weiter auf. Nunmehr wurde es möglich, dass 60 Abgeordnete oder Senatoren den Verfassungsrat anrufen konnten, um ein Gesetz auf seine Verfassungsmäßigkeit überprüfen zu lassen. Diese niedrige Schwelle erlaubt es seither den Oppositionsparteien, dieses Instrument zur Kontrolle der Regierung zu nutzen. Das geschah auch regelmäßig: Die Zahl der Anrufungen stieg nach 1974 sprunghaft an, in über 90 % der Fälle durch Abgeordnete der jeweiligen Opposition.

Allerdings gab es Einschränkungen, die die Rolle des Verfassungsrates deutlich begrenzten. Anders als das Bundesverfassungsgericht konnte der Verfassungsrat Gesetze nur in dem kurzen Zeitraum nach ihrer Verabschiedung im Parlament, aber vor ihrem Inkrafttreten überprüfen. Bereits in Kraft getretene Gesetze waren hingegen einer Beurteilung entzogen. Auch gab es für Bürger kein Recht auf individuelle Verfassungsbeschwerde. Hier greift nun eine weitere Verfassungsreform aus dem Jahre 2008. Seither kann jeder Bürger im Rahmen eines Gerichtsverfahrens behaupten, dass das im konkreten Rechtsstreit anwendbare Gesetz gegen seine von der Verfassung geschützten Rechte und Freiheiten verstoße. Dann können die beiden obersten Zivil- bzw. Verwaltungsgerichte (Cour de cassation, Conseil d'État) dem Verfassungsrat das Problem als „vorrangige Frage zur Verfassungsmäßigkeit" vorlegen. Dieser entscheidet und kann gegebenenfalls die betreffende gesetzliche Regelung aufheben. Die Reform führte nochmals zu einem sprunghaften Anstieg der Anrufungen und Entscheidungen des Verfassungsrates.

Alle diese Reformen waren wegweisende Schritte hin zu einer wirklichen Verfassungsgerichtsbarkeit, die das Handeln der Regierung und ihrer parlamentarischen Mehrheit im Zweifelsfall in ihre Schranken weisen kann. Sie haben das Prinzip der Verfassungsstaatlichkeit gegenüber dem der Volkssouveränität gestärkt und das Demokratieprinzip zugunsten des Rechtsstaatsprinzips relativiert.

2.4 Demokratie in Frankreich: Licht und Schatten

Die Beschreibung der politischen Institutionen und Verfahren der V. Republik wäre unvollständig ohne einen Blick auf die grundlegende Funktionsweise der französischen Demokratie, die sich von der deutschen deutlich unterscheidet. Beide Länder verkörpern gewissermaßen zwei unterschiedliche Demokratiemodelle, für die die vergleichende Politikwissenschaft die Bezeichnung Verhandlungs- und Mehrheitsdemokratie geprägt hat.

a) Frankreich: eine Mehrheitsdemokratie

In Deutschland ist eine Vielzahl an Akteuren an politischen Entscheidungen beteiligt: Regierung, Parteien, Koalitionspartner, Bund und Länder, Bundestag und Bundesrat, Verbände, Sozialpartner, unabhängige Institutionen... In der Regel kann kein Akteur den anderen eine Lösung aufzwingen. Politische Entscheidungen erfordern damit zwingend Verhandlungen zwischen den Akteuren, um Kompromisse zu erarbeiten, die eine politische Mehrheit finden. Damit ist Deutschland ein typisches Beispiel für eine Verhandlungsdemokratie.

In Frankreich gib es zwar ebenfalls viele Akteure, aber es bestehen klare Hierarchien und Mehrheitsverhältnisse. So kann der Präsident, sofern auch die Parlamentsmehrheit seiner politischen Richtung angehört, ein Gesetz oder ein Reformvorhaben verwirklichen, ohne institutionell zu Verhandlungen gezwungen zu sein. Die zweite Kammer des Parlaments, der Senat, kann das Vorhaben lediglich verzögern und nur in den wenigsten Fällen (z.B. bei Verfassungsänderungen) blockieren. Die Verbände und die Sozialpartner sind schwächer als in Deutschland und verfügen über weniger Ressourcen, um ihren Einfluss geltend zu machen (→ Kap. 4.2). Zudem verfügen im Zentralstaat Frankreich die Regionen, anders als die deutschen Bundesländer, über keinerlei Mitwirkungsrechte bei nationalen Gesetzen. Infolge des Mehrheitswahlrechts (→ Kap. 3.3) entstehen in der Regel klare Mehrheiten, die keine Rücksichten auf einen Koalitionspartner nehmen müssen, wie dies in Deutschland zwingend erforderlich ist. Denn die kleineren Koalitionsparteien sind fast immer politisch abhängig von der größten Regierungspartei und haben entsprechend geringes Druckpotenzial. All dies entspricht auch dem traditionellen Politikverständnis in Frankreich (→ Kap. 1.1): Das Volk beauftragt Parlament und Regierung über Wahlen damit, den Volkswillen umzusetzen. Jede Zwischeninstanz, die sich zwischen Volk und Regierung/Parlament stellt, wird potenziell als Störung, wenn nicht Verfälschung des Wählerwillens angesehen. Verhandlungen auf Augenhöhe zwischen politischen Rivalen bzw. Gegnern, oder die Suche nach Kompromissen sind in diesem Verständnis nicht vorgesehen. Die politische Polarisierung zwischen Links und Rechts tut ihr Übriges.

Das hat Folgen. Während die politische Macht in Deutschland gleich mehrfach auf verschiedene Ebenen und Akteure verteilt ist, wird sie in Frankreich auf den jeweiligen Wahlsieger gebündelt. Es herrschen klare Verhältnisse: Die gewählte Mehrheit verfügt über fast alle institutionellen Mittel, um ihr Programm durchzusetzen, ohne dass sich ihr „Vetospieler" entgegenstellen könnten. Bei Emmanuel Macron kommt noch ein streng hierarchisches Amtsverständnis hinzu; er sieht sich als strategischen Chef, der über allen anderen Akteuren steht und bei dem alle Fäden der Macht zusammenlaufen. Dieses Muster der „vertikalen" Machtverteilung gilt im Übrigen nicht nur für die nationale Politik. So sorgt beispielsweise bei den Gemeinderatswahlen das Wahlrecht dafür, dass die stärkste Liste, auch wenn sie vielleicht nur 40 % der Stimmen erhält, über eine satte Mehrheit verfügt (in diesem

Fall 70 % der Gemeinderatsliste). Der Listenführer wird in der Regel auch Bürgermeister und ist damit die zentrale Figur der Gemeindepolitik: Seine beigeordneten Bürgermeister sind von ihm abhängig, der Gemeinderat ist ihm zu Willen. Die wenigen oppositionellen Gemeinderäte zählen nicht, auf sie wird auch keine Rücksicht genommen: Der Bürgermeister kann „durchregieren". Ähnliche Mechanismen greifen im Departement oder in der Region.

Diese Funktionsweise des politischen Lebens hat seine Licht- und Schattenseiten. Positiv ist die klare Zuweisung der Verantwortung an den Sieger der Wahl: Er kann seine Politik umsetzen, muss aber auch für etwaige Probleme oder Misserfolge geradestehen und kann sich nicht hinter anderen verstecken. Der Wähler kann die Leistung bewerten und sich bei der nächsten Wahl entsprechend verhalten. Positiv ist im Prinzip auch die Entscheidungsfähigkeit der Regierung: die Möglichkeit, als notwendig erkannte Gesetze oder Reformen mit ihrer Mehrheit durchsetzen zu können. Dagegen steht allerdings, dass dieses System die Regierung dazu verleitet, sich und ihre politische Legitimität zu überschätzen und Argumente der Opposition, aber auch aus Gesellschaft oder Wirtschaft nicht genügend zu berücksichtigen. Oft genug ist Regierungen – zu Recht – vorgeworfen worden, abgehoben und ohne „Bodenhaftung" zu agieren. Die fehlende Einbindung anderer, auch unbequemer Akteure, scheinbar ein Vorteil bei der Entscheidungsfindung, kann sich damit als Bumerang erweisen und hat dies auch oft getan: Zum einen berücksichtigen die Entscheidungen nicht immer die Komplexität der Probleme; zum anderen führen fehlende Mitspracherechte und Konsultationen immer wieder zu Protestaktionen und Mobilisierungen von Gegnern eines Gesetzes oder einer Reform. Aus der Sicht vieler Gruppierungen erscheint eine solche Mobilisierung der einzige Weg, um sich einer als ungerecht und „bürgerfern" empfundenen Maßnahme in den Weg zu stellen.

b) Kritik und Reform

Seit seiner Entstehung war die V. Republik wiederholt Zielscheibe heftiger Kritik. Ihr autoritärer Charakter, die Einschränkungen des Parlaments und die Feindseligkeit gegenüber den Parteien standen im Mittelpunkt der Auseinandersetzungen. Einen „permanenten Staatsstreich" nannte der Sozialist François Mitterrand 1964 in einem vielbeachteten Buch die von de Gaulle erdachte V. Republik – um dann selbst, 1981 als Präsident gewählt, sämtliche Vorrechte dieses Amtes voll und ganz auszuschöpfen. Allerdings müssen manche Bestimmungen auch im Lichte der damaligen Zeit gesehen werden: Die oft entscheidungsunfähige Vierte Republik hatte hatte zerrüttete Staatsfinanzen, eine galoppierende Inflation und eine schwindsüchtige Währung hinterlassen; das Land war vor allem in Algerien in einen blutigen Kolonialkrieg verstrickt; die von de Gaulle 1958 bis 1962 betriebene Entkolonisierung hatte zu putschenden Generalen in den Kolonien und zahlreichen Attentaten in

Frankreich geführt. Aus Sicht de Gaulles war es deshalb notwendig, die Autorität des Staates wieder herzustellen.

In den Jahrzehnten danach normalisierte sich die Lage, auch in Hinblick auf die Rolle des Präsidenten. Spätestens mit dem ersten politischen Machtwechsel 1981, dem weitere folgten, wurde klar, dass die Macht des Präsidenten nicht unbegrenzt ist und dass dieser Rücksicht auf die politische Kräfteverhältnisse nehmen muss. In Zeiten der Kohabitation musste der Präsident sich mit dem Premierminister und der Parlamentsmehrheit die Macht teilen. Die schwache Amtszeit François Hollandes (2012–2017) hat zudem gezeigt, dass der Präsident nur so stark ist wie sein politischer Rückhalt in der Bevölkerung. Zudem sind die Rechte des Parlaments und auch des Verfassungsgerichts schrittweise gestärkt worden, auch wenn beide immer noch weniger Befugnisse haben als der Deutsche Bundestag oder das Bundesverfassungsgericht.

Insofern kann man der Verfassung von 1958 eine bemerkenswerte Wandlungs- und Anpassungsfähigkeit attestieren. Die einstige pyramidale Machtstruktur ist komplexer geworden, weil die Exekutive sich nunmehr gestärkten institutionellen Akteuren gegenübersieht (Parlament, Verfassungsrat), weil mit der Dezentralisierung die regionalen Akteure an Gewicht gewonnen haben (→ Kap. 4.3) und auch weil die Politik in das Regelwerk der Europäischen Union eingebunden ist.

Kritik wird dennoch geübt; periodisch wird der Ruf nach einer „VI. Republik“ laut. So wird diskutiert, ob man die merkwürdige Konstruktion der doppelköpfigen Exekutive nicht auflösen sollte, entweder in Richtung eines echten präsidentiellen Systems wie in den USA oder aber in Richtung eines parlamentarischen Systems. Allerdings ist dies oft eine Spezialistendebatte ohne größeren Rückhalt in der Bevölkerung.

Ein stärkeres Gewicht hat die Kritik am Mehrheitswahlsystem (→ Kap. 3.3). Wichtige politische Gruppierungen und Strömungen sind dadurch nicht (oder nicht angemessen) im Parlament vertreten: kleinere Parteien vor allem in der Mitte, aber auch das Rassemblement national. Dies erzeugt regelmäßig Frust bei den Wählern dieser Parteien, die sich um ihre Stimmen „betrogen“ und nicht im Parlament vertreten fühlen. Immer wieder wird gefordert, in der Wahl zur Nationalversammlung eine Dosis von Verhältniswahl einzufügen, etwa indem ein Teil der Abgeordneten über Listen gewählt würde – bislang ohne Erfolg. Zuletzt hatte Präsident Macron im Wahlkampf 2017 eine solche Reform versprochen, seine Pläne aber später aufgrund interner Differenzen zwischen den Regierungsparteien begraben. Wann auch immer eine Wahlrechtsreform kommen sollte, wird sie allenfalls Teilkorrekturen bringen, am Mehrheitsprinzip aber festhalten. Denn parteiübergreifend wird weiterhin die Notwendigkeit gesehen, dass die Wahlen zu klaren politischen Mehrheiten führen sollten, um die Bildung einer stabilen Regierung zu ermöglichen.

Generell ist bei den Bürgerinnen und Bürgern seit vielen Jahren ein Unbehagen an der Funktionsweise der französischen Demokratie spürbar. Sie wurde 2021 von 49 % negativ und von 48 % positiv beurteilt (2016: 70 % negativ, 29 % positiv).

Auch wenn sich das Urteil in den letzten Jahren verbessert hat, ist doch weiter eine Vertrauenskrise zwischen Bürgern und Politik spürbar. Dies wird regelmäßig durch zahlreiche Umfragen bestätigt: Die Politik weckt bei den Befragten überwiegend negative Assoziationen (wie Misstrauen für 39 % oder Abscheu für 23 %); nur 10 % verbinden damit Interesse, nur 5 % Hoffnung. Dazu passt, dass für zwei Drittel aller Befragten Politiker eher korrupt sind (und nur für 31 % Vertrauen erweckend), dass vier von fünf Befragten glauben, die Politiker kümmerten sich nicht um die Meinung der Bürger, und dass die Parteien an letzter Stelle liegen, wenn sie gefragt werden, in welche Institution sie Vertrauen haben (→ Online-Tab. 2.1). Die Revolte der „Gelbwesten" 2018/19 (→ Kap. 8.4) hat gezeigt, wieviel politische Sprengkraft in dieser Vertrauenskrise steckt. In ihrer Wut und ihrem aggressiven Verhalten war auch die Sehnsucht nach einer partizipativen Demokratie spürbar, die weniger abgehoben von oben nach unten funktioniert und Bürgerinteressen stärker aufnimmt.

Neue Elemente einer partizipativen Demokratie?

1. Die „große nationale Debatte"

Um die Gelbwesten-Revolte zu überwinden, kündigte Präsident Macron Ende November 2018 „eine beispiellose Debatte" an, die auf nationaler wie auf territorialer Ebene geführt werden und die Regierungsvertreter, Parlamentarier, Sozialpartner, Verbände und Initiativen, Bürgermeister und Bürgermeister gleichermaßen einbeziehen sollte. Das war die Geburtsstunde einer groß angelegten, in dieser Form bislang einzigartigen nationalen Bürgerbefragung (Grand Débat National), die von Januar bis März 2019 durchgeführt wurde.

Die Instrumente dieser Debatte waren vielfältig. Neben einigen zentralen Impulsveranstaltungen der Regierung mit Bürgermeistern und Organisationen der Zivilgesellschaft (Gewerkschaften, NGOs, Think tanks) gab es unterschiedliche Wege, sich zu beteiligen:

- In fast allen Rathäusern wurden „Bürgerhefte" ausgelegt, in die die Bürger ihre Probleme, Wünsche und Vorschläge eintragen konnten. Insgesamt 720.000 Beiträge wurden auf diesem Wege gemacht.
- Von unterschiedlichen Trägern (Gemeindeverwaltung, andere Organisationen oder engagierte Bürger) wurden insgesamt 10.000 lokale Bürgerbefragungen bzw. -debatten organisiert, an denen sich insgesamt 700.000 Personen beteiligten (im Schnitt also 70 Teilnehmer je Veranstaltung).
- Ferner fanden 21 eineinhalbtägige regionale Bürgerkonferenzen mit insgesamt 1.400 nach dem Zufallsprinzip ausgewählten Bürgern statt.
- Schließlich gab es die Möglichkeit, sich per Brief zu äußern (davon machten 27.000 Personen Gebrauch) oder seine Meinung auf einer eigens eingerichteten Internetplattform zu äußern (dies ergab 500.000 Beiträge).

- Zusätzlich zu diesen Bürgerdebatten haben etwa 250 Organisationen eigene Beiträge zu den behandelten Themen eingebracht.

Die Organisation der Debatten wurde von einer unabhängigen Kommission begleitet und überwacht. Auch die inhaltliche Auswertung aller eingereichten Ideen (insgesamt 720.000 Ideen) oblag unabhängigen wissenschaftlichen Instituten. Insgesamt kann die nationale Debatte als Erfolg gewertet werden. Man schätzt, dass sich 1,5 bis 2 Millionen Franzosen daran beteiligt haben. Dennoch bleiben Zweifel. Die politischen Schlussfolgerungen aus der nationalen Debatte zog der Präsident allein. So bleibt der Verdacht, dass dieses sehr aufwendige Verfahren in erster Linie ein Mittel war, um den Gelbwesten-Protesten den Boden zu entziehen.

2. Der Bürgerkonvent zur Klimapolitik

Eine zweite Neuerung war die Einrichtung eines Bürgerkonvents zur Klimapolitik im Oktober 2019. 150 nach dem Zufallsprinzip ausgewählte Bürger sollten konkrete Maßnahmen zur Klimapolitik erarbeiten, um unter Beachtung der sozialen Gerechtigkeit die CO_2-Emissionen bis 2030 um 40 % zu reduzieren. Sie wurden dabei organisatorisch durch den Conseil économique, social et écologique (CESE) unterstützt und konnten auch Experten für die einzelnen Themen konsultieren. Der Konvent führte insgesamt 8 Sitzungen durch und legte im Juni 2020 eine Liste mit 149 konkreten Handlungsvorschlägen vor. Ein Teil davon wurde von der Regierung umgesetzt bzw. in die Wege geleitet; andere Vorschläge wurden verworfen. Das führte zu heftiger Kritik und legte die Grundproblematik offen: Es geht um die ungeklärte Frage, ob ein derartiger Bürgerkonvent der Regierung und dem Parlament – immerhin die demokratisch legitimierten und dem Wähler verantwortlichen Entscheidungsträger – Maßnahmen aufzwingen kann. Derzeit ist unklar, ob es weitere derartige Konvente geben wird und ob sie sich als Ergänzung – nicht als Gegensatz – zur repräsentativen Demokratie und der parlamentarischen Entscheidungen etablieren können.

Literaturhinweis: Eileen Keller: Der Grand Débat National in Frankreich: Hintergründe, Ablauf und erste Ergebnisse der großen Bürgerbefragung, Ludwigsburg: Deutsch-Französisches Institut 2019 (Aktuelle Frankreich-Analysen, Nr. 35)

Weiterführende Literatur
(Weitere Hinweise im Online-Anhang)

- 50 Jahre V. Republik, Themendossier in: Frankreich-Jahrbuch 2007, Wiesbaden: VS 2008, S. 11–212
- Udo Kempf: Das politische System Frankreichs, Wiesbaden: Springer, 5. Aufl. 2017
- Adolf Kimmel: Das politische System der V. Republik. Ausgewählte Aufsätze, Baden-Baden: Nomos 2014
- Albrecht Rothacker: Das Unglück der Macht: Frankreichs Präsidenten von De Gaulle bis Macron, Berlin: Berliner Wissenschafts-Verlag 2019
- Das Phänomen Macron und die Krise der Demokratie in Europa, Themendossier in: Frankreich Jahrbuch 2018: Wiesbaden: Springer VS 2019, S. 11–182

3. Parteien und Wahlen

> Wenngleich das politische System sich in Richtung eines Zwei-Parteien-Systems entwickelt hat, ist dieses doch unvollkommen und vor allem unbeständig. [...] Die zwei Entwicklungstendenzen des Parteiensystems – Zersplitterung und Bipolarisierung – sind nicht so gegensätzlich wie es zunächst erscheinen mag. Die Existenz zahlreicher kleiner Parteien ist vereinbar mit der Vorherrschaft von zwei (oder heute drei) großen Hauptakteuren.
>
> (La Ve République et ses évolutions. Cahiers français, Nr. 397, Paris: La Documentation française 2017, S. 30)

Die politischen Parteien sind alles andere als beliebt; sie stehen auf dem letzten Platz in der Vertrauensskala der Franzosen (→ Online-Tab. 2.3). Dennoch wird ihre Existenz von gut der Hälfte der Bürger als „gut" und „notwendig" eingeschätzt. Diese Ambivalenz spiegelt sich auch im Parteiensystem wider: Zwar konnten die Parteien einen wichtigen Platz im politischen Leben erobern können, vor allem nachdem sie die Spielregeln der V. Republik angenommen haben. Lange Zeit wurden die politischen Auseinandersetzungen, Wahlen und Machtwechsel durch die Parteien beherrscht. Dennoch blieben sie organisatorisch schwach, das Parteiensystem erwies sich in den letzten Jahren zunehmend als instabil und ist in eine Krise geraten (3.1). Diese Kennzeichen und Krisen werden auch bei den Porträts der wichtigsten Parteien deutlich (3.2). Dabei ist die Parteienlandschaft auch stark vom Mehrheitswahlsystem beeinflusst worden, das auf fast allen politischen Ebenen Anwendung findet (3.3).

3.1 Besonderheiten der Parteienlandschaft

Die Parteien sind auch in Frankreich wesentliche und unverzichtbare Akteure im politischen System. Allerdings weist das französische Parteiensystem im Vergleich zu Deutschland eine Reihe von Besonderheiten und Schwächen aus.

a) Geringer Stellenwert, schwache Organisation

Im Regierungssystem der IV. Republik waren es die Parteien, deren tagespolitische Interessen, taktischen Winkelzüge und Egoismen im Parlament für äußerst instabile Verhältnisse sorgten, Regierungen häufig stürzten und damit insgesamt das Regieren erschwerten. Mit der Errichtung der V. Republik 1958 wollte de Gaulle nicht nur für mehr Stabilität sorgen (→ Kap. 2.1), sondern auch die Rolle der Parteien eingrenzen und den „Parteienstaat“ beenden. Zudem bringt es das Wahlsystem zur Nationalversammlung mit sich, dass nicht wie in Deutschland die Parteien Listen aufstellen, da in jedem Wahlkreis Einzelkandidaten antreten. Zwar benennen die Parteien ihre Kandidaten in den einzelnen Wahlkreisen, sie haben aber nicht das Monopol, da auch Einzelkandidaten antreten und damit z. B. prominente Parteiabweichler durchaus eine Chance haben können.

Auffällig ist auch die organisatorische Schwäche der Parteien. Die Mitgliederzahlen sind deutlich geringer als in Deutschland und stark schwankend. Schätzungen geben oft sehr unterschiedliche Zahlen an. Unter diesem Vorbehalt kann man in Frankreich von etwa 400.000 bis 500.000 Parteimitgliedern insgesamt ausgehen, das entspräche weniger als einem Prozent aller Wahlberechtigten (in Deutschland sind es 1,2 Millionen, ca. 2 % der Wahlberechtigten). Die konservativen Republikaner reklamierten Ende 2021 150.000 Mitglieder für sich, das rechtsextreme Rassemblement national 83.000. Die einst mitgliederstarke Sozialistische Partei ist von einem wahren Mitgliederschwund betroffen und von 114.000 (2016) auf heute 22.000 geschrumpft. Völlige Phantasiezahlen melden die Bewegungen von Jean-Luc Mélenchon (600.000) und Emmanuel Macron (423.000); hier dürfte es sich eher um Follower in den sozialen Medien handeln.

Diese wenigen Mitglieder zahlen überdies sehr geringe Mitgliedsbeiträge: 24 Euro jährlich bei der Sozialistischen Partei, 30 Euro bei den Konservativen. So nimmt es nicht Wunder, dass die Parteien unter einer ausgesprochenen Finanzschwäche leiden, was immer wieder zu Skandalen und Prozessen um illegale Parteienfinanzierung geführt hat. Eine staatliche Parteienfinanzierung existiert erst seit 1988.

b) Personalisierung

Dennoch konnten die Parteien nach 1958 ihre Rolle ausbauen, indem sie sich an die neuen Spielregeln der V. Republik anpassten. Dies gilt vor allem für die zentrale Rolle des Präsidenten im Regierungssystem und folglich auch der Präsidentschaftswahl. Die Parteien haben sich angepasst, und dies in mehrfacher Weise: Für jede Partei, auch die kleinen, ist es lebensnotwendig, bei der Präsidentschaftswahl vertreten zu sein. Nur so kann sie ihr politisches Gewicht messen und gegebenenfalls bei Verhandlungen in die Waagschale werfen. Ferner treten bei der Wahl Persönlichkeiten an, die ein eigenes Profil haben sollten und spätestens im zweiten Wahlgang über ihre eigene Partei hinaus Wähler gewinnen müssen. Diese Personalisierung hat sich auch auf die Struktur der Parteien ausgewirkt. Sie funktionieren nur noch als Unterstützungsbasis und Wahlkampfmaschine für ihren Kandidaten. Persönliche Rivalitäten zwischen verschiedenen Führungspersonen innerhalb der Parteien wiegen oft schwerer als inhaltliche Differenzen. Fast jede von ihnen verfügt über ein persönliches Unterstützernetzwerk, das als Klub oder als Strömung innerhalb der Partei organisiert und teilweise auch institutionalisiert ist. Den Extremfall der

Personalisierung bildet dabei Emmanuel Macron, der sich 2016 selbst zum Präsidentschaftskandidaten erklärte und sich eine Unterstützungsbewegung schuf (La République en marche, LREM), die bis heute keine funktionsfähige Partei darstellt und deren einziger Programmpunkt „Macron" heißt.

Im Vorfeld der Präsidentschaftswahl 2017 organisierten die Sozialisten und die Konservativen Vorwahlen, die auch für Sympathisanten offen waren und zu einer hohen Beteiligung führte (Republikaner: 4 Millionen, Sozialisten: 2 Millionen). Aber ihr Ziel, dem jeweiligen Sieger die volle Unterstützung der Partei zu sichern und damit die inneren Spaltungen zu überwinden, wurde in beiden Fällen nicht erreicht. 2021 gab es nur noch parteiinterne Vorwahlen durch die Mitglieder.

c) Links-Rechts-Polarisierung

Die Auseinandersetzung zwischen den politischen Parteien kreist immer um den Gegensatz zwischen „der Linken" und „der Rechten". Für viele Politiker gehört eine klare Abgrenzung zwischen den beiden Lagern zum Kernbestand des politischen Lebens. Dabei werden auch entsprechende Feindbilder gepflegt. Ideologische Positionen spielen immer noch eine große Rolle, weniger in der praktischen Politik als in den politischen Auseinandersetzungen. Lagerübergreifende Koalitionen wie in Deutschland (GroKo, Ampelkoalition) und überhaupt der Versuch, für bestimmte schwierige Fragen parteienübergreifende Kompromisse zu finden, sind diesem Denken fremd – wenngleich die Idee bei den Wählern durchaus Sympathien findet (→ Kap. 2.4 c).

Die Links-Rechts-Polarisierung wird durch die Logik der Mehrheitswahl unterstützt, die in allen wichtigen Wahlen angewendet wird. Zwar gibt es immer wieder Kandidaten, die die starre, oft als steril empfundene Rechts-Links-Spaltung anprangern und überwinden wollen, indem sie sich in der Mitte positionieren. Sie können durchaus auch Wähler für ihren Kurs gewinnen: So konnte der Zentrumspolitiker François Bayrou in der Präsidentschaftswahl 2007 im ersten Wahlgang beachtliche 18,6 % der Stimmen für sich verbuchen; 2017 schaffte es Macron mit seinem Kurs der Mitte, die Links-Rechts-Polarisierung aufzubrechen und die Wahl zu gewinnen.

Dennoch bleibt die Polarisierung ein prägendes Element, vor allem bei den Parlamentswahlen. Die kleineren Parteien sind die Leidtragenden der Mehrheitswahl. Um überhaupt die Chance auf eine Vertretung im Parlament zu haben, müssen sie sich mit einer der großen, führenden Parteien verbünden. Ein gutes Beispiel dafür ist die Zentrumspartei, die 2007 trotz der 18,6 % ihres Kandidaten Bayrou bei der Präsidentschaftswahl in der anschließenden Parlamentswahl zerrieben wurde, weil sie keinen Verbündeten hatte. Sie stellte am Ende nur 2 Abgeordnete. 2017 dagegen unterstützte die Zentrumspartei Macron bei der Präsidentschaftswahl und schloss für die anschließende Parlamentswahl ein Bündnis mit Macrons LREM. Ergebnis: 42 Parlamentsabgeordnete. Ähnliche Abkommen gab und gibt es auf der Linken zwischen Grünen und Sozialisten.

Das Wahlsystem zwingt also die Parteien zu Bündnissen, um im zweiten Wahlgang gewinnen zu können. Das heißt aber auch, dass die kleinen Parteien sich faktisch in eine Abhängigkeit von ihren großen Partnern begeben müssen, ohne die sie keine parlamentarische Existenz hätten. Auch wenn sie an einer Regierung beteiligt sind, bekommen sie diese Abhängigkeit deutlich zu spüren: Die Rücksichtnahme der Mehrheitspartei auf den oder die kleineren Partner bleibt äußerst begrenzt. Ein Lagerwechsel käme einem politischen Selbstmord gleich.

Dies heißt nicht, dass Parteien, die das Rechts-Links-Schema sprengen wollen, überhaupt keine Aussichten auf Erfolg hätten. Der Aufstieg des rechtspopulistischen Rassemblement National (RN), der zwar am extremen rechten Rand angesiedelt ist, sich bei Wahlen aber immer jenseits der etablierten linken wie rechten Parteien positionierte und bis heute ohne Bündnispartner geblieben ist, zeigt dies mit aller Deutlichkeit. Das RN ist stark genug geworden, um bei Parlamentswahlen in vielen Wahlkreisen den zweiten Wahlgang zu erreichen. Trotz einzelner Erfolge konnte es 2017 aber nur 8 Parlamentssitze erobern. Bei den Regionalwahlen 2015, als die Partei in vielen Regionen nach dem ersten Wahlgang stärkste Kraft geworden war und drohte, in einer Dreieckswahl des zweiten Wahlganges einige Regionen zu erobern, rangen sich die Sozialisten trotz heftiger gegenseitiger Abneigung in diesen Regionen dazu durch, ihre Liste im zweiten Wahlgang zugunsten der Konservativen zurückzuziehen. Die Wähler folgten dieser Wahlempfehlung, und letzten Endes ging der Front National leer aus. Dennoch sieht man an diesem Beispiel, dass das gewohnte Rechts-Links-Schema, an dem sich die politischen Auseinandersetzungen bislang orientiert haben, durch die Existenz des Front National empfindlich gestört worden ist.

d) Instabilität und Zersplitterung

Das Mehrheitswahlrecht hat die Zahl der Parteien nicht verringert. Im Gegenteil ist die französische Parteienlandschaft von ständigen und zahlreichen Neugründungen, Spaltungen, neuen und zerfallenden Bündnissen gekennzeichnet. Diese Instabilität äußert sich auch in häufigen Namenswechseln. Besonders „wandlungsfähig" war die heutige konservative Partei Les Républicains, die einst 1958 als Partei zur Unterstützung des Präsidenten de Gaulle und seiner V. Republik entstanden war: Sie firmierte nacheinander, teilweise auch nach Neugründung, als UNR (1958), UNR-UDT (1962), UDVe (1967), UDR (1968), RPR (1976), UMP (2002) und seit 2015 als Les Républicains. Die große Zahl von Parteien und die oft von einer zur anderen Wahl wechselnden Parteikürzel bieten ein verwirrendes Bild.

Diese Zersplitterung steht nur scheinbar im Gegensatz zum Mehrheitswahlsystem, das zu Bündnissen und Zusammenschlüssen zwingt. In Frankreich kommt die Mehrheitswahl mit zwei Wahlgängen zur Anwendung; eine absolute Mehrheit schon im ersten Wahlgang ist sehr selten. Für die kleineren Parteien jeglicher Couleur ist der erste Wahlgang die Gelegenheit, sich zu zeigen, ihre Existenz zu „beweisen" und ihr Stimmengewicht zu messen. Je höher das Stimmengewicht, desto mehr kann eine kleinere Partei bei Verhandlungen mit der dominanten Partei der Linken oder Rechten für sich herausschlagen. Besonders die Präsidentschaftswahl mit ihrem hohen Aufmerksamkeitswert bietet Kandidaten kleinerer Parteien die einmalige Chance, sich einem breiteren Wählerpublikum zu präsentieren. Zudem erhalten sie kostenlose Sendezeiten in den öffentlichen Medien sowie eine Wahlkampferstattung. Diese betrug 2012 für Kandidaten, die weniger als 5 % im ersten Wahlgang erhielten, immerhin je 870.000 Euro, je 8,7 Millionen für Kandidaten mit mehr als 5 % und zusätzlich je 1,6 Millionen für die beiden Kandidaten des zweiten Wahlganges. Dementsprechend hoch ist die Zahl der Kandidaten, trotz gewisser Auflagen , die erfüllt werden müssen (→ Kap. 3.3): 2002 standen 16 Kandidaten zur Wahl – ein bislang unerreichter Rekord. 2017 waren es 11, und für die Präsidentschaftswahl 2022 haben sich 12 Kandidaten beworben.

e) Das Parteiensystem im Wandel

In der IV. Republik (1946–1958) herrschte eine Konstellation vor, in der vier große gemäßigte Parteien in wechselnden Koalitionen miteinander regierten: die Sozialisten, die Radikale Partei (trotz ihres Namens liberal), die Christdemokraten (MRP) und die Konservativen. Ihnen standen zwei Anti-System-Parteien gegenüber: auf der Linken die (damals stalinistische und moskauhörige) Kommunistische Partei, auf der Rechten die gaullistische Partei RPF (sie war von General de Gaulle ins Leben gerufen worden, der das System der IV. Republik mit ihrer „Parteienherrschaft" strikt ablehnte).

Diese Landschaft wurde mit Beginn der V. Republik, die ein neues Mehrheitswahlrecht (statt der bisherigen Verhältniswahl) und neue Spielregeln des Parlamentarismus brachte, gründlich durcheinander gewirbelt. Zunächst wurde die gaullistische Partei (zu ihren häufigen Namenswechseln siehe oben), die sich die Unterstützung de Gaulles und der V. Republik auf ihre Fahnen geschrieben hatte, zur neuen Mehrheitspartei. Sie setzte die Politik des neuen Staatspräsidenten und auch sein Verfassungsverständnis gegen die „Altparteien" der V. Republik durch. Dagegen verschwanden die Christdemokraten (MRP) ganz von der Bildfläche, und die einst mächtige Radikale Partei sank zu einer wenig bedeutenden Splittergruppe ab.

In den folgenden Jahren bildete sich allmählich eine Links-rechts-Polarisierung heraus: Auf der Linken gab es mit den wieder erstarkten Sozialisten und den Kommunisten zwei Parteien, die sich in den 1970er Jahren einander annäherten und ein gemeinsames Regierungsprogramm aushandelten. Ihnen stand ein konservatives Regierungslager gegenüber, das von der dominierenden gaullistischen Partei sowie einem Mitte-Rechts-Parteienbündnis gebildet wurde. Hatten von 1958 bis 1974 die Gaullisten und danach die Konservativen regiert, so erfolgte 1981 mit dem Sieg des sozialistisch-kommunistischen Linksbündnis erstmals in der Geschichte der V. Republik ein demokratischer Machtwechsel. Seither hat mal die Linke, mal die Rechte regiert; dazwischen gab es Kohabitationen (linker Präsident, dem eine konservative Parlamentsmehrheit gegenübersteht, bzw. konservativer Präsident mit linker

Parlamentsmehrheit; → Kap. 2.2 c). Versuche, diese Links-Rechts-Polarisierung aufzubrechen, scheiterten, wurden aber immer wieder unternommen. Der Aufstieg des rechtsextremen Front national (heute Rassemblement national) war eine erste große Herausforderung für die etablierten Parteien. Immerhin schafften es die Rechtsextremen 2002, 2017 und 2022 in den zweiten Wahlgang der Präsidentschaftswahl und konnten die bisherigen Regierungsparteien (Konservative, Sozialisten) verdrängen. 2017 war es Emmanuel Macron, der mit seiner Kandidatur der „Mitte" ohne Unterstützung einer etablierten Partei die Wahl gewann und damit die Konservativen und Sozialisten in eine tiefe Krise stürzte (→ Online-Tab. 3.1).

Seither zeigt sich das Parteiensystem weiter geschwächt und instabiler denn je. Die Sozialisten sind mit der Präsidentschaftswahl 2022 an einem historischen Tiefpunkt angelangt; die Zukunft der Partei ist ungewiss. Stärkste Kraft auf der Linken ist der Linkspopulist Mélenchon, der nur wenig Neigung (und Fähigkeit) zeigt, die verschiedenen linken Kräfte zusammenzuführen. Nur wenig besser ist die Situation der konservativen Republikaner. Sie haben weiterhin Mühe, zwischen Macron (der seit 2017 führende Konservative auf seine Seite ziehen konnte) und den Rechtsextremen ihren Platz zu finden. Nachdem ihre Kandidatin Valérie Pécresse 2022 nicht einmal die Stichwahl erreichte, drohen die schon bestehenden Spaltungen zwischen einem bürgerlich-konservativen und einem deutlich extremeren Flügel aufzubrechen und die Partei in ihrer bisherigen Form zu zerstören. Das rechtsextreme Rassemblement national hat mit der Bewegung „Reconquête!" des Journalisten und Präsidentschaftskandidaten 2022 Eric Zemmour eine neue Konkurrenz erhalten. Fest steht: Die Parteienlandschaft zwischen linken, gemäßigt-bürgerlichen, nationalkonservativen, rechtspopulistischen und rechtsextremen Kräften ist in Bewegung geraten – wie sie sich künftig gestalten wird, ist derzeit ungewiss.

Tabelle 2: Die politischen Parteien im Überblick

Name	Tendenz	Gründung
Lutte ouvrière (LO)	Trotzkistisch	1968
Nouveau parti anticapitaliste (NPA)	Trotzkistisch	2009
Parti communiste français (PCF)	Kommunistisch	1921
La France insoumise (LFI)	Linkspopulistisch	2016
Parti socialiste (PS)	Sozialistisch	1971
Parti radical de gauche (PRG)	Linksliberal	1972
Europe Écologie – Les Verts (EELV)	Grüne (links)	2010
La République en marche (LREM)	Zentrum	2016
Mouvement Démocrate (MoDem)	Zentrum	2007
Union des démocrates indépendants (UDI)	Rechtes Zentrum	2012
Les Républicains (LR)	Konservativ	2015
Rassemblement national (RN)	Rechtsextrem	1972
Reconquête!	Rechtsextrem	2021

3.2 Die wichtigsten Parteien

a) Die Linke

Heute ist kaum noch zu glauben, dass die *Kommunistische Partei* einmal eine wichtige Rolle in der französischen Politik spielte. Sie entstand 1920 auf dem Parteikongress der Sozialisten in Tours, wo sich eine Mehrheit für den neuen kommunistischen Kurs entschied und die alte Partei verließ. Fünfzig Jahre lang, bis in die 1970er Jahre, blieben die Kommunisten stärker als die Sozialisten. Zunächst war die Partei wegen ihres stalinistischen Kurses und ihrer Moskauhörigkeit völlig isoliert; erst 1936 unterstützte sie die sogenannte Volksfrontregierung unter dem Sozialisten Léon Blum, ohne indes in die Regierung einzutreten. Der opferreiche Einsatz zahlreicher Kommunisten im Widerstand gegen die deutsche Besetzung 1940–44 verschaffte der Partei nach dem Zeiten Weltkrieg neues Ansehen, bevor sie im Zuge des Ost-West-Konflikts ab 1948 wieder politisch isoliert wurde. Sie blieb aber lange Zeit mit über 20 % der Stimmen eine politische Blockademacht. Zudem war sie die am besten organisierte Partei Frankreichs mit vielen Mitgliedern, die im Arbeitermilieu gut vernetzt war, mit der CGT auch über eine starke gewerkschaftliche Präsenz verfügte und eine Reihe von Städten regierte.

Der Abstieg begann in den 1980er Jahren, als die Partei von den Sozialisten überflügelt und François Mitterrand 1981 erster linker Präsident wurde. Auch eine zeitweilige Regierungsbeteiligung (1981–84 und später 1997–2002), konnte den Niedergang nicht aufhalten. Die alten Arbeitermilieus in den Großstädten lösten sich auf, und die Partei verlor zusehends an Mitgliedern und Wählern.

Die *Sozialistische Partei* wurde 1905 unter dem Namen SFIO (Section Française de l'Internationale Ouvrière) gegründet. Nach der Abspaltung der Kommunisten 1920 hatte sie nur einen Höhepunkt zu verzeichnen, als Léon Blum 1936 eine Volksfrontregierung bildete und soziale Reformen einführte. In ihrer Programmatik weit links und antikapitalistisch, in der Praxis gemäßigt und europafreundlich, war die Partei in der IV. Republik an vielen Koalitionsregierungen beteiligt. Die V. Republik und das Mehrheitswahlrecht, aber auch ihre Verstrickungen in den Algerienkrieg versetzten die Partei in eine schwere Krise. Die Wende kam erst mit der Neugründung als Sozialistische Partei 1971. Der neue Parteichef François Mitterrand schmiedete ein Bündnis mit den Kommunisten, deren Wähler für eine Regierungsmehrheit erforderlich waren. Die neue Strategie zahlte sich aus. Die Sozialisten wurden stärkste Partei der Linken, Mitterrand wurde 1981 zum ersten linken Präsidenten gewählt. Es folgte eine Zeit, in der Regierung und Opposition sich ablösten, die Sozialisten aber oft die Regierung stellten (→ Online-Tab. 3.2). Allerdings vermochte es die Partei nicht, ihre Regierungserfahrungen auch programmatisch in eine Art sozialdemokratischen Reformkurs zu übersetzen. Denn wenngleich das Programm im Kern sozialdemokratisch ist, wird es auf Parteitagen und in Wahlkämpfen oft mit kämpferischer linker Rhetorik und entsprechend weitreichenden Forderungen vorgetragen. So ist bis heute ein Spagat zwischen linker Programmatik und pragmatischem Regierungshandeln mit ihren schwierigen Kompromissen geblieben. Überdies haben sich die traditionellen Spannungen zwischen dem linken und dem gemäßigten Flügel in der Amtszeit Hollandes 2012–17 erheblich verschärft und die Partei vor eine Zerreißprobe gestellt. Die Präsidentschaftswahl 2017 (6,4 %) wurde zum Desaster, das sich 2022 wiederholte und die Partei in eine tiefe Krise gestürzt hat, von der sie sich bis heute nicht erholt hat. Nur auf lokaler Ebene und in manchen Regionen verfügt sie noch über eine solide Machtbasis.

Klar auf der Linken verortet sind auch die *Grünen (Europe Écologie-Les Verts)*, wenngleich es seit ihrer Gründung 1984 mehrfache Auseinandersetzungen über den politischen Kurs gab. Die Logik des Mehrheitswahlrechts förderte diesen Trend, denn trotz ermutigender Anfangserfolge schafften die Grünen nicht den Sprung in die Nationalversammlung. Erst das Bündnis mit den Sozialisten führte zur Regierungsverantwortung (1997–2002 und 2012–2014). Erfolge konnten die Grünen bei den Europawahlen (2014: 9 %, 2019: 23,4 %) erzielen, vor allem aber bei den Kommunalwahlen 2020, wo sie Großstädte wie Marseille, Lyon, Bordeaux und Grenoble eroberten. Bei der Präsidentschaftswahl 2022 lag der Grüne Yannick Jadot mit 4,6% vor der sozialistischen Kandidatin (1,8%).

Als großer Spaltpilz auf der Linken erwies sich bislang die linkspopulistische Bewegung La France insoumise, die ganz auf den früheren Sozialisten Jean-Luc Mélenchon zugeschnitten ist. Mélenchon, der aus seiner Verachtung für die übrigen Linksparteien keinen Hehl macht, war bei der Präsidentschaftswahl 2017 mit 19,6 % der Stimmen und auch 2022 mit 22% erfolgreichster Kandidat der Linken. Mélenchon schaffte es, für die Parlamenswahlen alle anderen Linksparteien zu einem Wahlbündnis unter seiner Führung zu bewegen. Ob dies mehr als ein Zweckbündnis ist und die Spaltungen auf der Linken beenden kann, ist allerdings mehr als fraglich.

b) Konservative: Les Républicains

Das konservative Lager war immer in verschiedenen Parteien organisiert. In der IV. Republik waren es die Radikale Partei, die gemäßigten Christdemokraten (MRP) und die deutlich konservativen Unabhängigen (Centre National des Indépendants et Paysans). Einen Einschnitt gab es 1958 mit der V. Republik und dem Mehrheitssystem. Die „Altparteien" verschwanden; die Gaullisten, die in der IV. Republik unter verschiedenen Namen eine Randexistenz geführt hatten, wurden nun zur dominierenden Partei Frankreichs. Sie regierten Frankreich ununterbrochen bis 1974 und später wieder von 1986–88, 1993–1997 und 2002–2012. Dabei gelang es ihnen, sich nach und nach einen Teil der übrigen Parteien einzuverleiben. Dies geschah zeitweise durch die Organisation als lockere Sammlungsbewegung, in der auch kleinere andere Parteien ihren Platz fanden. So hat es die Partei geschafft, sich durch wiederholte Neugründungen, Umbenennungen (seit 2015 heißt sie Les Républicains) und Wahlbündnisse als stärkste Kraft des konservativen Lagers zu behaupten.

Programmatisch überwiegt ein teilweise prononcierter konservativer Kurs in der Innenpolitik, eine unternehmensfreundliche Wirtschafts- und Sozialpolitik, die aber nicht immer liberal ausgerichtet ist und vor staatlichen dirigistischen Eingriffen nicht zurückschreckt, und der Ruf nach einem starken Europa auf der Grundlage starker Nationalstaaten. Dabei gibt es gemäßigtere und härtere Lesarten dieses Programms. Daraus entstehen Spannungen, persönliche Rivalitäten und Auseinandersetzungen über die politische Linie, nicht zuletzt infolge des Aufstiegs des Rassemblement National. Eine starke Minderheit der Partei sympathisiert mehr oder minder offen mit Thesen der Rechtsextremisten. Ob Valérie Pécresse nach ihrem Misserfolg bei der Präsidentschaftswahl die Partei mit ihrem demokratisch-konservativen Kurs einigen und einen Zerfall vermeiden kann, bleibt abzuwarten.

c) Die Mitte

Nicht alle Kräfte des Mitte-Rechts-Lagers haben sich von der gaullistischen Partei vereinnahmen lassen. 1974 gelang es gar dem Liberalkonservativen Giscard d'Estaing, die Präsidentschaftswahl auch gegen einen gaullistischen Kandidaten zu gewinnen. Zu seiner Unterstützung wurde die UDF *(Union pour la démocratie française)* gegründet, in der sich die Anhänger Giscards sammelten (darunter Überreste der konservativen und liberalen Altparteien). Allerdings wurde diese Partei durch wiederholte Überläufer zu den Gaullisten geschwächt. Die verbliebenen gemäßigten, europafreundlichen Zentrumspolitiker, die weiter auf ihre Unabhängigkeit setzten, sammelten sich 2007 als *Mouvement des démocrates (Modem)* unter François Bayrou. Dieser erreichte bei der Präsidentschaftswahl 2007 18,6 % und 2012 immerhin noch 9,1 %; aber seine Partei konnte dieses Potenzial nicht in parlamentarische Mandate ummünzen und keine eigenständige Fraktion bilden. Das gelang erst 2017, als Bayrou den späteren Präsidenten Emmanuel Macron unterstützte.

Auch die neueste Parteiengründung verortet sich jenseits des Links-Rechts-Schemas in der Mitte: Die Bewegung La République en marche (LREM) wurde als locker organisierter Wahlverein für den früheren Wirtschaftsminister Emmanuel Macron gegründet, als dieser sich 2017 um die Präsidentschaft bewarb. Macron konnte Politiker der Sozialisten und der Konservativen auf seine Seite ziehen. LREM ist im Kern ein Wahlverein ohne feste organisatorische Strukturen und ohne eigenständiges Programm geblieben und hat sich in den Regionen und Städten nicht verankern können. Inhaltlich kann man sie wie ihren Führer in der Mitte verorten. Macron selbst spricht lieber von einer Partei des „Fortschritts" gegen die „Konservativen" bzw. der europäischen Öffnung gegen nationalen Rückzug. Vollkommen auf den Präsidenten fixiert, könnte LREM (ihr neuer Name seit der Wahl ist nun „Renaissance") nach dem Ende von Macrons Amtszeit (spätestens 2027) in dieser Form von der politischen Bühne verschwinden.

d) Die extreme Rechte

Der Aufstieg des Rassemblement national (RN; bis 2018: Front national) begann vor über 30 Jahren, als er bei der Europawahl 1984 11 % der Stimmen erreichte. Seither hat sich die Partei langsam, aber scheinbar unaufhaltsam weiter ausgebreitet. Bei den Präsidentschaftswahlen belegte Parteichef Jean-Marie Le Pen 1988 erstmals mit 14,4 % Platz vier und schaffte es 2002 mit 16,9 % sogar in die Stichwahl, ebenso wie seine Tochter Marine 2017 und 2022. Auch auf lokaler Ebene setzte sich die Partei fest und eroberte 1995 erstmals Rathäuser in größeren Städten. Gegenwärtig stellt sie in 14 Städten den Bürgermeister und die Ratsmehrheit. Bei den Regionalwahlen 2015 und 2021 wurde sie in einigen Regionen stärkste Kraft und verpasste im zweiten Wahlgang nur deswegen die Mehrheit, weil sie isoliert blieb und alle anderen Parteien dazu aufriefen, das RN auf keinen Fall zu wählen. Bei der Europawahl (dort gilt das Verhältniswahlrecht) wurde es mit 24,9 % (2014) und 23,3 % (2019) stärkste Partei.

Programmatischer Kern des RN ist ein dezidierter Nationalismus („Frankreich zuerst“), verbunden mit einer scharfen Kritik der Globalisierung und der Europäischen Union. Die Forderung nach einem Austritt aus der EU nach britischem Vorbild hat die Partei inzwischen fallengelassen. War sie früher wirtschaftspolitisch liberal ausgerichtet, dominiert heute ein antiliberaler, protektionistischer Kurs, um nationale Unternehmen oder Arbeitsplätze vor der Auslandskonkurrenz zu schützen. Ferner verspricht sie umfangreiche neue Leistungen für die Bürger. Zweiter großer Schwerpunkt ist die Feindseligkeit gegenüber Ausländern und Einwanderern, die heute als Kampf gegen die angeblich drohende „Islamisierung Frankreichs“ formuliert wird. Einwanderungsstopp, Verbot des Familiennachzugs, Sozialleistungen nur für Franzosen sind Teile der „nationalen Präferenz“.

Während Parteigründer Jean-Marie Le Pen diesen Kurs zuweilen offen extremistisch und provokativ formulierte, beüht sich seine Tochter Marine Le Pen seit 2000, die Partei aus ihrer Isolierung herauszuführen und damit für neue Wählergruppen attraktiver zu machen. Ihre Sprache ist gemäßigter geworden. Immerhin stoßen ihre Positionen über die Partei hinaus auf positive Resonanz, ob es die Distanz zur Europäischen Union, die Globalisierungskritik, die Ablehnung des Wirtschaftsliberalismus oder die Einwanderungsfrage betrifft. Die Partei hat ihre traditionelle Stammwählerschaft erweitern und seit den 1990er Jahren neue Protestwähler erreichen können; bei Arbeitern und einfachen Angestellten ist sie stärker als die Linksparteien.

Neuerdings gibt es eine Konkurrenzpartei, die der rechtsextreme Journalist Eric Zemmour anlässlich seiner Kandidatur zur Präsidentschaftswahl 2022 gegründet hat („Reconquête!“) gebildet. Zemmour hat keinen eingespielten, auch lokal verankerten Parteiapparat zu seiner Unterstützung, sondern inszeniert sich als Einzelgänger gegen das Establishment und baut auf seinen hohen Bekanntheitsgrad und die Nutzung moderner Web-Kanäle. Inhaltlich vertritt er ähnliche Thesen wie das

RN, formuliert sie aber radikaler, schärfer und polemischer. Zemmour setzt nicht wie Le Pen auf die Verbreiterung der Wählerbasis durch eine gemäßigtere Sprache, sondern im Gegenteil auf die Radikalisierung. Es bleibt abzuwarten, ob sich diese Partei mehr als nur ein Sprachrohr und Wahlverein für seinen prominenten Führer sein kann, und welche Auswirkungen sich auf das rechtsextreme Parteiengefüge ergeben werden.

3.3 Wahlen in Frankreich

Eines der Hauptanliegen der V. Republik war es, klare Mehrheiten hervorzubringen. Deshalb hat sich auf allen Ebenen, angefangen bei der Präsidentschaftswahl, eine Mehrheitswahl in zwei Wahlgängen etabliert. Dies erlaubt im ersten Wahlgang vielen Bewerbern bzw. Parteien eine Kandidatur, bevor im zweiten Wahlgang ein Sieger ermittelt wird. Allerdings variiert das Wahlsystem je nach Politikebene und Vertretungskörperschaft.

a) Varianten der Mehrheitswahl

Am einfachsten ist dieses Prinzip in der *Präsidentschaftswahl*. An der Wahl können alle Bewerber teilnehmen. Um Phantasiekandidaturen auszuschließen, ist die Berechtigung zur Teilnahme an einige Bedingungen gebunden: Ein Bewerber muss die Unterstützung von mindestens 500 Mandatsträgern (Abgeordnete, Senatoren, Bürgermeister, Regional- und Departementsräte; insgesamt sind dies 42.000 Personen) vorweisen, die aus mindestens 30 verschiedenen Departements stammen mussen; aus einem Departement darf nicht mehr als ein Zehntel der Unterstützer kommen. Gewählt ist im ersten Wahlgang, wer die absolute Mehrheit der abgegebenen gültigen Stimmen erreicht hat. Dies hat seit 1958 noch kein Bewerber geschafft. Dann findet 14 Tage später eine Stichwahl statt, an der nur noch die beiden bestplatzierten Kandidaten teilnehmen können. Alle anderen Kandidaten scheiden aus; sie geben in der Regel Wahlempfehlungen für einen der beiden verbliebenen Bewerber ab.

Die Wahl zur *Nationalversammlung* findet als Personenwahl in 577 Wahlkreisen statt. In jedem Wahlkreis wird ein Abgeordneter direkt gewählt. Im ersten Wahlgang ist die absolute Zahl der Stimmen erforderlich; dies müssen außerdem mehr als 25 % der Wahlberechtigten sein. Nur in wenigen Hochburgen gelingt den Kandidaten die Wahl im ersten Wahlgang. Im zweiten Wahlgang genügt die einfache Stimmenmehrheit, um den Wahlkreis zu erobern. Beteiligen können sich nur diejenigen Kandidaten, deren Stimmenzahl mehr als 12,5 % der Wahlberechtigten beträgt. Das ist eine hohe Hürde: Bei einer Wahlbeteiligung von 80 % sind 15,6 % der abgegebenen Stimmen erforderlich, bei geringerer Wahlbeteiligung noch mehr. Trotzdem können in einigen Wahlkreisen mehr als zwei Kandidaten antreten. 2012 gab es 34 sogenannte Dreiecksduelle im zweiten Wahlgang (Viererduelle sind extrem selten); 2017 allerdings nur ein einziges.

Die Wahl zur zweiten Kammer des Parlaments, dem *Senat*, erfolgt indirekt durch insgesamt 150.000 Wahlmänner und -frauen, darunter sämtliche Abgeordneten der Nationalversammlung und Mitglieder der Regional- und Departementsräte, sowie Delegierte aus den Gemeinderäten der 35.000 Kommunen (letztere machen 95 % der Wahlmänner aus). Gewählt wird auf der Ebene der Departements: in kleinen Departements (bis 2 Senatoren) als Personen-Mehrheitswahl in zwei Wahlgängen, in Departements mit 3 oder mehr Senatoren nach Listen; dort erfolgt die Mandatsverteilung nach dem Verhältnis der erzielten Stimmen.

Bei den regionalen und lokalen Wahlen in den Gebietskörperschaften (→ Kap. 4.3) kommt teilweise ein Mischsystem aus Verhältniswahl und Mehrheitsprämie zur Anwendung. Damit will man die Vertretung der verschieden Parteien in den Gremien erreichen, gleichzeitig aber sicherstellen, dass es eine klare politische Mehrheit gibt. Bei der Wahl zu den *Regionalräten* kandidieren Parteien mit Listen; der Wähler hat eine Stimme. Hat keine Parteiliste eine absolute Mehrheit der Stimmen erreicht, findet ein zweiter Wahlgang statt; an diesem können sich nur Parteien beteiligen, die im ersten Wahlgang mindestens 10 % der Stimmen erreicht haben. Für den zweiten Wahlgang können die Listen verändert werden, um z. B. Bewerber ausgeschiedener Parteien mit aufzunehmen. Jetzt genügt die einfache Mehrheit. Bei der Mandatsverteilung bekommt die stärkste Liste vorab ein Viertel der zu vergebenen Sitze; der Rest wird unter allen Parteien, die mehr als 5 % erreicht haben, proportional verteilt. Das heißt konkret, dass eine Liste, die den zweiten Wahlgang mit mehr als 33 % gewonnen hat, eine absolute Mehrheit der Sitze bekommt.

Bei den Wahlen zu den *Departementsräten* kommt seit 2015 wiederum ein anderer Modus zum Tragen: In jedem Wahlkreis (Kanton) stellen sich Personen zur Wahl. Um die Parität zwischen männlichen und weiblichen Kandidaten zu sichern, stellen sich Bewerber immer als Tandem (binome) zur Wahl: ein Kandidat und eine Kandidatin. Im ersten Wahlgang ist die absolute Mehrheit erforderlich; kommt sie nicht zustande, findet ein zweiter Wahlgang statt, an dem nur diejenigen Tandems antreten können, für die mindestens 12,5 % der Wahlberechtigten gestimmt haben, und bei dem die einfache Mehrheit genügt. Gewählt ist das Tandem, das die meisten Stimmen auf sich vereinigt.

Die *Gemeinderatswahlen* finden in Kommunen mit mehr als 1000 Einwohnern als Listenwahl mit zwei Wahlgängen statt. Im ersten Wahlgang ist die absolute Mehrheit erforderlich; ansonsten findet ein zweiter Wahlgang statt. An diesem können nur Listen teilnehmen, die mehr als 10 % der abgegebenen Stimmen erhalten haben. Die Listen können zwischen den Wahlgängen verändert werden; Listen können auch fusionieren, um ihre Wahlchancen für den zweiten Wahlgang zu erhöhen. Wie bei den Regionalwahlen werden die Mandate nach dem Anteil der Stimmen verteilt (mit einer 5 %-Mindestklausel), aber die Mehrheitsprämie für die stärkste Partei beträgt 50 % der Mandate, was ihr in jedem Fall eine sehr starke Mehrheit im Gemeinderat sichert.

Die Wahl der 74 französischen Abgeordneten des *Europäischen Parlaments* erfolgt nach dem Verhältniswahlprinzip (mit 5%-Klausel). Seit 2003 gibt es 8 große Wahlkreise, die jeweils mehrere Regionen umfassen. In jedem Wahlkreis erfolgt die Mandatsverteilung nach dem Stimmenanteil der Listen. Daher konnten hier auch kleinere Parteien wie die Grünen oder das Rassemblement national regelmäßig zahlreiche Mandate erobern.

b) Weibliche Mandatsträgerinnen: Gesetzliche Genderquoten und ihre Wirkung

Wie in Deutschland war die Politik lange Zeit eine reine Männerdomäne. Das Frauenwahlrecht wurde erst 1944 eingeführt (Deutschland: 1919). Dennoch sollte es noch ein halbes Jahrhundert dauern, bis der Zugang von Frauen zu politischen Wahlämtern deutliche Fortschritte machte. Anders als in Deutschland, wo die Parteien in eigener Initiative sogenannte Frauen- oder Genderquoten für die Aufstellung von Kandidatenlisten beschlossen haben (Grüne 1979, SPD 1988, CDU 1996), waren die französischen Parteien in dieser Hinsicht nur wenig aktiv. Die politischen Gremien und Parlamente blieben von Männern dominiert. Erst 1999 wurde der gleiche Zugang zu Wahlämtern in die Verfassung aufgenommen (Art. 3) und danach in verschiedenen Gesetzen konkretisiert.

Am schwierigsten ist die Umsetzung in Einpersonenwahlkreisen wie bei der Wahl zur Nationalversammlung. Dort wurde eine Geschlechterquote von 50% festgeschrieben; den Parteien, die diese Quote nicht erfüllen (das sind fast alle), wird die staatliche Parteienfinanzierung gekürzt. Bei der Europawahl und der Regionalwahl, wo nach Listen gewählt wird, müssen diese Listen im „Reißverschlussverfahren" abwechselnd aus Männern und Frauen bestehen. Auch für die Gemeinderatswahl ist seit 2013 vorgeschrieben, dass die Listen paritätisch mit Männern und Frauen (jeweils im Wechsel) besetzt werden müssen. Ähnliches gilt für die größeren Wahlkreise bei der (indirekten) Senatswahl. Eine originelle Lösung wurde für die Departementswahlen gefunden, wo immer ein Tandem aus einer Frau und einem Mann kandidiert (siehe oben).

Alle diese Regelungen haben deutliche Erfolge gezeigt (→ Online-Tab. 3.3). 2017 betrug der Frauenanteil an den Abgeordneten der Nationalversammlung 38,7% (2012: 27%) und im Senat 31,6% (2014: 25%). In der Präsidentschaft Hollande (2012–17) und Macron (seit 2017) wurden die Regierungen paritätisch mit Frauen und Männern besetzt. Langsamer, aber spürbar war auch der Fortschritt bei anderen Verfassungsorganen wie dem Verfassungsrat, der nunmehr 4 weibliche Mitglieder von 9 zählt. Nach den Kommunalwahlen 2021 wurden in den 42 Großstädten des Landes 12 Frauen zur Oberbürgermeisterin gewählt, darunter in Paris und Marseille. Bei der Präsidentschaftswahl 2022 waren die zwei stärksten Rivalen Macrons Frauen (Marine Le Pen, Valérie Pécresse). Gleichwohl gilt weiterhin, dass die Zahl der Frauen abnimmt, je höher man sich in der Hierarchie der Macht bewegt (→ Zitat).

» *Zitat: Frauen und politische Macht*

„[Heute] hat Frankreich einen Präsidenten, der sich selbst Feminist nennt. Erstellt seine Partei Wahllisten, achtet Emmanuel Macron darauf, dass genauso viele Frauen wie Männer auf den Spitzenplätzen stehen. Er wünsche sich eine Premierministerin, sagt Macron – und gibt das Amt zweimal an einen Mann. Dass auch fast alle seiner Schlüsselministerien an Männer gingen, merkte man spätestens zu Covid-Zeiten. Da rief Macron nur noch die Wichtigsten zusammen, und an den Tischen saßen keine Frauen mehr.“

(Nadia Pantel: Madame la Présidente, Süddeutsche Zeitung, 8./9.1.2022, S.47)

c) Wählersoziologie: Wer wählt wen?

Lange Zeit, noch bis in die 1990er Jahre, bot sich ein klassisches Bild der Wählerverteilung nach sozialen Gruppen, das auch aus anderen Ländern bekannt ist: Die linken Parteien waren besonders stark bei jüngeren Wählern, bei Arbeitslosen, Arbeitern, kleinen und mittleren Angestellten sowie bei Lehrern, also eher gering verdienenden Schichten und bei Schul- und Hochschullehrern. Besonders die Kommunisten konnten sich lange Zeit als „Anwalt der kleinen Leute“ profilieren. Die Konservativen hatten ihre stärksten Anteile bei Hausfrauen, älteren Wählern und Rentnern, Selbständigen, Landwirten und leitenden Angestellten; dazu kamen noch die regelmäßigen Kirchgänger unter den Katholiken. Der Front National, damals noch nicht so stark, verzeichnete bei männlichen Wählern, Arbeitern und Selbständigen leicht überdurchschnittliche Werte.

Heute ist die Situation deutlich verändert. Die Kommunisten sind nur noch eine Splitterpartei; die einfachen Bevölkerungsschichten, die früher kommunistisch wählten, sind zu einem großen Teil nach ganz rechts gewandert und haben dazu beigetragen, das Rassemblement national (früher: Front national) stark zu machen. Das RN hat sehr gute Ergebnisse bei Arbeitern (dort ist er die stärkste Kraft noch vor den Linken geworden!), einfachen Angestellten, allgemein bei Jungwählern (bis 24 Jahre) und bei Menschen mit niedrigem oder mittlerem Schulabschluss (bis zum Abitur). Es kann sich damit als Vertreter des einfachen Volkes darstellen. Daneben zählen auch die Landwirte und die Selbstständigen zur bevorzugten Wählerklientel der Rechtsextremen. Aber auch in den anderen sozialen Gruppen konnte das RN seine Wählerbasis verbreitern, wenngleich er dort unterrepräsentiert bleibt. Die Wählerbasis der Sozialistischen Partei ist gutbürgerlich: hohes Bildungsniveau (Studium), Führungskräfte, oberer Mittelstand. Außerdem punktet die Partei bei den jüngeren Wählern (25-34 Jahre). Die Konservativen (Les Républicains) sind eine Partei der älteren und im Ruhestand befindlichen Wähler geblieben, außerdem zählen Führungskräfte und Selbständige zu ihrem Wählerkern (→ Online-Tab. 3.3).

Dieses Muster hat sich auch in den Umfragen vor den Präsidentschaftswahlen bestätigt. Neu ist das Wählerprofil des Mitte-Kandidaten Emmanuel Macron, der 2017 zum ersten Mal antrat: Seine Hochburgen sind gut ausgebildete leitende und mittlere Angestellte.

Weiterführende Literatur
(Weitere Hinweise im Online-Anhang)

- Ulrich von Alemann et al. (Hrsg.): Politische Parteien in Frankreich und Deutschland: späte Kinder des Verfassungsstaates, Baden-Baden: Nomos 2015
- Pierre Bezbakh: Geschichte des französischen Sozialismus. Von der Französischen Revolution bis 2008, Berlin: Vorwärts 2009
- Sebastian Chwala: Der Front National: Geschichte, Programm und Wähler, Köln: Papyrossa 2015
- Julia Amalia Heyer: Frankreich und der Aufstieg des Front National, München: dtv 2017
- Christine Pütz: Parteienwandel in Frankreich. Präsidentschaftswahlen und Parteien zwischen Tradition und Anpassung, Wiesbaden: VS 2004
- Stefan Seidendorf: Vor den Präsidentschaftswahlen : Auffallen um jeden Preis? Parteiensystem und Kandidatenkür in Frankreich, Ludwigsburg: Deutsch-Französisches Institut 2022 (Aktuelle Frankreich-Analyse Nr. 37)

4. Die Rolle des Staates

Der Staat hat eine historische Rolle gespielt. Diese wird heute infrage gestellt, während gleichzeitig die Zivilgesellschaft Mühe hat, soziale Akteure hervorzubringen, die die wirtschaftlichen und sozialen Regulierungen aufbauen und organisieren können. Frankreich erlebt eine Destabilisierung seiner tradierten Regulierungsformen sowohl von oben (infolge der Vertiefung der europäischen institutionellen Integration) als auch von unten (durch eine Gesellschaft, die nach mehr Autonomie trachtet): Das kann eine Chance sein.

(Nicole Notat : Pour un nouveau contrat social, in: Roger Fauroux/Bernard Spitz (Hrsg.): Notre État. Le livre vérité sur la fonction publique, Paris : Robert Laffont 2000, S. 722)

Der Staat spielt im öffentlichen Leben Frankreichs weiterhin eine Schlüsselrolle, trotz aller Veränderungen, die in den letzten Jahrzehnten eingetreten sind. Diese Rolle ist tief in der Geschichte verwurzelt (→ Kap. 1.1). Auf der Grundlage dieser Vorstellungen hat sich mit der Französischen Revolution ein spezifisches Staats- und Politikverständnis unter dem Leitbild der Republik herausgebildet. Dem Staat kommt dabei die Aufgabe zu, die Einheit der Nation nach außen und nach innen zu wahren und insbesondere gegen die zahlreichen Partikularinteressen durchzusetzen. Diese Rollenzuweisung gilt vor allem für die Beziehungen zwischen Staat und Wirtschaft. Nach dem Zweiten Weltkrieg bildete sich eine staatsdirigistische Wirtschaftsordnung heraus, die sich erst allmählich wandelte. Auch heute bleibt der Staat ein unentbehrlicher Akteur, der in das Wirtschaftsgeschehen direkt eingreift (4.1). Das Verhältnis zwischen Staat und Gesellschaft ist kompliziert. Das traditionelle Misstrauen gegenüber den Organisationen der Zivilgesellschaft hat sich in den vergangenen Jahrzehnten zwar abgeschwächt. Aber die Versuche, den Dialog zwischen Politik und Verbänden zu intensivieren und letztere mehr in die Suche nach Lösungen einzubinden, haben bislang nur teilweise Erfolg gehabt (4.2). Schließlich ist das Handeln des Staates vom Zentralismus geprägt. Die Dezentralisierung seit 1982 hat aber das Zusammenspiel zwischen Zentralstaat und dezentralen Akteuren verändert (4.3).

4.1 Staat und Wirtschaft: vom Etatismus zur Marktwirtschaft

Nirgends zeigt sich die aktive Rolle des Staates so stark wie in der Wirtschaft. Frankreich gilt als Land des Colbertismus: Benannt nach dem Finanzminister unter König Ludwig XIV, Jean-Baptiste Colbert (1619–1683), bezeichnet diese Doktrin eine protektionistische Außenwirtschaftspolitik, verbunden mit einer Politik der nationalen Gewerbe- und Industrieförderung, die die produktiven Strukturen des Landes fördern will und in deren Rahmen der Staat auch selbst unternehmerisch tätig wird. Darüber wird aber leicht vergessen, dass es auch eine liberale Tradition der Wirtschaftsgeschichte Frankreichs gibt, die das 19. Jahrhundert und die erste Hälfte des 20. Jahrhunderts geprägt hat. Der staatliche Interventionismus war in dieser Zeit jedenfalls nicht ausgeprägter als in den Nachbarländern.

a) Die etatistische Wirtschaftsordnung der Nachkriegszeit

Das änderte sich nach dem Zweiten Weltkrieg, als eine umfassende wirtschaftliche und soziale Modernisierung des Landes unausweichlich wurde (→ Kap. 6.1). Diese wurde in die Hände des Staates gelegt, weil sie nach damals übereinstimmender Meinung nicht den Kräften des Marktes oder die Unternehmen überlassen werden durfte. Zu groß war das Misstrauen gegenüber dem Kapitalismus und gegenüber dem Unternehmer- und Besitzbürgertum, das als unfähig zur Erneuerung gebrandmarkt wurde.

So bildete sich eine Wirtschaftsordnung heraus, in der Staat und Verwaltung eine entscheidende Rolle spielten. Es war vor allem eine neue Generation von Technokraten, die jetzt an die Schalthebel von Politik und Verwaltung kam und deren seit den 1930er Jahren gereifte Konzepte einer notwendigen Modernisierung durch Industrialisierung, technischen Fortschritt und Überwindung der „Archaismen“ der französischen Gesellschaft jetzt zum Tragen kamen. Zahlreiche Instrumente erlaubten ein direktes Eingreifen in Märkte, Unternehmen und Branchen:

- Die 1946 eingeführte „Planification“ war eine Mischung aus mittelfristiger Vorausschau, Investitionsplanung und Dialogforum zwischen Staat, Gewerkschaften und Wirtschaftsverbänden. Vor allem dem ersten Wiederaufbauplan (Monnet-Plan, 1947–53) gelang die gezielte Steuerung der knappen Finanzmittel in die Bereiche, die für den Wiederaufbau zentral wichtig waren.
- Die umfangreichen Verstaatlichungen 1945/46, vor allem im Banken-, Versicherungs-, Verkehrs- und Infrastruktursektor, dienten dazu, die öffentlichen Unternehmen aktiv für die wirtschaftliche Modernisierung einzusetzen, insbesondere auch für die Finanzierung vorrangiger Projekte.
- Mit einer strukturlenkenden Industriepolitik sollte der Aufbau bzw. die Modernisierung ganzer Branchen vorangetrieben werden. Vor allem „strategische Sektoren“ standen im Mittelpunkt der staatlichen Förderung. Darunter verstand man oft Prestigeprojekte und Hochtechnologie. So wurden in den 1960er

und 1970er Jahren Flugzeuge (darunter das Überschallflugzeug „Concorde"), Raumraketen, Rüstungsgüter, Computer und später Kernenergieanlagen sowie der Hochgeschwindigkeitszug TGV entwickelt. Als „High-Tech-Colbertismus" hat man diese Politik treffend bezeichnet.

- Zahlreiche Reglementierungen der Güter- und Finanzmärkte ermöglichten zum Beispiel staatliche Preiskontrollen, die erst Anfang der 1980er Jahre abgeschafft wurden, und die Festsetzung „politischer" Zinssätze zur Förderung politisch gewollter Investitionen.
- Vor allem in den 1960er und 1970er Jahren betrieb der Staat eine gezielte Subventions- und Konzentrationspolitik, um die Herausbildung französischer Großkonzerne („Champions") zu fördern.
- Die räumliche Steuerung der Wirtschaftsentwicklung wurde zentralstaatlich realisiert. Dezentrale Akteure hatten zunächst kaum Möglichkeiten zur Entwicklung eigenständiger regionaler Wirtschaftspolitik (→ Kap. 4.3).
- Hohe Zoll- und Handelsbarrieren schützten zunächst die französische Industrie und Landwirtschaft vor ausländischer Konkurrenz. Erst mit dem Beginn der EWG 1958 und der Entkolonisierung 1962 wurde die Wirtschaft schrittweise der internationalen Konkurrenz ausgesetzt.
- Schließlich griff der Staat in die Tarifpolitik ein, weil die Tarifbeziehungen zwischen Gewerkschaften und Arbeitgebern anders als in Deutschland nur schlecht funktionierten (→ Kap. 8.3).

b) Triebkräfte und Grenzen des Wandels

Der Etatismus war durchaus erfolgreich. Er hatte wesentlichen Anteil an Frankreichs „Sprung in die Moderne", mit dem in nur drei Jahrzehnten aus einer traditionalistischen eine moderne Industrie- und Dienstleistungsgesellschaft entstand. Aber er war auch von Anfang an einem fortwährenden Wandel unterworfen. Generell kann man sagen, dass die staatliche Lenkung und Koordinierung vor allem in den Nachkriegsjahren als Initialzündung für den Wiederaufbau gefragt war; in den Jahren danach gab es eine Rückkehr zu einer stärker marktwirtschaftlichen Ordnung. Mit der erfolgreichen wirtschaftlichen Modernisierung wurde die Wirtschaftsstruktur differenzierter und erforderte neue, weniger dirigistische Instrumente der Steuerung. Ferner war die 1958 einsetzende europäische Integration im Kern ein riesiges Projekt der Liberalisierung, das Frankreich nach und nach zur Anpassung seiner Wirtschaftsordnung zwang. Der Protektionismus wurde ebenso hinfällig wie nationale Reglementierungen und Subventionen, die den europäischen Wettbewerb verzerrten. Vor allem die 1986 beschlossene Errichtung eines großen europäischen Binnenmarktes führte dazu, dass Frankreich seine besonders zahlreichen nationalen Reglementierungen der Wirtschaft aufgeben musste. Insbesondere die vollständige Liberalisierung der bislang stark reglementierten Finanzmärkte und die Modernisierung des Banken- und Finanzsektors im Jahr 1985 waren wichtige Voraussetzungen für Veränderungen. Schließlich haben die europäische Wirtschaftsverflechtung und die Globalisierung den Einfluss der nationalen Wirtschaftspolitik und die Fähigkeit des Staates, die wirtschaftliche Entwicklung zu steuern, begrenzt.

Hinzu kam ein politischer Wandel in den 1980er Jahren, der paradoxerweise gerade von der Linksregierung des sozialistischen Präsidenten Mitterrand eingeleitet wurde. Diese vollführte ab 1983 eine wirtschaftspolitische Kehrtwende, nachdem ihre 1981 eingeleitete linke Politik weitgehend gescheitert war: Hinwendung zur Preisstabilität, Abbau zahlreicher staatlicher Reglementierungen, ab 1986 auch Privatisierungen. Die Politik erkannte endgültig die Autonomie der Unternehmen an und verfolgte nun ausdrücklich das Ziel, deren finanzielle, steuerliche und juristische Rahmenbedingungen zu verbessern.

Eine „Revolution" haben Beobachter diese Hinwendung zu einer stärker marktwirtschaftlichen Ordnung in den 1980er Jahren genannt. In der Tat: Die Rolle des Staates im Wirtschaftsleben hat sich deutlich verändert. Vieles, was früher Gegenstand politischer Entscheidungen war, ist heute der politischen Steuerung weitgehend entzogen. Es gibt mehr Akteure neben dem Staat: unabhängige Regulierungsbehörden im Bereich der Daseinsvorsorge, die Europäische Zentralbank in der Zins- und Geldpolitik. Die Globalisierung begrenzt zusätzlich den Wirkungsgrad der französischen Wirtschaftspolitik. Schließlich gibt es auch mehr Automatismen und Regeln, die sich dem direkten Zugriff des Staates entziehen.

Tabelle 3: Die Rolle des Staates

	Nachkriegsmodell (nach 1944)	**Neue Entwicklungen (ab den 1980er Jahren)**
Staat und Wirtschaft		
Leitbilder	Der Staat als Modernisierungsagentur; Primat der Politik	Partnerschaftlicher Staat, regulierender Staat
Merkmale	Staatliche Unternehmen, Kredit- und Investitionslenkung, reglementierte Wirtschaft, Industriepolitik, Großprojekte	Politik der Rahmenbedingungen und der Regelsetzung = indirekte Steuerung Vervielfältigung der Akteure
Staat und Gesellschaft		
Leitbilder	Der Staat als Garant des Gemeinwohls gegen Einzelinteressen	Ein neuer Sozialvertrag? Verbände als Produzenten von öffentlichen Normen und Regelungen

	Nachkriegsmodell (nach 1944)	Neue Entwicklungen (ab den 1980er Jahren)
Merkmale	Vorrang des Gesetzes, Führungsanspruch gegenüber Verbänden	Förderung sozialer Verhandlungen und Vereinbarungen zwischen den Sozialpartnern
Staat und Gebietskörperschaft		
Leitbilder	Der Staat als Garant des nationalen Zusammenhalts	Développement local: eigenständige regionale Entwicklung
Merkmale	Zentralstaatliche Raumordnung und regionale Entwicklungspolitik, eingeschränkte Befugnisse der Gebietskörperschaften	Dezentralisierung, Region als wirtschaftspolitischer Akteur, regionale Akteursnetzwerke
Frankreich und Europa		
Leitbilder	Der Staat als Garant der nationalen Unabhängigkeit, Beschützer und Förderer der nationalen Wirtschaft	Verhandlungsstaat
Merkmale	Zögernde Handelsliberalisierung, nationale Industrieförderung, industrielle Zusammenarbeit der Regierungen (Luft- und Raumfahrt)	Mitentscheidung über die EU-Politik, Umsetzung der EU-Politik

Quelle: eigene Zusammenstellung

Dennoch: Der französische Staat ist weiter präsent in Wirtschaft und Gesellschaft, deutlich mehr als in Deutschland. Das liegt auch daran, dass die schwierige Wirtschaftslage seit den 1980er Jahren mit ihren schmerzhaften Strukturanpassungen den Staat zwang, die Probleme abzufedern. Die Folge: Die Staatsquote (das ist die Summe aller öffentlichen Ausgaben bezogen auf das Sozialprodukt) stieg von 45,6 % (1980) auf 55,7 % (2019, vor der Coronakrise) – das ist einer der höchsten Werte in Europa. Zum Vergleich: im gleichen Zeitraum bewegte sich die deutsche Staatsquote von 45,1 % nach 43 %. In dieser Zahl spiegelt sich der im Vergleich großzügige, auf jeden Fall sehr kostspielige Sozialstaat (→ Kap. 7.2) ebenso wider wie die sehr hohe Zahl von Beschäftigten im öffentlichen Sektor (Staat, Gebietskörperschaften, Sozialversicherungsträger, öffentliche Unternehmen), wo mehr als jeder vierte Franzose arbeitet – wiederum ein Rekordwert in Europa. Dazu kommt die in manchen Bereichen weiterhin sehr starke Präsenz des Staates, etwa in der Arbeitsmarkt- und Beschäftigungspolitik, um auf die wachsenden Probleme der Arbeitslosigkeit und der prekären Beschäftigung zu antworten (→ Kap. 7.4). Ein Bericht über die staatliche Politik in diesem Bereich zeigt auf, wie sehr die ausgedehnten staatlichen Interventionen eine Spirale immer neuer Maßnahmen erzeugen (vgl. Zitat) und damit eine Dynamik zunehmenden Dirigismus in Gang setzen – mit fragwürdigen Erfolgen.

» *Zitat: Die Interventions-Spirale*

„Mit etwas Abstand betrachtet ähnelt die französische Wirtschaft stark einer Verwaltungswirtschaft in großem Maßstab. Die staatliche Intervention erscheint wie eine strukturelle Notwendigkeit: sehr ausgedehnter öffentlicher Sektor, zahlreiche öffentliche Beschäftigte, Subventionen für Niedriglohn-Arbeitsplätze, Einkommenszuschüsse für die Niedriglohnbezieher, usw. Die Intervention ruft nach neuer Intervention, die Subvention nährt neue Subventionen. […]
Dieser teure Weg ist nicht nachhaltig; um eine Wirtschaft zu korrigieren, die schlecht funktioniert, führt er zu einer anderen Ökonomie, die nicht lebensfähig ist. Und diese stellt niemanden zufrieden, denn die Wirtschaft stagniert weiter, die Prekarität breitet sich aus, und die Arbeitslosigkeit dauert an."

(Bruno Coquet: Marché du travail – redonner du sens aux réformes et aux politiques, Paris: France Stratégie 2016, S. 15)

Schließlich wirft der aufgeblähte öffentliche Sektor auch die Frage nach der Fähigkeit des Staates auf, seine Strukturen den veränderten Aufgaben und Herausforderungen anzupassen. Weil ständig neue Gesetze erlassen und den vorhandenen Maßnahmen und Instrumenten neue hinzugefügt werden, hat sich in vielen Politikfeldern ein teures, wenig effizientes Neben-, ja Gegeneinander staatlicher Maßnahmen herausgebildet. So wurden im Zuge der Dezentralisierung seit 1982 zahlreiche Kompetenzen vom Staat auf die Gebietskörperschaften verlagert, ohne dass die entsprechenden staatlichen Behörden abgeschafft oder verkleinert worden wären.

Während sich Wirtschaft und Gesellschaft teilweise rapide und durchgreifend verändert haben, erweckt der Staat zunehmend den Eindruck der Immobilität. Der Staat und seine Verwaltungseliten, die nach 1944 wesentliche Träger des französischen Modernisierungsprozesses gewesen waren, sind mit dem dramatischen Wandel der wirtschaftlich-gesellschaftlichen Rahmenbedingungen immer mehr zu einem Hemmschuh des weiteren Fortschritts geworden. Sie haben ein wachsendes Problem, ihre Strukturen, ihre Arbeitsweisen und ihre Aufgaben den veränderten Bedingungen anzupassen.

Dies verweist auf die Notwendigkeit einer umfassenden Staats- und Verwaltungsreform, die seit 1988 auf der Tagesordnung steht, trotz mancher Ansätze aber bis heute Stückwerk geblieben ist. Eine solche Reform bleibt notwendig, denn auf die Dauer wird sich Frankreich einen so aufgeblähten, teuren und gleichzeitig wenig effizienten Staat nicht leisten können.

» *Zitat: Ziele der Staatsreform*

„Wir brauchen einfach einen Staat, den man respektiert: bescheiden, flexibel und pragmatisch. Ein Staat, der zwar weniger, dies aber besser macht, der die gesellschaftlichen Forderungen nach Autonomie, Information und Dialog aufmerksam wahrnimmt. Ein unparteilicher Staat im Dienste aller seiner Bürger, der zum Wohlwollen und zur Festigkeit zugleich fähig ist. Ein managerialer Staat, der unnütze Ausgaben zu komprimieren versteht, ohne seine wesentlichen Funktionen zu opfern; ein Staat, der antizipieren, evaluieren, sanktionieren und verhandeln kann, indem er dem Umgang mit der Zeit und den langfristigen Ambitionen den Vorrang einräumt, ohne den die stärksten Energien zum Scheitern verurteilt sind. Kurz: ein „strategischer“ Staat, der weitsichtig und gerecht ist und das Gemeinwohl verkörpert.“

(Roger Fauroux/Bernard Spitz: Notre État. Le livre vérité de notre fonction publique, Paris 2000, S. 770f.)

4.2 Staat und Gesellschaft: ein neues Rollenverständnis?

a) Die Schwäche der Zwischengewalten

Auch die Beziehungen zwischen Staat und Gesellschaft sind kompliziert. Dies ist das Ergebnis einer langen historischen Entwicklung. Schon die Monarchie hatte systematisch versucht, gesellschaftliche Zwischeninstanzen, die ihre Macht hätten gefährden können, auszuschalten. Das Demokratieverständnis, das sich mit der Französischen Revolution entwickelte (→ Kap. 1.1), ging in die gleiche Richtung: Die demokratische Republik funktioniert nach diesem Verständnis auf der Grundlage einer direkten Beziehung zwischen Wählern und Gewählten. Keine „Zwischengewalt“ sollte diese Beziehung stören und verfälschen. Dies richtete sich besonders gegen die Interessenverbände, die als Vertreter von egoistischen Teilinteressen und insofern als Gefährdung des Allgemeinwohls gesehen wurden.

Das hatte Folgen. Die Entwicklung der Verbände verlief zögerlich: Gewerkschaften wurden erst ab 1884 zugelassen; die erste französische Partei wurde im Jahr 1900 gegründet, und erst das Vereinsgesetz von 1901 sicherte die Vereinigungsfreiheit. Daraus resultiert eine bis heute andauernde Schwäche. Die Parteien organisieren nur wenig Bürgerinnen und Bürger und spielen nur eine untergeordnete Rolle, was die Führungsauslese oder die politische Willensbildung angeht (→ Kap. 3.1). Die Verbände haben in der Regel nicht die organisatorische und finanzielle Kraft, um Interessen autonom und kraftvoll zu vertreten, und nicht das Gewicht in der politischen Entscheidungsfindung, wie sie es in Deutschland besitzen.

b) Starker Staat – ohne Bodenhaftung?

Die Vertreter von Staat und Verwaltung haben sich in der geschilderten historischen Tradition immer als die eigentlich berufenen Sachwalter des Gemeinwohls verstanden, das es gegen die Partikularinteressen in Wirtschaft und Gesellschaft durchzusetzen gelte (vgl. Zitat). Das hat ein Zusammenwirken mit den Verbänden erschwert und die Neigung der Regierungen erhöht, mit ihren oft komfortablen politischen Mehrheiten „durchzuregieren“, ohne die von einem Gesetz betroffenen Verbände wirklich in die Entscheidungsfindung einzubeziehen. Dadurch sind die in einer modernen, pluralistischen Gesellschaft unentbehrlichen Zwischenglieder, die bei schwierigen, kontroversen Entscheidungen zwischen Gesellschaft und Staat vermitteln und einen Interessensausgleich fördern könnten, zu schwach, um ihre Rolle zu spielen.

» *Zitat: Gemeinwohl und Privatinteressen*

„Der republikanische, d.h. konventionelle Diskurs beharrt … auf dem Gegensatz zwischen Gemeinwohl (übergeordnet und edel) und Privatinteressen (immer persönlich, egoistisch und deshalb im Widerspruch zum Gemeinwohl). […] Die Führungsgruppen der Staatsverwaltung (Grands corps) und insbesondere die mächtigsten unter ihnen – Finanzaufsichtsbehörde, Rechnungshof, Staatsrat sowie die Elitehochschulen Ponts et Chaussées, École polytechnique und École nationale d'administration (ENA), deren Absolventen in diese hochrangigen Institutionen gelangen – haben sich im Laufe der Zeit das Recht angemaßt, dieses Gemeinwohl zu definieren.“

(Yves Mény: Interessengruppen in Frankreich, in: Adolf Kimmel/Henrik Uterwedde (Hrsg.): Länderbericht Frankreich, Bonn:: Bundeszentrale für politische Bildung, 2. Aufl. 2005, S. 288)

Zwar existiert mit dem Wirtschafts-, Sozial- und Umweltrat (Conseil économique, social et environnemental, CESE) sogar ein Verfassungsorgan, in dem die verschiedenen wirtschaftlichen und gesellschaftlichen Interessenverbände vertreten sind und das eine beratende Funktion zu allen anstehenden wirtschafts-, sozial- und umweltpolitischen Fragen innehat. Auch beteuern alle Regierungen ständig ihren Willen zur „sozialen Konzertierung“ und versuchen, durch regelmäßige Konsultationen ihre Entscheidungen legitimatorisch abzusichern. Es gibt zahlreiche Gremien, die auf den verschiedensten Gebieten der Konzertierung zwischen Staat und Verbänden dienen sollen.

Aber in der Praxis ist dies oft nicht mehr als der Versuch gewesen, die Verbände für die Zwecke der staatlichen Politik zu vereinnahmen. Oft gab es rein formale Anhörungen und runde Tische, die nicht wirklich einen ergebnisoffene Diskussion beabsichtigten. Zuweilen hat die Regierung auch die betroffenen Verbände vollkommen übergangen, so wie Premierminister de Villepin, der 2006 seinen Plan eines Arbeitsvertrages mit geringerem Kündigungsschutz für Berufsanfänger im Eilverfahren durch das Parlament zu pauken versuchte, ohne vorher mit den Verbänden geredet oder eine ordentliche parlamentarische Debatte zugelassen zu haben. Ergebnis dieser Politik nach Gutsherrenart war ein Massenprotest, der schließlich die Regierung zwang, ihr Vorhaben fallenzulassen. Auch unter Präsident Macron hat die Regierung mehrfach Beschlüsse gefasst, ohne vorher die betroffenen Verbände und Gebietskörperschaften anzuhören, so wie bei der 2018 verfügten Erhöhung der Dieselsteuer, die zum Auslöser der massiven Gelbwesten-Revolte wurde (→ Kap. 8.4).

Diese Beispiele zeigen deutlich, dass der „starke Staat“ in der V. Republik zwar über erhebliche institutionelle Machtmittel verfügt, in Wirklichkeit aber auf tönernen Füßen steht, wenn er sich zu sehr von der Gesellschaft abkoppelt. Die mangelnde „Bodenhaftung“ der staatlichen Repräsentanten und ihrer technokratischen Eliten verleitet sie immer wieder zu einer Politik „von oben“, die sich nicht die Mühe macht, die widersprüchlichen Interessen in der Gesellschaft angemessen anzuhören oder zu beteiligen. Dies provoziert aber oft, wie oben beschrieben, massive soziale Protestaktionen, die umso härter ausfallen, als die betroffenen Gruppen und ihre Vertreter das Gefühl haben, kein Gehör bei der Regierung gefunden zu haben (→ Online-Tab. 8.3). Konsequenz der mangelnden Vermittlungsprozesse zwischen Staat und Gesellschaft: Politische Reformvorhaben sind immer wieder vom Scheitern bedroht.

> *» Zitat: Regieren „von oben“ und die Konsequenzen*
>
> *„So kommt es, dass die Regierungen immer wieder Entscheidungen treffen, die an der Stimmungslage oder den Interessen der Betroffenen weit vorbeigehen. Sobald diese sich mobilisieren und massenhaft auf der Straße protestieren oder in den Streik treten, weicht die Regierung zurück aus Furcht vor Ausweitungen zu einer größeren sozialen Krise. Wie eine Schnecke, deren Fühler an ein Hindernis stoßen, zieht sie sich in ihr Haus zurück.“*
>
> (Gilbert Ziebura: Frankreich: Geschichte, Gesellschaft, Politik, ausgewählte Aufsätze, Opladen: Leske und Budrich 2003, S. 296)

c) Ein schwieriger Wandel

Allerdings darf dieses Bild nicht überzeichnet werden. In vielen Bereichen des Sozialstaats oder auch der Politik zugunsten benachteiligter Vorstadtsiedlungen (politique de la ville; → Kap. 8.2) sind Sozialverbände unentbehrliche Partner der staatlichen Behörden bei der Umsetzung öffentlicher Programme. Auch hat in den letzten Jahrzehnten, parallel zur Herausbildung einer modernen, von vielfältigen Lebensbereichen und Interessen durchzogenen Gesellschaft, die Gründung von Vereinen, Interessenverbänden, Sozial- oder Umweltverbänden, Bürgerinitiativen eine neue Dynamik erfahren. Heute existiert eine lebendige Szene gesellschaftlicher Organisationen auf allen Gebieten. Wichtige weltweit tätige Gruppen wie Mediziner ohne Grenzen (Médecins sans frontières, 1971) oder die globalisierungskritische Attac (1998) haben ihren Ursprung in Frankreich.

Die Politik erkannte ihrerseits, dass eine intensivere und rechtzeitige Einbindung der Verbände und Interessengruppen in die Gesetzgebung zwar Zeit kostet und zuweilen unbequem sein mag, letztlich aber eine Voraussetzung für gutes Regieren und für die Akzeptanz der beschlossenen Maßnahmen ist. Im Januar 2007 wurde ein „Gesetz zur Modernisierung des sozialen Dialogs" verabschiedet, das neue Formen und Verfahren der Konzertierung und Verhandlung vorsah. Jedes von der Regierung beabsichtigte Reformprojekt, das die Arbeitsbeziehungen, die Beschäftigung und die berufliche Aus- und Weiterbildung betrifft, sollte zunächst den Sozialpartnern übermittelt werden, um diesen Gelegenheit zu geben, untereinander eine Lösung auszuhandeln. Diese sollte dann von der Regierung übernommen.

Mit diesen neuen Regeln änderte sich die Regierungspraxis, jedenfalls teilweise. Dem sozialen Dialog vor allem mit den Sozialpartnern wurde ein höherer Stellenwert beigemessen. Die Sozialpartner wurden nun vor wichtigen Reformvorhaben konsultiert, ob es nun um Veränderungen der Sozialversicherung oder das Arbeitsrecht ging. Beispielsweise forderte die sozialistische Regierung 2012 Arbeitgeber und Gewerkschaften zu Verhandlungen über eine Reform des Arbeitsmarktes auf. Nach schwierigen Verhandlungen unterzeichneten drei der fünf großen Gewerkschaften zusammen mit den Arbeitgeberverbänden im Januar 2013 ein Abkommen. Dieses wurde von der Regierung wie angekündigt nahezu unverändert als Gesetz eingebracht und vom Parlament verabschiedet.

Allerdings funktionierte die soziale Konzertierung nicht immer. Bis heute ist der Weg dorthin steinig und vor Rückschlägen nicht sicher. Nicht immer haben die Regierungen ihre Versprechen wahrgemacht, die Sozialpartner gleichberechtigt an der Entscheidungsfindung zu beteiligen. Präsident Macron zum Beispiel hegt ein offenes Misstrauen gegenüber Verbänden und Sozialpartnern, denen er keinen wirklichen Veränderungswillen zutraut; wiederholt hat seine Politik die Sozialpartner brüskiert. Dies hat ihm vor allem seitens der größten Gewerkschaft CFDT harte Kritik eingebracht (→ Zitat). Allerdings sah sich Macron auch oft durch das schwankende Verhalten der Sozialpartner in seiner Skepsis bestätigt. Die Unternehmerverbände sind nicht immer bereit, konsequent die Karte der Sozialverhandlungen zu spielen. Auch die Spaltung des Gewerkschaftslagers (→ Kap. 8.3) und die mangelnde Kompromissbereitschaft mancher Gewerkschaften erschwert weitere Fortschritte. Als 2019 die Verhandlungen der Sozialpartner über eine Reform der Arbeitslosenversicherung scheiterten, kommentierte Macron dies in drastischen Worten (→ Zitat). In einem solchen Klima wechselseitiger Verdächtigungen und Vorwürfe ist es schwierig, ein konstruktives Verhältnis zwischen Regierung, Sozialpartnern, Verbänden und Zwischengewalten zu finden.

» *Zitat: Macron und die Zwischengewalten*

„Ich bin besorgt um die Verknüpfung zwischen sozialer und politischer Demokratie. Manchmal verspürt man eine Haltung, die Zwischengewalten gehörten zur alten Welt. Das ist sehr schwerwiegend. Ob es um die Migranten mit den Vereinen geht, oder um die sozialen Fragen mit den Gewerkschaften: Man muss diejenigen anhören, die legitim sind. Nur so funktioniert Demokratie."

(CFDT-Chef Laurent Berger, nach www.parismatch.com, 13.11.2018)

„Jeden Tag hört man in diesem Land: ‚Zwischengewalten, territoriale Demokratie, soziale Demokratie, lasst uns das machen.' Und wenn man ihnen die Hand gibt, hört man: ‚Aber lieber Herr, es ist schwer, übernehmen Sie'."

(Emmanuel Macron, Rede vor den Departementspräsidenten, 1.2.2019)

4.3 Zentralismus und Dezentralisierung

Wenn man in Frankreich vom Staat spricht, ist immer der Zentralstaat gemeint. Der Zentralismus hat jahrhundertealte Wurzeln und ist eng mit der Herausbildung des französischen Nationalstaats verbunden. Er ist ein durchaus positiv besetzter Begriff: Im 19. Jahrhundert trug er zur Entstehung einer modernen Verwaltungsstruktur bei und half, die Republik gegen ihre damals noch zahlreichen Feinde durchzusetzen. Er gilt weiterhin als Garant der nationalen Einheit und als Grundlage der „einen und unteilbaren Republik", in der die Souveränität des Volkes uneingeschränkt gilt (→ Kap. 1.1).

Erst die umfassende wirtschaftlich-soziale Modernisierung nach 1945 (→ Kap. 6.1) bereitete den Boden für Veränderungen. Denn die zentralistische Struktur erwies sich zunehmend als Hemmschuh für die wirtschaftliche Entwicklung des Landes: Die staatliche Modernisierungspolitik war zunehmend auf dezentrale Partner angewiesen, die diese Politik vor Ort umsetzen konnten. Die Städte und Departements, bisher die alleinigen lokalen Ansprechpartner der Zentralregierung, erwiesen sich für diese Aufgabe als zu klein.

a) Der lange Weg der Dezentralisierung

Damit begann ein langer, aber oft widersprüchlicher Aufstieg der Regionen, die die staatliche Wirtschafts- und Raumordnungspolitik vor Ort umsetzten. Die Regionen erwiesen sich als unerlässliche neue Handlungsebene, wenn die wirtschaftliche Modernisierung allen Teilen des Landes zugute kommen sollte. Allerdings wollte die Zentralregierung die Regionen nicht zu stark werden lassen, weil sie darin eine mögliche Gefahr für die nationale Einheit sah. Nach dem Motto „Wasch mir den Pelz, aber mach mich nicht nass“ wurden deshalb die Regionen als technokratische Planungsebene, nicht aber als vollwertige Gebietskörperschaft wie die Departements und die Gemeinden behandelt. „Funktionale Reformen“ nannte man diese halbherzigen Reformen der 1960er und 1970er Jahre. Vor den entscheidenden Schritten einer wirklichen Neuverteilung der Kompetenzen, einer institutionalisierten Teilhabe der Regionen und ihrer politischen Legitimation durch Wahlen schreckten die Reformer wiederholt zurück und bekamen damit die Probleme nicht wirklich in den Griff.

Dabei hatte sich in den Regionen längst ein neues Selbstbewusstsein entwickelt. Durch die Protestbewegung des Mai 1968 (→ Kap. 6.1) wurde der Widerstand gegen den übermäßigen Zentralismus neu angefacht und die Forderung nach mehr selbstbestimmter lokaler und regionaler Entscheidungsfreiheit populär gemacht. Aber erst nach dem ersten Machtwechsel in der Geschichte der V. Republik mit der Wahl François Mitterrands zum Präsidenten 1981 wurden die vollen politischen Konsequenzen aus den veränderten Rahmenbedingungen gezogen.

b) Die Dezentralisierungsreform von 1982

Mit den Dezentralisierungsgesetzen von 1982 wurde eine neue Dynamik im Verhältnis von Staat und Gebietskörperschaften eingeleitet. Sie wird heute als „erster Akt der Dezentralisierung“ bezeichnet.

- Die staatliche Vorabkontrolle der Gebietskörperschaften durch den Präfekten, also dem mächtigen Vertreter des Zentralstaats im Departement, wurde abgeschafft. Fortan konnten die Gebietskörperschaften in vielen Bereichen der Selbstverwaltung eigenständig entscheiden, ohne vorher die Genehmigung durch die Präfektur einzuholen. Das gilt für die Aufstellung der Haushalte in den Gemeinden und Departements ebenso wie die Erteilung von Baugenehmigungen und vieles mehr.
- War die Verwaltung des Departements bislang vom Präfekten geleitet worden, so wurde sie nunmehr dem Präsidenten des Departementsrates, also dem von den Bürgern gewählten Vertreter der Selbstverwaltung unterstellt. Damit wurde für die Departements der Begriff „Selbstverwaltung“ erstmals Realität.

- Die Region erhielt erstmals den vollwertigen Status einer Gebietskörperschaft und trat damit gleichberechtigt neben Kommunen und Departements. Chef der Regionalverwaltung wurde der Präsident des – nunmehr vom Volk gewählten – Regionalrates (conseil régional).
- Schließlich wurden den Gebietskörperschaften neue Kompetenzen übertragen und ihnen dafür mehr Finanzmittel bewilligt. Vor allem die Regionen haben seither ihren Verwaltungsapparat stark ausgebaut, um die neuen Aufgaben bewältigen zu können.

Diese Dezentralisierung war eine mutige Reform, weil sie manche Gewohnheiten und Interessen erschütterte und den dezentralen Akteuren erstmals mehr Eigenständigkeit erlaubte. Aber sie hatte auch Grenzen. So wurde der Zuschnitt der Kommunen nicht geändert. Damit blieb es bei der hohen Zahl von heute 35.000 Gemeinden in Frankreich – nirgendwo in vergleichbaren Nachbarländern ist diese Zahl höher. Diese Zersplitterung führte zum einen dazu, dass die Gemeindegrenzen mit den tatsächlichen Siedlungsstrukturen nicht mehr übereinstimmten und dadurch die Stadtplanung erschwert wurde. Zum anderen gibt es eine große Zahl kleiner Gemeinden: 86 % der Kommunen haben weniger als 2.000 Einwohner (→ Online-Tab. 4.4). Die Folge: Die zahlreichen Klein- und Kleinstgemeinden waren schon mangels ausreichender Personal- und Finanzkraft nicht in der Lage, von den neuen Freiheiten der Gebietskörperschaften wirklich zu profitieren. Aber die Zusammenlegung von Kommunen scheiterte stets am Widerstand der Bürgermeister. Statt dessen entwickelte sich die freiwillige interkommunale Zusammenarbeit als eine Art Ersatzlösung, um gewisse Aufgaben gemeinsam zu bewältigen. So entstand eine Vielzahl unterschiedlicher Formen der Zusammenarbeit: vom einfachen Zweckverband zur Erledigung einer Aufgabe bis hin zu komplexen Gemeindeverbänden, die eine Vielzahl von kommunalen Kompetenzen wahrnahmen, ein oft beachtliches eigenes Budget erhielten und sich damit allmählich als zusätzliche, interkommunale Verwaltungsebene etablierten.

So entwickelte die Dezentralisierung ihre eigene Dynamik, leistete aber auch Fehlentwicklungen in Form von kostspieligen Kompetenzüberschneidungen, Doppelstrukturen und Rivalitäten Vorschub. Zudem wurde die dezentrale Verwaltungsstruktur immer unübersichtlicher, da es jetzt mit den Kommunen, den Kommunalverbänden, den Departements und den Regionen faktisch vier Ebenen gab. Dies führte zu Überlegungen, den eingetretenen Wildwuchs zu beschneiden und eine klarere, für die Bürger transparentere Verteilung von Verantwortlichkeiten zu erreichen. Auch die Frage, ob nicht eine Ebene völlig entfallen könnte, wurde vielfach diskutiert, führte aber nie zu entsprechenden Entscheidungen.

Auch nachfolgende Reformen änderten zunächst wenig an dieser Situation. 2003 erhielt die Dezentralisierung Verfassungsrang, weitere Aufgaben wurden an die Gebietskörperschaften übertragen und eine Experimentierklausel geschaffen, die es einzelnen Gebietskörperschaften erlaubt, probeweise bestimmte Kompetenzen in eigener Regie wahrzunehmen. 2005 setzte Präsident Hollande mit einer Territorialreform neue Akzente.

- Die Zahl der Regionen im Mutterland wurde von bisher 22 auf 13 verringert (→ Abb. 2), und ihre Funktionen wurden aufgewertet; vor allem sind sie jetzt federführend für die regionale Wirtschaftsentwicklung (→ Online-Tab. 4.1).
- Auf der kommunalen Ebene wurde die schon seit 2010 mögliche Bildung von „Metropolen", d. h. Stadtverbänden in den großstädtischen Ballungszentren ab ca. 400.000 Einwohner, vorangetrieben. Diese entstanden durch Zusammenschluss aller Kommunen im Einzugsbereich der jeweiligen Großstadt, wurden mit neuen eigenständigen Kompetenzen ausgestattet und haben jetzt wesentlich mehr Gestaltungs- und Entwicklungsmöglichkeiten. Auch in den anderen Städten und im ländlichen Raum sollte die interkommunale Zusammenarbeit effizienter gestaltet werden. Mittlerweile gehört jede französische Gemeinde einem Kommunalverband an.

Abbildung 2: Die französischen Regionen

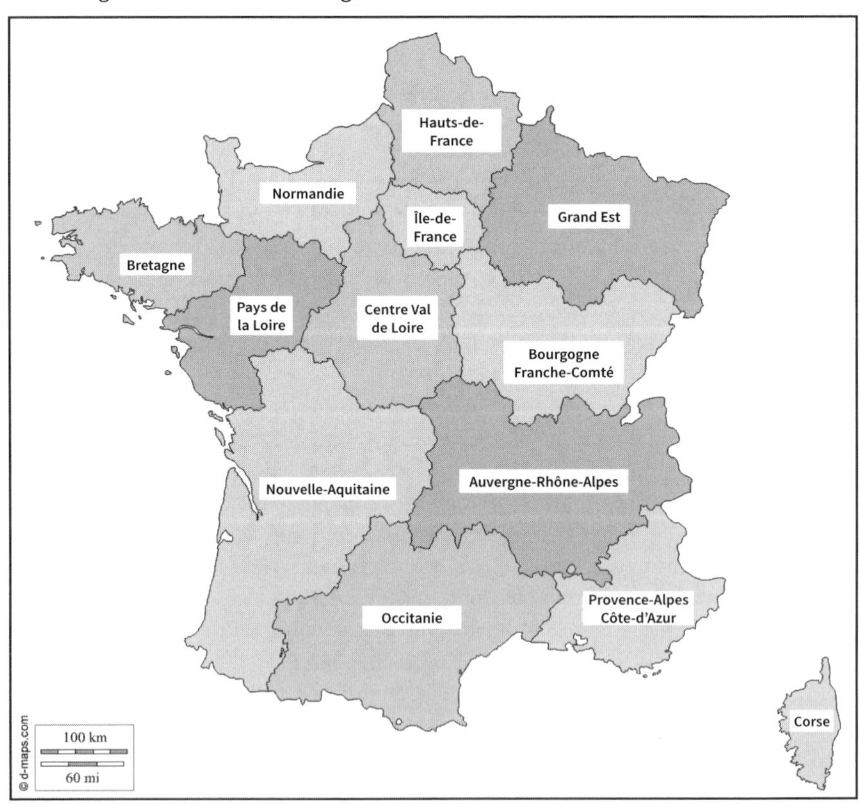

c) Eine duale Verwaltung: Staat und Gebietskörperschaften

Trotz aller Dezentralisierung: Frankreich bleibt ein Zentralstaat. Eine Entwicklung hin zu bundesstaatlichen Strukturen wie in Deutschland oder auch zu weitgehender Autonomie der Regionen wie in Spanien ist ausdrücklich nicht vorgesehen. Anders als in der Bundesrepublik, in der der Staat gleichsam zwei Etagen hat (Bund und Länder), die Länder also Teil des Staates sind, verbleibt in Frankreich die gesamte staatliche Autorität und nationale Gesetzgebung auf zentralstaatlicher Ebene. Regionen, Departements und Kommunen haben dagegen den Status einer dezentralen Gebietskörperschaft, wie in Deutschland Kreise und Gemeinden: Sie haben das – mit der Dezentralisierung ausgeweitete – Recht zur Selbstverwaltung, sind aber nicht (wie die Länder über den Bundesrat) am Zustandekommen von Gesetzen beteiligt. Auch die Umsetzung der Gesetze und politischen Entscheidungen im Lande obliegt in erster Linie dem Staat, während sie in Deutschland in den meisten Fällen von den Landesministerien als Auftragsverwaltung gewährleistet wird. Anders als in Deutschland, wo die Bundesministerien nur in Ausnahmefällen eigene Verwaltungsstellen in der Fläche unterhalten, sind alle großen französischen Ministerien in den Regionen und Departements durch eigene regionale bzw. departementale Dienststellen präsent. Darüber hinaus ist dort immer noch der Präfekt als „Statthalter" der Zentralregierung tätig, der die Arbeit der verschiedenen Dienststellen der Ministerien koordiniert und auch sonst über weit reichende Befugnisse im Bereich der öffentlichen Sicherheit, der Infrastrukturplanung, wirtschaftlichen Entwicklung usw. verfügt.

Seit der Dezentralisierung werden die Gebietskörperschaften indessen in wachsendem Maße an der Implementierung von Gesetzen beteiligt. Der Grundsatz der Einheitlichkeit der Verwaltung hat sich damit verändert: In allen Departements und Regionen gibt es einen Dualismus zwischen

- den staatlichen Verwaltungsstellen (Präfekt, nachgeordnete Dienststellen der Ministerien oder anderer nationaler Behörden), die im Auftrag der Zentralregierung handeln,
- und den Verwaltungen der Gebietskörperschaften, deren Entscheidungen von den gewählten dezentralen Selbstverwaltungsgremien (Regional- bzw. Departementsrat) abhängen. Dabei sind die drei Gebietskörperschaften (Kommunen, Departements, Regionen) weiterhin gleichberechtigt, auch wenn sich mittlerweile eine Art Arbeitsteilung herausgebildet hat: Wirtschaft, Verkehr und Raumplanung ist bei den Regionen angesiedelt, die soziale Daseinsvorsorge bei den Departements und die örtliche Versorgung bei den Kommunen und Kommunalverbänden (→ Online-Tab. 4.3).

d) Grenzen und Defizite der Dezentralisierung

Die Dezentralisierung bleibt eine unvollendete Baustelle. Ein großes Problem ist, dass alle drei Gebietskörperschaften gleichberechtigt geblieben sind; eine Hierarchie zwischen ihnen, etwa eine Weisungsbefugnis oder Aufsichtsfunktion der Region gegenüber Departements bzw. letzterer gegenüber den Kommunen ist weiterhin ausdrücklich nicht vorgesehen. Hier spiegelt sich das Misstrauen der zentralstaatlichen Akteure gegenüber einer – vermeintlichen oder tatsächlichen – regionalen Gegenmacht wider. Da auch die Neuverteilung der Kompetenzen nicht zu einer klaren Abgrenzung zwischen Regionen, Departements und Kommunen führte und jede einzelne Gebietskörperschaft über eine Allgemeinzuständigkeit auf ihrem Gebiet verfügte, ergab sich in der Praxis das oben erwähnte wenig transparente und letztlich kostspielige Neben- und Gegeneinander verschiedener Ebenen. Auch die Finanzen der Gebietskörperschaften blieben oft ein Stein des Anstoßes, weil der Zentralstaat mehr als einmal die finanzielle Eigenständigkeit der dezentralen Ebene eingeschränkt hat. Generell ist die Politik der Regierung immer wieder der Versuchung erlegen, ihre Politik zentralistisch „von oben" durchzusetzen, ohne die dezentralen Entscheidungsträger einzubeziehen. Dies gilt auch für Macron, dessen Maßnahmen (Benzinsteuererhöhung, Geschwindigkeitslimit auf Landstraßen) ohne vorherige Konsultation der Gebietskörperschaften 2018 die Gelbwestenrevolte auslösten (→ Kap. 8.4). Hier finden sich einige Schattenseiten des pyramidalen, zentralistischen französischen Politikmodells wieder (→ Kap. 2.4). Dabei findet das Verhalten der Zentralregierung, den Gebietskörperschaften keine eigenständige Lösungsfähigkeit zuzutrauen und die Kontrolle nicht aus der Hand zu geben, zuweilen ihre Entsprechung in der Neigung der dezentralen Entscheidungsträger, Gängelungen durch den Zentralstaat zu kritisieren und mehr Autonomie zu fordern, aber nicht wirklich Eigenverantwortung zu übernehmen. Es wird weiterer Anstrengungen bedürfen, damit die Dezentralisierung ihr volles Potenzial entfalten und zu einer bürgernahen Politik beitragen kann (→ Zitat).

> ›› *Zitat: Dezentralisierung und Demokratiemodell*
>
> *„Auch wenn die Dezentralisierung kein Zweck an sich und schon gar kein Allheilmittel gegen gesellschaftliche Spaltungstendenzen ist, kann sie in Zeiten kriselnder repräsentativer Demokratien einen Beitrag einen Beitrag zur Identifikation der Bürgerinnen und Bürger mit Staat und Verwaltung leisten, indem politische Entscheidungen effizienter und besser nachvollziehbar werden. Um dies zu erreichen, müssten allerdings die Verantwortlichen sowohl auf staatlicher Ebene als auch in den Gebietskörperschaften den politischen Willen aufbringen, die bekannten Defizite der territorialen Organisation konsequent anzugehen."*
>
> (Dominik Grillmayer → Weiterführende Literatur, S. 216)

Weiterführende Literatur
(Weitere Hinweise im Online-Anhang)

- Frankreich nach der Territorialreform. Themenschwerpunkt in: Deutsch-Französisches Institut (Hrsg.): Frankreich-Jahrbuch 2015, Wiesbaden: Springer VS 2016, S. 11–128
- Dominik Grillmayer: Die dezentrale Republik: Territorialreform zwischen Anspruch und Wirklichkeit, in: Corine Defrance/Ulrich Pfeil (Hrsg.): Länderbericht Frankreich, Bonn: Bundeszentrale für politische Bildung 2021, S. 203–216
- Hans-Jürgen Lüsebrink/Luitpold Rampeltshammer (Hrsg.): Staat, Wirtschaft und Arbeitsbeziehungen in Frankreich und Deutschland : vergleichende Perspektiven im europäischen und globalen Kontext, Saarbrücken: universaar 2019
- Pierre Rosanvallon: Der Staat in Frankreich von 1789 bis zur Gegenwart, Münster: Westfälisches Dampfboot 2000, 273 S.
- Zivilgesellschaft in Frankreich, Deutschland und Europa. Themenschwerpunkt in: Frankreich-Jahrbuch 2014, Wiesbaden: Springer VS 2015, S. 11–108

5. Die Medien

> Frankreich hat eine zentralistische Medienstruktur. Alle wichtigen Informationsmedien – ob Print, Rundfunk oder Online-Medien – sind im Ballungsraum Paris angesiedelt, wo sich ebenfalls Politik, Verwaltung und Wissenschaft konzentrieren. Alle zusammen bilden das französische, das Pariser Establishment. Dieses stellt einen von der Außenwelt abgeschnittenen Mikrokosmos dar, in dem eigene Gesetzmäßigkeiten gelten. […] In der kleinen Pariser Welt kennen sich alle, und sie bilden zusammen eine Art geschlossenen Kulturkreis. Hierin lauert die größte Gefahr für die Unabhängigkeit der Berichterstattung […]
>
> (Isabelle Bourgeois: Freiheit der Medien. Anspruch und Wirklichkeit, in: Adolf Kimmel/Henrik Uterwedde (Hrsg.): Frankreich Länderbericht, Bonn: Bundeszentrale für politische Bildung 2012, S. 156)

Der Mediensektor ist wie kein anderer von den technologischen Revolutionen der jüngeren und jüngsten Zeit beeinflusst und einem grundlegenden Strukturwandel unterworfen worden. Das hat insbesondere zu einem starken Konzentrationsprozess der Medienlandschaft geführt, die heute von einigen wenigen finanzstarken Konzernen beherrscht wird (5.1). Das Geschäftsmodell der Printmedien ist durch das Aufkommen der Internetangebote in Frage gestellt worden und hat die Suche nach neuen Modellen beflügelt. Die audiovisuelle Medienlandschaft ist schon früher in Bewegung geraten, als sich die zur Verfügung stehenden Frequenzen vermehrten, hat aber ebenfalls durch die Internetrevolution neue Veränderungen erfahren. Wie in den Nachbarländern sind schließlich neue Medien im Vormarsch, die ganz auf das Internet und seine vielfältigen Nutzungsgeräte (Laptops, Smartphones, …) setzen und die tradierten Medien vor neue Herausforderungen stellen (5.2).

5.1 Umbrüche im Mediensystem

a) Die Nachkriegsordnung

Die heutige französische Medienlandschaft trägt die Züge der nach 1944 geschaffenen Regelungen und Strukturen, aber auch der durch die technischen Revolutionen der letzten Jahrzehnte provozierten Umbrüche. Am Ende des Zweiten Weltkriegs wurde der Mediensektor neu geordnet: Zeitungen und Zeitschriften, die während des Zweiten Weltkrieges mit der deutschen Besatzung kollaboriert hatten, wurden verboten; andere, die ihr Erscheinen eingestellt hatten, erhielten ebenso eine Presselizenz wie neue, teilweise im Widerstand entstandene Titel. Gleichzeitig wurde ein spezielles Pressestatut geschaffen und verfügt, dass niemand mehr als eine Zeitung besitzen konnte, um eine Konzentration der Presse zu verhindern und ihren Pluralismus zu bewahren. Ferner entstand 1957 mit der Agence France Presse (AFP) eine quasi öffentliche Presseagentur, und die für die Presse lebenswichtigen Bereiche Papierbeschaffung, Produktion und Zeitungsvertrieb wurden jeweils in die Hände von Einheitsgesellschaften gegeben, die allen Zeitungen dieselben Konditionen boten. Auch der Werbemarkt wurde durch wenige Agenturen (Havas, Publicis) kontrolliert. Die Preise für die Zeitungen waren gleich und wurden durch das Finanzministerium genehmigt und kontrolliert.

Schließlich wurde auch ein System direkter und vor allem indirekter staatlicher Subventionen für die Presse geschaffen, das in den folgenden Jahrzehnten ausgebaut wurde und heute im internationalen Vergleich als einmalig gilt, was Umfang, Vielfalt und Komplexität der Hilfen angeht. 2020 erhielten die Presseunternehmen insgesamt 840 Millionen Euro (dazu kamen noch zusätzliche Beihilfen von 483 Millionen für Pandemie-Verluste), was immerhin durchschnittlich 11 % ihres Umsatzes ausmacht, bei einigen Titeln deutlich mehr.

Fernsehen und Hörfunk waren Teil eines öffentlichen Monopols, das von einer staatlichen Gesellschaft (ORTF) verwaltet wurde. So gab es drei staatliche Fernsehprogramme sowie die nationalen Radioprogramme France Inter, France Culture und France Musique. Allerdings war das staatliche Radiomonopol faktisch bereits gebrochen: Privatsender wie Europe 1, Radio Luxemburg (später RTL) und Radio Monte Carlo, deren Sendeanlagen jenseits der französischen Grenze postiert waren (sie hießen deshalb „radios périphériques“, obwohl ihre Studios sich allesamt in Paris befanden), spielten mit ihren auf Langwelle ausgestrahlten Sendungen eine große Rolle. So boten sie während der Mai-Unruhen 1968 (→ Kap.7.1) eine Berichterstattung, die sich von den damals sehr regierungsnahen Radiosendern durch ihre kritische Offenheit unterschied. Nach der Liberalisierung des Rundfunks (siehe unten) boten sie ihre Programme auch in UKW-Qualität an.

Insgesamt konnte sich die Presse bis Ende der 1970er in einem relativ einheitlichen, staatlich kontrollierten Rahmen entwickeln, der – auch dank der staatlichen Zuwendungen – ihr Überleben sicherte, ihr aber wenig Spielräume für eine dynamischere Entwicklung ließ. Die Zeitungen funktionierten eher als Sachwalter eines öffentlichen Gutes – Pluralismus der Presse, Informationsfreiheit – denn als marktorientierte Unternehmen. Die französischen Medienunternehmen waren durch mangelndes Eigenkapital, eine ungenügende Größe, korporatistische Praktiken und eine niedrige Rentabilität gekennzeichnet – Eigenschaften, die sich bis heute nicht wesentlich geändert haben, trotz aller Umbrüche und Veränderungen.

Staat und Medien

Der Staat ist weiterhin sehr präsent im Mediensektor. Seit 1944 gibt es ein spezielles Ministerium, das die Medienaufsicht wahrnimmt und seit den 2000er Jahren über eine eigene Verwaltung verfügt: die Hauptabteilung Medien und Kulturindustrien (Direction générale de médias et des industries culturelles, DGMIC). Das Außenministerium interveniert in Fällen, die die Presseagentur AFP, den Auslandsrundfunk (France Médias Monde) oder das Auslandsfernsehen betreffen (TV5).

Der Staat verantwortet den öffentlichen Mediensektor (→Kap. 5.2) und übt, über den von ihm eingerichteten Conseil supérieur de l'audiovisuel (CSA), die Medienaufsicht im audiovisuellen Sektor aus (Vergabe von Frequenzen, Kontrolle der Einhaltung journalistischer Regeln wie Jugendschutz oder Pluralismus in der politischen Berichterstattung; Kontrolle der wirtschaftlichen Konzentration bei den privaten Medien). Er unterstützt ferner die Presse durch ein vielfältiges System von Beihilfen, die z. B. den Postvertrieb von Zeitungen subventionieren, Hilfen zur digitalen Modernisierung bieten oder die Tagespresse direkt unterstützen, vor allem Titel ohne ausreichende Werbeeinnahmen. Dabei ist anzumerken, dass die inhaltliche Ausrichtung der geförderten Zeitungen keinerlei Einfluss auf die Förderung hat. Schließlich ist der Staat aktiv in einer Reihe von Koordinierungsinstanzen des Medienbereichs und interveniert in manchen Krisenfällen, wie z. B. 2012 im Bereich der Organisation des Zeitungsvertriebs.

Diese „Allgegenwart der staatlichen Interventionen", wie es der Medienwissenschaftler Jean-Marie Charon formuliert, ist eine französische Besonderheit. Sie dürfte auch in Zukunft nicht verschwinden, allen Liberalisierungsforderungen zum Trotz: Zum einen erfüllt der Staat Forderungen, die aus der französischen Gesellschaft und aus dem Mediensektor kommen, um eine pluralistische Information als öffentliches Gut aufrecht zu erhalten. Zum anderen ist er angesichts des Vordringens mächtiger multinationaler Medienkonzerne gefordert, dieses öffentliche Gut zu schützen.

Quelle: Jean-Marie Charon: Les médias en France, Paris: La Découverte 2014

Eine neue Dynamik entfaltete sich hingegen mit den Magazinen und Illustrierten, die sich in den 1950er und 1960er Jahren entweder als generalistische Titel (Paris Match und die Nachrichtenmagazine wie L'Express, Le Nouvel Observateur – heute L'Obs – oder Le Point) oder themen- bzw. zielgruppenbezogene Zeitschriften (Frauen-, Jugend-, Programmzeitschriften usw.) erschienen.

b) Die Zeit der Umbrüche

Die 1980er Jahre markierten erste Veränderungen im Bereich der audio-visuellen Medien. Zunächst wurden – ausgehend von zahlreichen privaten Lokal- und Bürgerradios, die sich gebildet hatten, damals aber illegal waren – die Radiofrequenzen 1981 unter Präsident Mitterrand freigegeben. Das bedeutete das Ende des staatlichen Monopols. Hatte man zunächst eher das Modell unabhängiger, lokaler Bürgerradios im Kopf gehabt, führte die weitere Entwicklung zum Aufkommen neuer kommerzieller Hörfunksender. 1986 wurde die erste Bresche in das staatliche Fernsehmonopol geschlagen, als die konservative Regierung das erste Programm privatisierte (TF1). Auch dies war der Beginn einer neuen privaten Konkurrenz, selbst wenn diese zunächst noch durch die geringe Anzahl der zur Verfügung stehenden Frequenzen begrenzt war.

Das Aufkommen des Internets ab den 1990er Jahren wirbelte den Sektor erneut und gleich mehrfach durcheinander. Den herkömmlichen Medien (Printpresse, Radio, Fernsehen) erwuchsen neue Konkurrenten, die ihnen einen wachsenden Teil der Werbeeinnahmen streitig machten und sich auch als alternative Nachrichtenmedien etablierten. Neben Computern entwickelten sich Smartphones und Tablets als neue Lesegeräte für den Medienkonsum.

Die Printmedien sind von diesen Entwicklungen in besonderer Weise betroffen. Ihr Geschäftsmodell beruhte traditionell auf Einnahmen aus dem Verkauf der Zeitungen bzw. Zeitschriften kombiniert mit den Werbeeinnahmen. Mit dem Aufkommen des Internet hat sich das Anzeigengeschäft, vor allem bei den Kleinanzeigen, stark zu den Internetmedien verlagert, die neue Möglichkeiten gezielter Kundenwerbung bieten. Die Werbeeinnahmen der Presse sind seit 2000 stark eingebrochen. Zudem steht die Tagespresse neuen Konkurrenten gegenüber.

Das sind zum einen die Gratiszeitungen; zum anderen haben sich mit Internet-Portalen und sozialen Medien neue Wege der Nachrichtenrecherche und -verbreitung etabliert. Dies geht einher mit veränderten Konsumgewohnheiten der Bevölkerung. Die Printmedien insgesamt verzeichneten 1990–2010 einen Rückgang ihrer Gesamtauflage von 7,4 %. Davon sind besonders die (bezahlten) Tageszeitungen betroffen, deren Auflage von 1995 (2,8 Millionen) bis 2019 (0,9 Millionen) drastisch gesunken ist. Schließlich ist der Trend zu Multimedia (Verschmelzung und Verknüpfung der verschiedenen Mediensparten wie Text, Fotos, bewegte Bilder, Ton) und ihrer Verlinkungsmöglichkeiten ein weiterer Faktor, der die Medienlandschaft in Bewegung gebracht und die Konkurrenz verschärft hat.

Für die Medienunternehmen bedeutet dies: Wollen sie mit der Entwicklung standhalten, müssen sie investieren und brauchen dazu neues Kapital. Aber die wenigsten von ihnen sind dazu aus eigener Kraft in der Lage. Dies hat das Vordringen von kapitalstarken, oft aus der Industrie oder der Finanzwelt kommenden Medienkonzernen gefördert, die heute den französischen Markt beherrschen. Nur solche finanzstarken Konzerne haben genügend Ressourcen, um die gewaltigen Investitionen für die Weiterentwicklung der neuen Medien und der Multi-Media-Strategie leisten zu können. Sie können aufgrund ihrer Größe auch Synergien erzeugen – etwa die gemeinsame Nutzung von Ressourcen, Redaktionen und Korrespondenten oder die Mehrfachverwertung von Inhalten –, Kosten reduzieren und damit eine höhere Rentabilität erreichen. So hat im Zuge der technologischen Umwälzungen auch ein modernes kapitalistisches Management in den Medien Einzug gehalten, das meilenweit von der Funktionsweise des Mediensektors vor 1980 entfernt ist.

» *Zitat: Medienkonzentration*

„Heute teilen sich 9 Milliardäre den Großteil der französischen Presse. Bernard Arnault, Martin Bouygues, die Familie Dassault, Xavier Niel, Patrick Drahi und Vincent Bolloré, Arnaud Lagadère, Francois Pinault. Aber diese Aufteilung der Presse beginnt Zweifel an der Unabhängigkeit der Medien zu nähren… Es ist vor allem der Einfluss von Vincent Bolloré mit seinen Fernsehkanälen (Canal+, C8, Cnews), Verlagshäusern (Editis), Zeitungen (Magazine der Prisma Mediengruppe, Le Journal du dimanche, Paris Match) und einer Radiostation (Europe 1), der für Unruhe sorgt. Die Vivendi-Gruppe, die von Vincent Bolloré kontrolliert wird, hat im Dezember [2021] angekündigt, den Erwerb der Lagardère-Pressegruppe (dessen wichtigster Aktionär er mit 27 % des Kapital schon ist) zu beschleunigen."

(France Culture: La concentration des média nuit-elle au pluralisme? 26.12.2021)

Die Kehrseite ist eine Konzentration im Mediensektor, die vor allem von milliardenschweren Industriellen ausgeht (→ Zitat). In den letzten Jahren hat sich eine wahre Dynamik an Eigentümerwechseln durch Aufkäufe oder Übernahmen entwickelt (→ Online-Tab. 5.1). Diese wird oft mit der Notwendigkeit begründet, man brauche starke französische Medienkonzerne, um gegenüber den US-amerikanischen Medien- und Internetkonzernen wie Facebook, Google oder Netflix bestehen zu können. Andere sehen dagegen die Gefahr, dass durch die Konzentration der Medienpluralismus und auch der Qualitätsjournalismus leiden könnten. Derartige Befürchtungen werden genährt durch das Verhalten einiger Industrieller wie Vincent Bolloré, der im Herbst 2021 durch die Übernahme der konkurrierenden Lagardère-Gruppe den mächtigsten Medienkonzern in Frankreich zu bilden versuchte. Dabei scheint es ihm, wie Journalisten und Medienexperten vermuten, nicht nur um gute Geschäfte zu gehen, sondern durchaus auch um politische Macht: Der weit rechts stehende Konservative hat beispielsweise den Fernsehkanal Cnews nach rechts ausgerichtet und dem rechtsextremen Eric Zemmour (Präsidentschaftskandidat 2022) und anderen eine Plattform für rechte Hetzpropaganda geboten. Es wird befürchtet, dass die Übernahme des wichtigsten Privatradios Europe 1 durch Bolloré einer ähnlichen politischen Agenda folgt – ob dies stimmt, wird sich noch erweisen. Diese und andere Entwicklungen haben den Ruf nach einer gesetzlichen Medienkontrolle verstärkt, die die Konzentration in diesem Sektor begrenzen und den Medienpluralismus stärken soll; das geltende Gesetz aus dem Jahre 1986 wird dieser Aufgabe auch aufgrund der technologischen Umwälzungen im Mediensektor nicht mehr gerecht.

5.2 Die heutige Medienlandschaft

a) Die Presse

Die wirtschaftliche Situation der Tageszeitungen bleibt schwierig. Ihre Zahl ist von über 200 (1946) über 85 (1980) auf heute etwas über 60 gesunken. Ihre Auflage ist weiter sinkend. Immer wieder hat es in den vergangenen Jahren finanzielle Probleme gegeben. Zeitungen mussten neue Aktionäre suchen und harte Sparpläne verwirklichen, um ihr Überleben zu sichern. Dies hat wiederum oft für Unruhe und soziale Konflikte in den Redaktionen gesorgt. Die meisten heutigen Zeitungen sind Teil einer größeren Mediengruppe, die ihnen die notwendige finanzielle Rückendeckung gibt (→ Online-Tab. 5.2).

Der Journalismus in Frankreich zeichnet sich durch seine Neigung zum kommentierenden Meinungsjournalismus aus (vgl. Zitat). Das hat kulturelle und historische Gründe. Viele Journalisten haben auch literarische Ambitionen; viele große Namen des französischen Journalismus waren oder sind im Genre der Polemik, des Essays, des Kommentars zu Hause.

> » *Zitat: Der französische Journalismus*
>
> *„Der französische Journalismus war immer eher ein Meinungs- als ein Beobachtungsjournalismus: Er gibt der Chronik und dem Kommentar den Vorzug vor dem Bericht oder der Reportage. Neben der Darstellung der Fakten ist sein Interesse ebenso auf die Darlegung von Ideen gerichtet; neben der Analyse der Fakten geht er auf die Kritik der Zielsetzungen und auf die Vorhersage der Konsequenzen ein. Dadurch unterscheidet er sich grundlegend vom angelsächsischen Faktenjournalismus, der eine strikte Unterscheidung zwischen der Nachricht und ihrer Kommentierung vornimmt, sowie vom analytischen, pädagogischen deutschen Journalismus, der sich mehr um die Behandlung von Themen als um die Beschreibung von Fakten kümmert."*
>
> (Pierre Albert/Nathalie Sonnac: La presse française, Paris: La Documentation française 2014, S. 114)

Eine weitere Besonderheit ist die starke Konzentration der Medien und der Journalisten auf den Pariser Raum, was zur Entwicklung eines kleinen Mikrokosmos mit engen Vernetzungen zu den wirtschaftlichen und politischen Eliten geführt hat (vgl. das Eingangszitat von Isabelle Bourgeois). Dies wird durch die klare Trennung zwischen der „nationalen Tagespresse" und der in der Provinz angesiedelten Regionalzeitungen noch unterstrichen. Nur die – allesamt in Paris angesiedelten – Qualitätszeitungen der „nationalen Tagespresse" sind von Bedeutung für das politische Leben. Damit verläuft, wie Isabelle Bourgeois es formuliert, der Informationsfluss über nationale oder internationale Ereignisse „streng pyramidal – vom Zentrum an die Peripherie. Von der Provinz nach Paris fließt kaum etwas, und auch ‚Querverbindungen' gibt es nicht, anders als in Deutschland".

Unter den Pariser Tageszeitungen sind vor allem die gemäßigt linke *Le Monde* (Auflage 2020/21: 424.000) und der konservative *Le Figaro* (339.000) zu nennen. Diese beiden Zeitungen mit einer umfangreichen Berichterstattung können in der öffentlichen Debatte oft eine Art Meinungsführerschaft beanspruchen. Beide Zeitungen bieten auch andere sehr erfolgreiche Presseprodukte an: *Le Monde diplomatique* (Auflage rund 171.000) zeichnet sich durch einen linken, kritischen Kurs gegenüber dem Wirtschaftsliberalismus und der Globalisierung aus und erreicht zusammen mit 32 weiteren landesbezogenen Ausgaben in 22 verschiedenen Sprachen rund zwei Millionen Leser. *Le Figaro Magazine* ist eine jeden Freitag erscheinende Beilage der Tageszeitung (Auflage rund 377.000); sie versteht sich als Plattform der Konservativen in allen ihren Schattierungen.

Daneben sind vor allem die linksgerichtete *Libération* sowie die katholisch orientierte *La Croix* zu nennen. Letztere gehört zur Bayard-Gruppe; deren Eigentümer, eine katholische Glaubenskongregation, nimmt keinen Einfluss auf die journalistische Ausrichtung, sichert dem Blatt Kontinuität und ermöglicht ihm einen unabhängigen, allseits anerkannten Qualitätsjournalismus.

Die in allen Städten verteilten Gratiszeitungen verstärkten die Probleme der herkömmlichen Tagespresse. Seit den ersten Anfängen 2002 breiteten sie sich sprunghaft aus. Sie bieten kurze, einfach zu lesende und illustrierte Inhalte und erreichen im Vergleich zu den traditionellen Zeitungen ein junges, gut gebildetes und eher weibliches Publikum. Die Finanzierung erfolgt ausschließlich über Werbeeinnahmen; die Kosten für Druck und Personal (Journalisten) wurden rigoros gesenkt. 2012 hatten insgesamt 12 Gratiszeitungen eine landesweite Auflage von knapp 2,7 Millionen. Davon ist heute nur noch eine einzige, *20 Minutes* (knapp 700.000 verteilte Exemplare), übrig geblieben. Gründe sind unter anderem hohe Papierkostsen und einbrechende Anzeigeneinnahmen.

Erwähnenswert ist ferner die wöchentlich erscheinende *Le Canard Enchaîné,* die ein Satireblatt ist, aber auch regelmäßig vertrauliche Dokumente enthüllt und dadurch Skandale aufdeckt. Dies sichert dem seit 1915 erscheinenden Blatt, das ohne jede Anzeige auskommt, eine hohe Auflage von ca. 323.000 Exemplaren. Ebenfalls der Erwähnung wert ist die Sport-Tageszeitung *L'Équipe* mit einer Auflage von 243.000. Dagegen sucht man Boulevardblätter, die der deutschen Bild-Zeitung entsprechen, in Frankreich vergeblich.

Die regionale Presse zeichnet sich durch eine hohe Konzentration und häufige Monopolstellungen in ihrem Verbreitungsgebiet aus. Dementsprechend hoch ist ihre Auflage. Dies gilt besonders für *Ouest France*, die im Westen ein riesiges Verbreitungsgebiet hat (insgesamt 14 Departements in der Bretagne, der Normandie und der Loiremündung) und mit knapp 650.000 Exemplaren die höchste Auflage unter den Tageszeitungen aufweist (die Gratispresse ausgenommen). Ihre nationale und internationale politische Berichterstattung ist sehr eingeschränkt; dafür decken sie die regionale und auch lokale Aktualität sehr breit ab (alleine *Ouest France* hat 49 unterschiedliche lokale Ausgaben). Ihre wirtschaftliche Situation ist relativ gut; allerdings hat es auch hier Zusammenschlüsse, Partnerschaften und die Entwicklung großer Mediengruppen gegeben, zu denen jeweils mehrere Zeitungen gehören (etwa die EBRA-Gruppe: Ostfrankreich, Bourgogne und Rhône-Alpes, oder die belgische Rossel-Gruppe im Norden).

Die politischen Wochenmagazine haben sich seit den 1960er Jahren entwickelt. *L'Express* und *Le Nouvel Observateur* (heute *L'Obs*) stellten beide 1964 ihre jeweils bestehenden Wochenzeitungen auf das damals neue News-Magazine-Format (etwa wie der Spiegel) um. L'Obs ist politisch links verankert. Der ursprünglich liberale L'Express wurde ab 1977 politisch konservativ, ebenso wie der 1972 von früheren Express-Redakteuren gegründete *Le Point*. *Marianne* (seit 1997) versteht sich als „republikanisch", polemisiert gegen wirtschaftsliberales „Einheitsdenken" wie die Globalisierung und für staatliche Regulierungen der Wirtschaft.

» *Zitat: Eine reichhaltige Zahl anspruchsvoller Zeitschriften*

„Frankreichs Presse [zeichnet sich] durch eine Vielzahl intellektuell und kulturell anspruchsvoller Periodika aus, die in anderen europäischen Ländern entweder keine Entsprechungen haben oder weit geringere Auflagenhöhen aufweisen: so die traditionsreiche, 1951 gegründete und für die Entwicklung der Nouvelle Vague wichtige Kinozeitschrift Cahiers du Cinéma, die auf Literatur und Geschichte spezialisierten Monatszeitschriften Magazine Littéraire, Europe, L'Histoire und Le Débat und die unmittelbar vor bzw. nach dem Zweiten Weltkrieg begründeten Intellektuellenzeitschriften Esprit (1932), Les Temps Modernes (1945), Critique (1946), Présence Africaine (1947), La Table Ronde (1948-69), Commentaire (1978) und Le Débat (1980). Sie spielen eine wichtige Rolle als Foren der intellektuellen Diskussion in Frankreich und tragen entscheidend zu ihrer weltweiten Rezeption bei."

(Hans-Jürgen Lüsebrink: Frankreich. Wirtschaft, Gesellschaft, Politik, Kultur, Mentalitäten, Stuttgart: J.B. Metzler, 4. Aufl. 2018, S. 219)

b) Radio und Fernsehen

Seit den 1980er Jahren konkurrieren öffentliche und private Hörfunk- und Fernsehsender. Eine 1982 eingerichtete unabhängige Regulierungsbehörde (heutiger Name: Conseil supérieur de l'audiovisuel) vergibt Frequenzen und wacht über die Einhaltung von Regeln durch alle beteiligten Sender.

Der öffentliche Hörfunk umfasst unter dem gemeinsamen Dach von Radio France insgesamt sieben Sender. Der wichtigste, *France Inter*, bietet ein breit gefächertes Vollprogramm an und ist einer der meist gehörten Sender. Das Programm von *France Musique* bietet vorwiegend klassische Musik und Jazz, *France Culture* ist auf Kulturthemen, Wissenschaft und Hintergrundinformationen spezialisiert. *France bleu* vereint insgesamt 44 lokale Radios, die Musik und lokale Informationen anbieten. Das ebenfalls viel gehörte *France Info* liefert Nachrichten rund um die Uhr.

Unter den zahlreichen privaten Sendern haben sich die früheren „peripheren" Sender *RTL* und *Europe 1* als Generalisten behaupten können und liegen zusammen mit *France Inter* an der Spitze der Radios mit Vollprogrammen. *Radio Monte Carlo (RMC)* hat sich stärker auf Informationen, Talkshows und Sportübertragungen spezialisiert. Daneben gibt es eine Reihe von Spartensendern, wie etwa die Musiksender *NRJ, Fun Radio, Skyrock* und *Virgin Radio*, oder das auf Wirtschaftsnachrichten spezialisierte *BFM Radio*.

Das öffentliche Fernsehen ist in der Holding France Télévisions vereinigt. Zu den Generalistenprogrammen gehören das frühere zweite und das dritte Programm unter den Namen *France 2* und *France 3*. Letzteres bietet zu bestimmten Zeiten unterschiedliche regionale Sendungen und Informationen, die in 24 lokalen Redaktionen produziert werden. Zu erwähnen ist ferner der deutsch-französische öffentliche Kulturkanal Arte. Andere Sender sind spezialisierter, wie *France 4* (Musik, Kunst, manchmal Sport) oder *France 5* (Bildung). *France Ô* sendet für die französischen Überseegebiete. Daneben gibt es den Nachrichtensender *France Info*. Das Publikum außerhalb Frankreichs wird von dem (zusammen mit Anstalten anderer frankophoner Länder produzierten) Kanal *TV5 Monde* bedient.

Insgesamt hat sich die Zuschauerquote der öffentlichen Fernsehsender von 40,7 % (2000) auf 28,2 % (2021) reduziert. Das liegt auch an der Vervielfältigung der Sendefrequenzen und der privaten Sender. Flaggschiff des privaten Fernsehens ist *TF1*, das früher öffentliche, 1987 privatisierte „erste Programm", das heute zur Bouygues-Mediengruppe gehört und absoluter Spitzenreiter bei den Zuschauerquoten ist. Ein weiterer Generalistensender, *M6*, ist Teil der RTL-Gruppe. Ebenfalls privat ist der Pay-TV-Sender *Canal+*, der vor allem Filme und Sportübertragungen bietet (→ Online-Tab. 5.3).

c) Die neuen Medien

Mit der Ausbreitung des Internet in den 1990er Jahren erwuchs vor allem der Presse eine neue Konkurrenz. Die meisten Printmedien reagierten darauf mit der Einrichtung eigener Internetportale, die zunächst nicht viel mehr boten als die Inhalte der gedruckten Zeitungen. In den darauf folgenden Jahren haben sich die Inhalte der Onlineversionen der Zeitungen zunehmend angereichert. Heute bieten sie multimediale Inhalte mit zusätzlichen Dokumenten, Links, Fotos, Ton- und Videoaufnahmen, Blogs und eine Vielzahl interaktiver Foren (→ Online-Anhang). Vor allem führende Zeitungen wie Le Monde und Le Figaro, aber auch manche Magazine haben stark in ihre Internetauftritte investiert. Sie versuchen zunehmend, ihre Internetangebote teilweise kostenpflichtig zu machen, haben damit bislang aber nur begrenzten Erfolg.

Daneben haben sich seit etwa zehn Jahren reine Internetanbieter (*pure players*) auf den Markt gewagt. Oft standen frühere Pressejournalisten hinter den Gründungen. Der interessanteste und wirtschaftlich erfolgreichste Anbieter ist *Mediapart*, der 2008 von dem früheren Le-Monde-Journalisten Edwy Plenel ins Leben gerufen wurde und von Anfang an kostenpflichtig war. *Mediapart* war einer der ersten *pure players* in Frankreich. Es hat heute 74 Beschäftigte (davon die Hälfte Journalisten und ein Fünftel Informatiker) und zählt 170.000 zahlende Abonnenten. Sein Erfolg beruht auf gut recherchierten Nachrichten und auf seiner finanziellen wie politischen Unabhängigkeit. Eine ähnliche Erfolgsgeschichte kann *Arrêt sur images* vorweisen, das aus einer gleichnamigen Fernsehsendung hervorging. Nach deren Absetzung 2007 startete es als Onlinemedium, dessen Inhalte überwiegend kostenpflichtig sind. Es hat heute ca. 40.000 Abonnenten. Insgesamt gibt es eine starke Gründerdynamik bei den Onlinemedien: Allein zwischen 2010 und 2015 ist ihre Zahl von 189 auf 906 Portale gestiegen (davon 391 *pure players*).

Andere Onlineanbieter, wie *Rue89* (gegründet 2007 von zwei ehemaligen Journalisten der Zeitung *Libération*), *Slate.fr* (mit dem früheren Chefredakteur von Le Monde, Jean-Marie Colombani) oder *Atlantico*, setzten auf freie Inhalte und finanzierten sich über Werbeeinnahmen. Der Erfolg war allerdings gering; Rue89 wurde 2001 vom Magazin L'Obs übernommen und arbeitet unter dessen Dach weiter; Slate und Atlantico versuchen, ihre Seiten teilweise kostenpflichtig zu machen – bislang mit wenig Erfolg. Der einzige erfolgreiche Gratisanbieter ist bislang die französische Ausgabe von *Huffington Post*, der 2012 durch die Zeitung Le Monde lanciert wurde (mit Anne Sinclair, einer bekannten Fernsehjournalistin, als Aushängeschild). Huffington Post profitiert von Synergieeffekten mit der US-Ausgabe und mit der Logistik von Le Monde; ihr redaktionelles Konzept ist stark auf Unterhaltung und aktuellste Nachrichtenströme in Echtzeit ausgerichtet und verschmäht auch den über die sozialen Medien verbreiteten *Buzz* nicht. Das bringt ihr 27,7 Millionen Besucher pro Jahr ein (Slate knapp 1,3 Millionen; Atlantico 1,6 Millionen). Insgesamt zeigt die bisherige Entwicklung, dass Qualitätsjournalismus auch in den Onlinemedien ihren Preis hat; nur große Mediengruppen und ihre Zeitungen wie Le Monde, Le Figaro oder die Wirtschaftszeitung Les Echos können es sich leisten, qualitativ hochwertige Inhalte weiterhin (teilweise) kostenlos anzubieten.

» *Zitat: Probleme durch Online-Medien*

„Mit den durch Online-Medien angestoßenen Veränderungen in der Nachrichtenlandschaft geht (…) nicht nur das Aufkommen neuer Akteure einher. Zunehmend sieht sich auch der Qualitätsjournalismus bedroht durch das zunehmende Verschwimmen von Information und Unterhaltung sowie die vergrößerte Reichweite unseriöser Nachrichtenquellen. Gegen Fake News („réinformation", wie die populistische Rechte in Frankreich es nennt) gehen traditionelle Vertreter wie Le Monde offensiv mit einem Faktencheck (Les décodeurs du Monde) vor. Ende 2018 wurde außerdem als Reaktion auf Vorfälle im Wahljahr 2017 ein Gesetz verabschiedet, das das Vorgehen gegen Falschmeldungen im Internet während des Wahlkampfes vereinfachen soll."

(Christoph Vatter: Mediensystem im Wandel, in: Corine Defrance/Ulrich Pfeil (Hrsg.): Länderbericht Frankreich, Bonn: Bundeszentrale für politische Bildung 2021, S. 449)

Weiterführende Literatur (Weitere Hinweise im Online-Anhang)

- Peter Maurer: Medieneinfluss aus der Sicht von Politikern und Journalisten: ein deutsch französischer Vergleich, Berlin: LIT-Verlag 2013
- Sprache und Politik im Wahlkampf. Themenschwerpunkt in: Deutsch-Französisches Institut (Hrsg.): Frankreich-Jahrbuch 2017, Wiesbaden: VS 2018, S. 33–224
- Politik und Kommunikation. Themenschwerpunkt in: Deutsch-Französisches Institut (Hrsg.): Frankreich-Jahrbuch 2006, Wiesbaden: VS 2007, S. 33–224
- Christoph Vatter: Mediensystem im Wandel. Nationale Spezifika und transnationale Herausforderungen, in: Corine Defrance/Ulrich Pfeil (Hrsg.): Länderbericht Frankreich, Bonn: Bundeszentrale für politische Bildung 2021, S. 440–452

6. Die Wirtschaft

Die Krise unseres Produktionssystems nährt eine der zentralen Sorgen, die sich viele unserer Mitbürger in Bezug auf die Zukunft unseres Landes machen. Frankreich ist ein großes Land der Industrie, der Technologie, der Wissenschaft gewesen, eines der Länder, die in den vielfältigsten Bereichen den Weg zu den großen Errungenschaften des XX. Jahrhunderts gewiesen haben.

(Francois Bayrou, in: Haut Commissariat du Plan: Reconquête de l'appareil productif: la bataille du commerce extérieur, Paris, 7.12.2021, S. 3)

Die französische Wirtschaft zeichnet sich durch eine bewegte Nachkriegsgeschichte und einen permanenten Wandel aus (6.1). So ist eine leistungsfähige Wirtschaft entstanden, in der es indessen auch Problemzonen gibt: Dies gilt für die Unternehmenslandschaft mit ihrer starken Gründerdynamik, aber auch anhaltenden Schwächen in der mittelständischen Wirtschaft (6.2), wie für die großen Wirtschaftssektoren (6.3). Ein zentrales Problem der Wirtschaftspolitik bleibt die Wettbewerbsfähigkeit (6.4) und neuerdings der ökologische und klimafreundliche Umbau der Wirtschaft (6.5).

6.1 Strukturwandel der Wirtschaft: Etappen, Erfolge, Probleme

Die französische Wirtschaft hat seit dem Zweiten Weltkrieg gleich mehrfach tiefgreifende Strukturveränderungen und Krise durchlebt: Zunächst einen raschen, sprunghaften Wandel von einer traditionellen in eine moderne Industrie- und Dienstleistungsgesellschaft, später schmerzhafte Anpassungsprozesse im Zuge der Globalisierung und technologischer Veränderungen. Dazu kommen heute neue Herausforderungen.

a) Ein Sprung in die Moderne

Ein Blick zurück hilft, das ganze Ausmaß des Wandels besser zu erfassen: 1944 hatte Frankreich einen erheblichen Modernisierungsrückstand gegenüber seinen Nachbarländern, vor allem Deutschland. Dieser Rückstand hatte sich im Verlauf des 19. und in der ersten Hälfte des 20. Jahrhunderts aufgebaut, als Wirtschaft und Bevölkerung nur sehr langsam gewachsen waren. Die Industrialisierung und der ökonomische Strukturwandel hatten sich vergleichsweise zögernd vollzogen.

Die Folge: Frankreich war 1944 ein noch weitgehend landwirtschaftlich geprägtes Land. Die Landwirtschaft beschäftigte am meisten Menschen, war aber in ihren Methoden völlig veraltet. Die Industrialisierung hatte sich noch nicht vollständig durchgesetzt. Es gab nur wenige Inseln der Modernität (etwa im Automobil- und im Flugzeugbau) in dem Meer der traditionellen, von kleinen Familienunternehmen geprägten Wirtschaft. Zudem hatte sich die Industrie auf einige wenige Regionen (Pariser Großraum, Norden, Osten) konzentriert, während weite Räume im Zentrum, im Westen und Südwesten weiterhin landwirtschaftlich geprägt blieben.

Dieser Zustand, so die einhellige Auffassung der damaligen Entscheidungsträger, musste schleunigst überwunden werden. „Modernisierung oder Untergang" lautete die Devise, mit der die umfassende und beschleunigte Modernisierung in Wirtschaft und Gesellschaft zur nationalen Aufgabe erklärt wurde. Eine ganze Generation von Staats- und Verwaltungseliten, Politikern und Unternehmern der Nachkriegszeit ist von diesem Imperativ geprägt worden, teilweise bis in unsere heutige Zeit hinein.

Die Modernisierung, so lautete ein weiterer Grundkonsens nach 1945, bedurfte der Initiierung und Steuerung durch massive staatliche Impulse; den Unternehmen der Vorkriegszeit wurde nicht ganz ohne Grund vorgeworfen, versagt zu haben. Es sind vor allem die neuen Verwaltungseliten, die sich als Modernisierer fühlten und tradierte Strukturen und Verhaltensweisen in Wirtschaft und Gesellschaft überwinden wollten (vgl. Zitat). Damit bekam der Staat eine Schlüsselrolle für die wirtschaftliche Erneuerung und Entwicklung. Er erhielt eine Reihe von direkten und indirekten Lenkungsinstrumenten, die dem französischen Weg nach 1945, dem Wiederaufbau und der Modernisierung, ein unverwechselbares Gepräge gegeben haben (→ Kap. 4.1). Man kann in der Entwicklung zwischen 1944 und heute drei große Etappen unterscheiden.

» *Zitat: eine neue Rolle für den Staat nach 1945*

„Das neue Engagement des Staates als wirtschaftlicher Akteur ist zunächst eine Antwort auf dringende materielle Probleme ohne historisches Vorbild. Aber es ist gleichzeitig Ausdruck eines kulturellen Bruches: Die Erfahrung des Krieges hat den Blick der französischen Gesellschaft auf den Staat verändert. […] Die Generation der hohen Beamten, die aus der Befreiung [1944] hervorgeht, fühlt sich in gewisser Weise über *der als rückständig und archaisch beurteilten Gesellschaft, in einer Position des Führers und Pädagogen. […] Dieses Merkmal ist es wohl, was Frankreich am grundlegendsten von den angelsächsischen Ländern unterscheidet: die antikapitalistische Ethik und die Weihe der hohen Beamten als zentrale Eliten haben sich vereint, um den Staat wieder neu zu legitimieren, der in der Zwischenkriegszeit stark angegriffen worden war."*

(Pierre Rosanvallon: L'État en France de 1789 jusqu'à nos jours, Paris: Seuil 1990, S. 243f., 258; Hervorhebung im Original)

b) Das Wirtschaftswunder der„dreißig glorreichen Jahre“ (1944–1974)

Die drei Jahrzehnte nach 1944 waren eine einzigartige, fulminante Aufholjagd, in der Frankreich seinen ökonomischen Rückstand aufholen konnte. Die vorsintflutliche Landwirtschaft wurde grundlegend modernisiert und steigerte ihre Leistungsfähigkeit. Dies setzte Arbeitskräfte frei für die bislang wenig entwickelte Industrie, die eine besondere Förderung erfuhr. Auf der Tagesordnung standen die Modernisierung der Produktionsstätten und die Entwicklung neuer Infrastrukturen und Industriebranchen, vor allem in Hochtechnologien. So wurde 1966 das weltweit erste Gezeitenkraftwerk an der Rance (nördliche Bretagne) fertig gestellt und quasi aus dem Nichts eine französische Computerindustrie aus dem Boden gestampft. Moderne Flugzeuge (Airbus, gemeinsam mit Deutschland und anderen Partnern), Raketen und Waffensysteme wurden entwickelt und das erste Überschallflugzeug (Concorde) gemeinsam mit Großbritannien gebaut. Renault (staatlich), Citroën und Peugeot (privat) entwickelten sich zu modernen Automobilfirmen, die die Motorisierung des Landes voranzutreiben halfen. Die Regierung wirkte auch auf die Bildung großer Konzerne (Champions) hin, die groß genug sein sollten, um sich im internationalen Wettbewerb zu behaupten.

Mit dem Strukturwandel steigerte sich die Produktivität und die Wertschöpfung der gesamten Wirtschaft. Dies legte die Grundlage für die Entwicklung der Wohlstandsgesellschaft. „Die dreißig glorreichen Jahre“ (Les trente glorieuses) nannte der Wirtschaftswissenschaftler Jean Fourastié in einem 1979 erschienenen Buch etwas wehmütig diese Epoche der ersten drei Nachkriegsjahrzehnte. Der Begriff ist zum geflügelten Wort in Frankreich geworden, um die goldenen Jahre des Aufbruchs, des wirtschaftlichen, sozialen und technischen Fortschritts und des scheinbar immerwährenden Wachstums zu kennzeichnen – wobei unterschlagen wird, dass die Wirklichkeit bei weitem nicht immer so glorreich war (→ Kap. 7.1).

Ab 1958 wurde die Modernisierung intensiviert. Die Wirtschaft öffnete sich mit Beginn der europäischen Integration allmählich nach außen. Hatten bislang hohe Zollmauern und zahlreiche Handelshemmnisse den Beginn der Modernisierung gestützt, bedeutete der schrittweise Abbau der Zölle ab 1958 das Ende des Protektionismus. Fortan mussten die französischen Unternehmen sich im europäischen und internationalen Konkurrenzkampf behaupten. Zudem entfielen mit der Entkolonisierung 1958–62 die bisher geschützten Märkte in den französischen Kolonien. Für die französische Wirtschaft, deren Modernisierung erst begonnen hatte, bedeutete diese Öffnung eine große Herausforderung. Deshalb nutzte die Regierung, deren Handlungsfähigkeit durch die Institutionen der V. Republik deutlich gestärkt worden war (→ Kap. 2.1), ihre neue Macht und forcierte die 1945 begonnene Modernisierungspolitik. Die hohe Inflation und die Krise der Staatsfinanzen wurden nun energisch bekämpft; ein „neuer Franc“ wurde geschaffen, dessen Wert 100 „alten“ Francs entsprach; schließlich setzte die Regierung auf hohes Wachstum und die gezielte industriepolitische Förderung „strategischer Branchen“.

Tatsächlich begann in den 1960er Jahren eine Phase stürmischer Wirtschaftsentwicklung (→ Online-Tab. 6.1). Die Industrie expandierte, Landflucht und Verstädterung intensivierten sich, mit den steigenden Einkommen breitete sich die Konsumgesellschaft aus. Allerdings zeichneten sich auch einige Kehrseiten dieser Entwicklung ab. Der rasche Wandel erzeugte Folgeprobleme und Engpässe, z. B. in der Infrastruktur (Verkehrswege, Telefonnetz, Wohnraum in den Städten); die Kluft zwischen modernen, staatlich geförderten sowie traditionellen Branchen und Unternehmen wuchs an; die zentralistische Planung der Modernisierung stieß auf zunehmende Kritik; die Arbeitslosigkeit begann langsam zu steigen. Nicht zuletzt die negativen sozialen Begleiterscheinungen der ökonomischen Modernisierung (wachsender Arbeitsdruck, fehlende Mitsprache in den Unternehmen) sorgten für Zündstoff. Soziale Konflikte verschärften sich und fanden in der Maikrise 1968 ihren Höhepunkt (→ Kap. 7.1).

c) Krisenhafte Anpassungsprozesse und Paradigmenwechsel der Wirtschaftspolitik (1973–1999)

Mit den weltwirtschaftlichen Veränderungen der 1970er Jahre (Zerfall des internationalen Währungssystems 1971, „Ölschocks" 1973 und 1979) wandelten sich auch in Frankreich die Rahmenbedingungen der wirtschaftlichen Entwicklung. Der Rückgang des Wachstums und die steigenden Arbeitslosenzahlen stellten den Sozialstaat vor eine neue Belastungsprobe; die Verschärfung des weltweiten Wettbewerbs und der Aufstieg neuer Konkurrenten in den Schwellenländern setzten die Industrie unter schweren Anpassungsdruck. Frankreichs Wirtschaft war davon besonders betroffen, weil die rasche, aber unvollständige Modernisierung eine unausgewogene Industriestruktur geschaffen hatte. Die Industriepolitik hatte vor allem auf große Unternehmen und prestigeträchtige „High-tech"-Entwicklungen gesetzt, darüber aber andere Bereiche wie etwa die mittelständischen Unternehmen vernachlässigt. Insgesamt sah sich die Industrie einer Zangenbewegung ausgesetzt: Die traditionellen Branchen wurden zunehmend von der Konkurrenz aus Niedriglohnländern bedroht, während die modernen Branchen in einen verschärften Wettbewerb mit den hochindustrialisierten Nachbarländern wie Deutschland gerieten.

Die Politik reagierte widersprüchlich auf die neuen krisenhaften Entwicklungen. Staatliche Konjunkturprogramme und neue industriepolitische Pläne wechselten sich mit Versuchen der Liberalisierung der Wirtschaft ab. 1981 kam es zum Machtwechsel zugunsten einer Linksregierung unter François Mitterrand. Diese versuchte zunächst, die Krise mit einer dezidiert „linken" Politik zu überwinden. Sie erhöhte die Staatsausgaben, um Konjunkturprogramme und den Ausbau sozialer Leistungen (wie die Herabsetzung des Rentenalters auf 60 Jahre) zu finanzieren; sie verstaatlichte die wichtigsten Industriekonzerne, um sie zur Speerspitze einer ehrgeizigen Industriepolitik zu machen. Aber diese Politik scheiterte nach kurzer Zeit. Zweimal musste die französische Währung, der Franc, abgewertet werden.

Daraufhin vollzog Präsident Mitterrand im März 1983 eine spektakuläre, folgenschwere Kehrtwende. Fortan hatten die Preisstabilität und solide öffentliche Finanzen Vorrang vor einer Wachstumspolitik um jeden Preis. Die ehrgeizigen Pläne einer strukturlenkenden Industriepolitik wurden aufgegeben, um fortan den Unternehmen die notwendigen Strukturanpassungen zu überlassen und ihre Rahmenbedingungen zu verbessern. Viele staatliche Reglementierungen wurden abgebaut und die Märkte liberalisiert. Später, ab 1986, wurden die meisten verstaatlichten Unternehmen schrittweise privatisiert. Diese Kehrtwende, die auch in den folgenden Jahren von linken wie konservativen Regierungen beibehalten wurde, bedeutete einen klaren Einschnitt in der französischen Wirtschaftspolitik seit 1945.

Der neue Wirtschaftskurs der 1980er Jahre half die Lage zu verbessern, konnte aber bei weitem nicht alle Probleme beseitigen, etwa die weiter steigende Arbeitslosigkeit. Auch das Wachstum kehrte nur kurzzeitig zurück. Die Staatsausgaben, und damit die öffentlichen Defizite, stiegen immer weiter, um die Folgen der Krise durch Subventionen sowie sozial- und arbeitsmarktpolitische Maßnahmen abzufedern. Zudem erschwerte das von Frankreich und Deutschland seit 1978 gemeinsam initiierte Europäische Währungssystem (EWS) nationale wirtschaftspolitische Alleingänge. Auch deshalb war der Vertrag von Maastricht von 1992, mit dem die Errichtung einer europäischen Wirtschafts- und Währungsunion beschlossen wurde, in Frankreich höchst umstritten und wurde in der Volksabstimmung vom 20.9.1992 nur mit hauchdünner Mehrheit bestätigt.

d) Frankreich in der Eurozone: Krise und Reformdebatten (seit 1999)

Der Start der Europäischen Wirtschafts- und Währungsunion 1999 bedeutete einen weiteren Einschnitt für die wirtschaftliche Entwicklung und die Wirtschaftspolitik Frankreichs. Die bisher expansive Lohnpolitik drohte die Wettbewerbsfähigkeit der Unternehmen zu untergraben, weil sie nicht mehr wie vorher durch eine Abwertung des Francs aufgefangen werden konnte. Die haushaltspolitischen Spielräume wurden durch die strengen Vorgaben des Stabilitäts- und Wachstumspakts empfindlich eingeengt. Damit konnten die wirtschaftlichen und sozialen Probleme nicht mehr wie früher durch immer neue, kostenträchtige staatliche Hilfsprogramme eingedämmt werden. Aber die Politik reagierte nicht auf die neuen Bedingungen und unterließ notwendige Strukturanpassungen. Dies bremste in den 2000er Jahren die wirtschaftliche Dynamik und belastete die Wettbewerbsfähigkeit. Der Ruf nach Reformen verstärkte sich, weil viele Probleme „hausgemacht“ und struktureller Natur waren. Indessen stießen die Versuche der Regierungen, entsprechende Reformen durchzusetzen, auf teilweise erbitterten Widerstand der Gewerkschaften und vieler Bürger. Diese fürchteten die Demontage des französischen Sozialmodells zugunsten einer neoliberalen Austeritätspolitik. So taten sich alle Regierungen schwer, auch notwendige Reformen zu verabschieden, trotz einiger Ansätze der Präsidenten Sarkozy (2007–12) und Hollande (2012–17). Erst Präsident Macron stellte seine Politik ab 2017 ausdrücklich in den Dienst der Erneuerung der Wirtschaft und realisierte eine Reihe von Strukturreformen.

Macrons Reformpolitik seit 2017

Im Gegensatz zu seinen Vorgängern trat Präsident Macron 2017 mit einem ehrgeizigen Reformprogramm an, das auch kontroverse Themen wie den Arbeitsmarkt oder die Sozialversicherung nicht aussparte. Dieses Programm ließ eine klare Logik erkennen. Der Schwerpunkt lag auf der Liberalisierung, Flexibilisierung und Verbesserung der unternehmerischen Rahmenbedingungen. Es ging um

- die Wiederherstellung der Wettbewerbsfähigkeit durch Entlastung der Unternehmen,
- die Überwindung der Einstellungshemmnisse durch eine Reform des Arbeitsmarkts,
- die Bekämpfung der strukturellen Arbeitslosigkeit über berufliche Aus- und Weiterbildung,
- die Stärkung der Erwerbstätigeneinkommen gegenüber den Renten- und Transfereinkommen,
- sowie die Verbesserung der Attraktivität des Standorts Frankreich durch die Beseitigung der übermäßigen Besteuerung des Kapitals.

Damit sprach das Programm alle wichtigen Strukturprobleme des Landes an. Nach seiner Wahl setzte Macron dieses Reformprogramm rasch und zügig um. Die wichtigsten Maßnahmen sind

2017: Reform des Arbeitsrechts (Verordnungen)
2017: Steuer- und Abgabenpolitik: Entlastung der Unternehmen und der Steuerzahler
2018: Reform der Bahngesellschaft SNCF
2018: Aktionsplan für (kleine/mittlere) Unternehmen: PACTE-Gesetz
2018: Reform der beruflichen Bildung
2019: Reform der Arbeitslosenversicherung (Verordnungen)

Die Reformpolitik stieß wie erwartet auf Widerstand vor allem seitens der Gewerkschaften, aber anders als seine Vorgänger hielt der Präsident dem Druck stand und setzte seine Maßnahmen um. Erst die Gelbwesten-Revolte ab Ende 2018 (→ Kap. 8.4) veranlasste ihn, das Reformtempo zu drosseln und mehr Zeit für Gespräche und Verhandlungen einzuplanen. Anfang 2020 erzwang die Pandemie eine weitere Pause, weil nun umfangreiche Sofortmaßnahmen erforderlich waren, um einen Zusammenbruch der Wirtschaft und eine soziale Krise zu verhindern. Aber auch die Rettungspläne enthielten strukturelle Maßnahmen, um die Wettbewerbsfähigkeit der französischen Wirtschaft zu stärken. Die Reform der Rentenversicherung allerdings wurde auf die Zeit nach der Präsidentschaftswahl 2022 verschoben.

e) Frankreich in der Pandemie: Rettungspläne und Strukturprogramme (seit 2020)

Die Pandemie stellte die französische Wirtschaft, wie viele andere europäische Volkswirtschaften auch, vor bislang unbekannte, riesige Herausforderungen. Das Wachstum brach ein (im Jahr 2020 um minus 8 %), und es drohte eine wirtschaftliche und soziale Katastrophe ungeahnten Ausmaßes. In dieser Notlage war Präsident Macron entschlossen, sich dieser Krise mit allen Mitteln entgegenzustemmen. Es wurden 2020/21 nacheinander drei Krisenprogramme auf den Weg gebracht:

- Im März 2020 mobilisierte ein Sofortprogramm (plan d'urgence économique) 45 Milliarden Euro, um denjenigen Unternehmen schnelle und kurzfristige Hilfen zu gewähren, die vom Lockdown betroffen waren. Dazu zählen staatliche Kreditbürgschaften, die Verlängerung von Steuerzahlungsfristen, Solidaritätsfonds für kleine, von vorübergehenden Betriebsschließungen betroffene Unternehmen, spezifische Hilfen für besonders betroffene Branchen wie dem Automobil-und Bausektor, dem Flugzeugbau und dem Tourismus, aber auch die erstmalige Einrichtung eines flächendeckenden Kurzarbeit-Geldes, um Entlassungen zu vermeiden;
- Im September 2020 folgte ein umfassendes Programm zur wirtschaftlichen Erholung (France Relance), das mit 100 Milliarden Euro ausgestattet wurde (davon wurden 40 Milliarden durch den EU-Aufbaufonds NextGenerationEU finanziert). Dieses Programm verfolgte auch strukturpolitische Ziele: Es sollte den ökologischen Strukturwandel fördern und beschleunigen (Wärmedämmung; Investitionen in „grüne" Technologien; Verkehr und Mobilität), die Wettbewerbsfähigkeit der Wirtschaft verbessern (massive Steuersenkungen für Unternehmen, Investitionen in Zukunftstechnologien und Digitalisierung) sowie den sozialen Zusammenhalt stärken (langfristige Beschäftigungssicherung; Gesundheitswesen).
- Schließlich legte Präsident Macron am 12. Oktober 2021 ein Investitionsprogramm (France 2030) auf, das 30 Milliarden Euro für strategische Investitionen in den folgenden fünf Jahren bereitstellte. Damit soll die industrielle Basis gestärkt und ihre Produktion stärker auf Zukunftsbereiche ausgerichtet werden (z. B. Energie; neue Batterien; Biomedikamente; elektronische Komponenten).

Deutlich wird an dieser Pandemie-Krisenbekämpfung, dass die Not- und Soforthilfen verknüpft worden sind mit Maßnahmen, die die Wettbewerbsfähigkeit mittelfristig steigern (→ Kap. 6.4) sowie den ökologischen und digitalen Strukturwandel fördern und beschleunigen sollen.

6.2 Die Unternehmensstruktur

Die französische Unternehmenslandschaft ist in mehrfacher Hinsicht von den Besonderheiten der französischen Wirtschaftsentwicklung und dem nach 1944 verfolgten Modernisierungsweg geprägt. Dies zeigt sich am Verhältnis zwischen staatlichen und privaten Unternehmen, am Dualismus zwischen Großkonzernen und einem (zu schwachen) Mittelstand sowie am Einfluss ausländischen Kapitals.

a) Staat und Unternehmen: eine enge, wechselvolle Beziehung

Nach 1945 wurde der überwiegende Teil der Banken, Versicherungen und Energie- sowie Transportunternehmen verstaatlicht, um die Modernisierung des Landes zu finanzieren und zu lenken. Später, als die Industrie in den 1970er Jahren in eine schwierige Anpassungskrise geraten war, verstaatlichte die Linksregierung unter Präsident Mitterrand 1981 die wichtigsten Industriegruppen, um sie finanziell zu sanieren und teilweise zu restrukturieren. Doch der Plan, die staatlichen Unternehmen als „Speerspitze" einer offensiven Industriepolitik zu nutzen, stieß bald an seine Grenzen. Ab 1986 setzte eine schrittweise Reprivatisierung ein, die in den kommenden Jahren fortgesetzt wurde.

Heute ist der öffentliche Unternehmenssektor zwar stark geschrumpft, aber immer noch einer der größten in Europa. Er umfasst 1.751 Unternehmen, die vom Staat kontrolliert werden (davon 89 direkt), mit insgesamt 767.000 Beschäftigten – das sind 3,1 % aller Beschäftigten in Frankreich (2017). Dazu zählen die großen Infrastrukturunternehmen SNCF (Bahn), Air France, La Poste, die Energieversorger Engie und EDF, der deutsch-französische Flugzeugbaukonzern Airbus Group, aber auch strategische Rüstungsfirmen wie Safran, Thales oder Areva. Auch an den Automobilfirmen Renault (der schon 1946 verstaatlicht wurde) und Peugeot SA hält der Staat noch Anteile (→ Online-Tab. 6.2).

Nutznießer der wirtschaftspolitischen Wende ab 1983 (→ Kap. 6.1) waren die Privatunternehmen, da die Neigung des Staates, in die Unternehmen „hineinzuregieren", deutlich geringer wurde, auch wenn sie immer noch spürbar ist. Vielmehr wurde nunmehr die wichtige Rolle der Unternehmen stärker gewürdigt; die Politik bemühte sich mehr als bisher, die Rahmenbedingungen für unternehmerisches Handeln zu verbessern. Auch hat sich das Bild der Unternehmen in der Öffentlichkeit gewandelt: Galten sie in den ersten Nachkriegsjahrzehnten für viele Franzosen hauptsächlich noch als Ort der Ausbeutung und des Klassenkampfes, so wird heute ihre unentbehrliche Funktion für Wachstum, Wohlstand und Arbeitsplätze anerkannt.

b) Konturen der Unternehmenslandschaft

Die Modernisierungspolitik der Nachkriegszeit setzte vor allem auf die großen Unternehmen. In Branchen, wo die französischen Firmen im internationalen Vergleich als zu klein angesehen wurden, drängte der Staat private Firmen zu Zusammenschlüssen, um die Bildung großer „Champions" zu ermöglichen. Klein- und Mittelunternehmen, oft als Hort der Rückständigkeit angesehen, wurden darüber vernachlässigt. Erst in den 1980er Jahren gab es eine neue Aufmerksamkeit für die mittelständischen Firmen; seither sind zahlreiche Pläne zur Förderung und Entwicklung des Mittelstands aufgelegt worden.

Die Resultate waren zunächst begrenzt. Immer noch gibt es eine Lücke zwischen den großen Unternehmen, die sich aktiv und mit großem Erfolg auf dem Weltmarkt bewegen, und der Masse der Kleinunternehmen, die mit dieser Entwicklung nicht mithalten können (→ Online-Tab. 6.3). Zwar hat sich die Zahl der Unternehmensgründungen im Laufe der Zeit deutlich erhöht und ist heute mit der deutschen Situation vergleichbar. Aber die jungen Unternehmen hatten oft Probleme, sich zu entwickeln; zu wenige können sich dauerhaft am Markt behaupten. Dies liegt daran, dass die Rahmenbedingungen für die Unternehmen (Steuern und Abgaben; Arbeitsrecht; bürokratische Reglementierungen) kein günstiges Klima für die Entwicklung und das Wachstum der Unternehmen geboten haben. Ein in Frankreich viel diskutiertes Beispiel sind die Schwellenwerte, durch die sich die Regeln, Auflagen und Belastungen für Firmen mit wachsender Größe oft schlagartig erhöhen: So hat sich gezeigt, dass viele Unternehmen davor zurückschrecken, die Zahl von 50 Beschäftigten zu überschreiten, weil sie dann mit erheblich mehr Kosten rechnen müssen; damit verzichten sie auf mögliches Wachstum.

Die von Präsident Macron angestoßenen unternehmensfreundlichen Wirtschaftsreformen haben in dieser Hinsicht eine neue Dynamik entfacht. Macron, der bei seinem Amtsantritt 2017 Frankreich zu einer „Startup-Nation" machen wollte, hat das Unternehmensklima in Frankreich ebenso verbessert wie das Image des Standorts Frankreich bei internationalen Investoren (→ Kap. 6.4). Positiv ist diese Gründerdynamik vor allen bei den innovationsorientierten Startups. Hier hat Frankreich, auch durch eine kluge Förderpolitik, einen wahren Boom ausgelöst, der dazu führte, dass heute Paris neben London und Berlin zu einem der wichtigsten Startup-Standorte geworden ist – der Begriff French Tech hat auch international Beachtung gefunden. Neuere Studien zu den welt- und europaweit führenden innovativen Jungunternehmen platzieren Frankreich an vorderster Stelle. So sieht die jährliche Erhebung der Beratungsfirma Deloitte zu den 500 am schnellsten wachsenden innovativen Jungunternehmen in Europa Frankreich schon seit einigen Jahren an der Spitze, vor Großbritannien und Deutschland.

Die französische Unternehmenslandschaft ist durch eine starke internationale Öffnung gekennzeichnet. Diese begann schon in den 1960er Jahren mit ersten ausländischen Beteiligungen an französischen Firmen. Aber erst mit der 1986 einsetzenden Privatisierungswelle beschleunigte sich dieser Prozess, in beide Richtungen: Die großen Konzerne investierten immer stärker außerhalb Frankreichs. Allein zwischen 1990 und 2000 vervierfachte sich der Bestand französischer Direktinvestitionen im Ausland; schon 1997 hatten die großen französischen Konzerne mehr Beschäftigte außerhalb als in Frankreich. Gleichzeitig nahmen ausländische

Beteiligungen an französischen Unternehmen zu. Das Aktienkapital der 40 größten börsennotierten Konzerne (der Index CAC-40) war 1997 zu einem Drittel (33,4 %) in den Händen ausländischer Anleger, heute sind es 45 %.

Rund 17.000 ausländische Firmen zählt die Statistik in Frankreich. Sie beschäftigen 2,2 Millionen Arbeitnehmer (etwa 13 % aller Industriebeschäftigten), erwirtschaften 17 % des gesamten Unternehmensumsatzes und sind für ein Drittel aller französischen Exporte verantwortlich. Im Gegensatz zu früher wird diese starke Präsenz ausländischer Investoren bzw. Unternehmen heute eher positiv beurteilt und ihr Beitrag zu Wachstum, Beschäftigung, Investitionen und Exporten gewürdigt. Sie gilt ferner als Ausweis, dass der Standort Frankreich attraktiv für ausländische Anleger ist. Kritisch wird allerdings reagiert, wenn wichtige Unternehmen, die als Flaggschiffe der französischen Wirtschaft gelten, unter ausländische Kontrolle zu geraten drohen, zumal wenn dies in „strategischen" Sektoren passiert. So verhinderte die französische Regierung 2004 die Beteiligung von Siemens beim damals angeschlagenen TGV-Konstrukteur Alstom; 2014 stieg der Staat bei Peugeot Citroën ein und erwarb 14 % der Anteile, um den gleichzeitigen Einstieg der chinesischen Dongfeng-Gruppe auszugleichen; 2015 stockte die Regierung ihren Anteil an Renault auf 20 % auf, um sich besser gegenüber dem japanischen Mitaktionär Nissan durchsetzen zu können. Auch Macron hat im Namen der „wirtschaftlichen Souveränität" Anfang 2021 den Aufkauf des Handelskonzerns Carrefour durch die kanadische Gruppe Couche-Tard untersagt.

Die wachsende Öffnung birgt große Chancen für die französische Wirtschaft, schafft aber auch Probleme. Kritisch wird auch gesehen, dass viele institutionelle Finanzanleger Anteile an französischen Großunternehmen erworben haben. Diese setzen in der Regel das „shareholder value"-Prinzip durch: Eine Unternehmenspolitik, die in erster Linie den kurzfristigen Interessen der Aktionäre dient. Gerade bei Industrieunternehmen sind dadurch Konflikte mit dem Interesse des Managements an einer langfristig orientierten industriellen Strategie vorprogrammiert. Diese auch Finanzialisierung genannte Entwicklung ist in Frankreich deutlich fortgeschrittener als in Deutschland und gilt als eine der Ursachen für den Rückgang der Industrie in Frankreich. Umgekehrt steht hinter den stark wachsenden Auslandsinvestitionen französischer Unternehmen eine Strategie der Verlagerung der Produktion aus Frankreich ins Ausland, zumeist aus Kostengründen. Im internationalen Vergleich sind die französischen Firmen Spitzenreiter der Delokalisierung, mit negativen Folgen für den Industriestandort Frankreich.

Tabelle 4: Wirtschaftsdaten Frankreichs und Deutschlands (2020)

	Frankreich	Deutschland
Bruttoinlandsprodukt (BIP, in Mrd. Euro)	2.303	3.368
BIP (in % der EU-27)	17,2	25,1
BIP je Einwohner (in Euro, kaufkraftbereinigt)	31.200	36.648
BIP je Einwohner (in % des EU-Durchschnittswertes)	104 %	123 %
Warenausfuhr (Mrd. Euro)	427,2	1.209,2
Wareneinfuhr (Mrd. Euro)	508,5	1.025,5
Außenhandelsbilanz (Mrd. Euro)	- 81,3	+ 183,7
Bruttoschuldenstand des Staates (in % des BIP)	115,0	68,7

Quelle: Statistisches Bundesamt

6.3 Die großen Wirtschaftssektoren

a) Die Landwirtschaft: führend in Europa

Frankreich ist ein Land mit starker landwirtschaftlicher Tradition. Auch besitzt die Landwirtschaft bis heute einen hohen politischen und gesellschaftlichen Stellenwert, der weit über ihren geringen Anteil an der gesamtwirtschaftlichen Wertschöpfung (3,5 %) hinausgeht. Wie in den Nachbarländern ist die Landwirtschaft einem Schrumpfungsprozess ausgesetzt: von 2,3 Millionen Betrieben 1955 sind heute noch 389.000 Betriebe übrig geblieben, die mit durchschnittlich 69 Hektar aber eine wesentlich größere Betriebsfläche aufweisen als früher. Die Modernisierungspolitik der Nachkriegszeit erfasste auch und gerade die Landwirtschaft. Durch verbesserte Anbaumethoden, Flurbereinigungen, die Ausstattung mit modernen Maschinen, die Vergrößerung der Betriebe und eine bessere Vermarktung gelang es, die Produktivität der Landwirtschaft zu steigern und Frankreich zu einem der führenden Agrarproduzenten und Exporteure in Europa zu machen. In Verhandlungen über den weltweiten Freihandel haben sich französische Regierungen immer wieder vehement für den Schutz und die Entwicklung der europäischen Landwirtschaft ausgesprochen und sich Forderungen der USA nach einem stärkeren Freihandel widersetzt.

Besonders die Getreideprodukte und Getränke (Wein) sowie in geringerem Umfang auch Milchprodukte und Fette tragen zu den Exportüberschüssen bei. Charakteristisch ist darüber hinaus die besondere Vielfalt der Landwirtschaft, die sich aus regionalen Besonderheiten der Geographie, der Bodenbeschaffenheit und den Klimaverhältnissen, aber auch aus historischen Traditionen und Entwicklungen ergibt.

Heute ist Frankreich mit einem Anteil von 16 % an der landwirtschaftlich genutzten Fläche der EU und von 17 % an der EU-Produktion der führende Agrarproduzent in Europa. Dabei hat es besonders stark vom gemeinsamen Agrarmarkt der EU profitiert, der nach Gründung der EWG ab 1958 verwirklicht wurde und den französischen Produzenten neue Absatzmärkte bot. Dazu muss man die Nahrungsmittelindustrie berücksichtigen, die die Agrarprodukte verarbeitet. Firmen wie Danone, Pernod-Ricard oder Nestlé-France prägen das Bild einer insgesamt erfolgreichen Branche, die zusammen mit der Landwirtschaft hohe Exportüberschüsse erzielt. Allerdings steht immer noch die landwirtschaftliche Primärerzeugung im Mittelpunkt, während Frankreich seine Potenziale im Bereich der lebensmittelverarbeitenden Industrie nicht genügend nutzt (→ Zitat).

» *Zitat: Ungenutzte Chancen in der Lebensmittelverarbeitung*

„Frankreich ist weltweit der erste Exporteur von Kartoffeln (über eine halbe Milliarde Euro Exportüberschuss bei frischen Produkten), aber es hat ein Defizit im Handel mit verarbeiteten Kartoffelprodukten. Es importiert fünfmal so viel Chips, wie es exportiert (Defizit von 120 Millionen Euro). Dabei existieren Fabriken zur Verarbeitung von Kartoffeln in unserem Land; man muss also dafür sorgen, dass diese die Binnennachfrage besser bedienen können. Heute gibt es massive Importe hauptsächlich aus Belgien. Ebenso hat Frankreich 2019 einen Exportüberschuss von fast 300 Millionen Euro bei Äpfeln, aber ein Defizit von 85 Millionen Euro bei Apfelsaft-Produkten. Ein Teil des Export-Potenzials müsste [von den frischen Produkten] auf die Verarbeitung geleitet werden."

(Haut Commissariat du Plan: Reconquête de l'appareil productif: la bataille du commerce extérieur, Paris, 7.12.2021, S. 31)

b) Energie: problematische Dominanz der Kernkraft

Der Energiesektor war stark am Aufschwung und an der Modernisierung Frankreichs nach 1944 beteiligt, vor allem die damals verstaatlichten Energiefirmen EDF (Elektrizität) und GDF (Gasversorgung). Die damals noch vorherrschende Kohle wurde als Energielieferant in den folgenden Jahrzehnten völlig verdrängt und spielt seit geraumer Zeit keine Rolle mehr. Dafür begann der Aufstieg des Erdöls, begünstigt durch damals niedrige Rohölpreise, aber auch der Wasserkraft, deren Kapazitäten durch zahlreiche neue Wasserkraftwerke erweitert wurden. Bis heute gilt Frankreich aufgrund seiner hohen technologischen Kompetenzen als führend auf diesem Gebiet. Einen Einschnitt in der Energieversorgung gab es nach dem ersten Ölschock 1973. Die Verteuerung der Erdölimporte traf Frankreich besonders stark. Daher setzte Präsident Giscard d'Estaing (1974–81) ein ehrgeiziges Programm zum

Ausbau der Kernenergie durch. Damit sollte die Energieversorgung weniger abhängig von Importen werden und der Energiepreis für Bürger und Unternehmen niedrig gehalten werden; gleichzeitig war die Entwicklung einer leistungsfähigen Kernenergiewirtschaft Teil der staatlichen Industriepolitik. Dieser Kurs wurde auch von Nachfolgeregierungen beibehalten. Heute verfügt Frankreich mit 56 Reaktoren über einen der größten Kernenergieparks der Welt; rund 40 % der Primärenergie und 75 % der Elektrizität wird aus Kernkraft gewonnen. Die Kernenergie verfügt mit dem staatlichen Elektrizitätskonzern EDF und der Nuklearindustrie mit dem Areva-Konzern an der Spitze über eine mächtige Lobby und wird politisch von den meisten Parteien und Gewerkschaften unterstützt; die grüne Partei ist zu schwach, um dagegen zu halten. Protest gegen die Kernkraft war von Anfang an präsent, blieb aber immer eine Minderheit. Der jahrelange politische Eiertanz um die seit langem versprochene und immer wieder verschobene Stilllegung des ältesten Atommeilers in Fessenheim (sie erfolgte schließlich 2020) verdeutlicht den starken Einfluss des Kernkraftlagers. Die überwiegend positive Haltung zur Kernkraft hat auch einen industriepolitischen Hintergrund: Frankreich beherrscht die gesamte Kette der Nuklearindustreie von der Uranförderung über den Bau von Kraftwerken bis hin zur Entsorgung und Wiederaufbereitung und verfügt damit über eine technisch-industrielle Exzellenzposition, und die Energieversorgung ist dadurch auch weniger importabhängig als beispielsweise in Deutschland.

Allerdings ist der Park der Kernkraftanlagen alt und zunehmend störanfällig; Ende 2021 waren 10 von 56 Anlagen wegen technischer Probleme abgeschaltet. Ihre Sanierung bzw. Modernisierung erfordert einen erheblichen Finanzaufwand (60 Milliarden Euro). In Flamanville an der französischen Kanalküste wird seit 2005 an einem Druckwasserreaktor gearbeitet, dessen Inbetriebnahme sich infolge immer neuer technischer Pannen verzögert hat (von ursprünglich 2012 auf jetzt 2023) und dessen Kosten mit jetzt über 12 Milliarden Euro völlig aus dem Ruder gelaufen sind. Schon heute ist die Elektrizitätsgesellschaft EDF mit 41 Milliarden Euro stark verschuldet.

Die Regierung setzt indessen weiter auf die Kernkraft. Zwar war 2015 beschlossen worden, den Anteil der Kernkraft an der Energieerzeugung bis 2025 von 75 % auf 50 % zu reduzieren, aber dieses Ziel ist mittlerweile auf 2035 verschoben worden. Außerdem wurde die maximale Laufzeit der Reaktoren von 40 auf 50 Jahre erhöht. 2021 wurde die Entwicklung einer neuen Generation von kleinen Kernkraftwerken (Small Modular Reactors) beschlossen, die mit einer Milliarde Euro staatlich gefördert wird; bis 2035 sollen die ersten sechs Reaktoren ans Netz gehen.

c) Die Industrie: Schrumpft die produktive Basis?

Die Industrie stand im Mittelpunkt sowohl der Modernisierungspolitik seit 1944 als auch der strukturellen, krisenhaften Veränderungen seit 1974. Nachdem sich der Anteil der Industrie an der volkswirtschaftlichen Wertschöpfung in den Nachkriegsjahrzehnten ständig erhöht hatte, ist er seit Beginn der 1980er Jahre rückläufig und hat sich in den letzten drei Jahrzehnten von 20,6 % (1980) auf 10,1 % (2017) halbiert.

Diese Entwicklung ist ähnlich wie in den meisten anderen EU-Ökonomien verlaufen. Auch dort sinkt der Anteil der Industrie, während sich der Dienstleistungssektor ausdehnt. Dies liegt zum einen an den hohen Fortschritten der Produktivität. Es sind deutlich weniger Arbeitsstunden notwendig, um ein Industrieprodukt herzustellen. Im Ergebnis wächst die Industrieproduktion weiter, allerdings langsamer als im Dienstleistungsbereich, während die Beschäftigung zurückgeht. Dazu kommen statistische Effekte: Die Industriefirmen haben Aufgaben wie z. B. Buchhaltung, Wartung, Logistik, Werbung usw. zunehmend aus ihren ausgelagert und Dienstleistungsfirmen übertragen. Die Dienstleistungen an Unternehmen, die eine besonders starke Dynamik aufweisen, sind eng mit der Industrie verbunden. Insofern gibt es einen engen Zusammenhang zwischen industrieller Entwicklung und Dienstleistungen.

Allerdings war der Rückgang der Industrie in Frankreich stärker als in den meisten europäischen Nachbarländern – mit dem Ergebnis, dass der Industrieanteil heute genau so niedrig wie im Vereinigten Königreich und niedriger als in Spanien oder Italien ist (→ Online-Tab. 6.4). Das verträgt sich schwer mit dem französischen Anspruch, über eine breit aufgestellte, diversifizierte, starke Industrie zu verfügen. Auch ist der Abbau der industriellen Arbeitsplätze von 5,1 Millionen (1980) auf 2,9 Millionen (2012) besonders stark und hat zur Entwicklung der Arbeitslosigkeit beigetragen. Seit Jahren wird die Entindustrialisierung als gravierendes Problem für Wirtschaft und Beschäftigung gebrandmarkt (→ Zitat), und die Politik versucht, den Abwärtstrend zu stoppen. Immerhin gelang ab 2009 eine Stabilisierung auf allerdings niedrigem Niveau.

Auch die wachsende Digitalisierung der Industrie, in Deutschland unter dem Begriff „Industrie 4.0" diskutiert, ist in Frankreich ein Thema. Allerdings ist der Einsatz von Robotern und die Digitalisierung der Produktion noch schwach entwickelt. Dabei kann Frankreich durchaus an vorhandene Stärken gerade im Bereich von Spitzentechnologien anknüpfen: Im Bereich der Cyber-Sicherheit sind französische Industriefirmen wie Airbus und Thales, Dienstleister wie Atos oder Orange sowie zahlreiche spezialisierte Klein- und Mittelunternehmen in einer exzellenten Position. Dazu sind in den vergangenen Jahren zahlreiche Startups entstanden, die sich im Bereich der Digitalisierung erfolgreich etablieren konnten. Schließlich genießt die öffentliche Forschung in diesem Bereich einen ausgezeichneten Ruf. Ausbaubedürftig ist allerdings die Zusammenarbeit von Forschungseinrichtungen und Unternehmen, damit Forschungsergebnisse schneller den Weg in die industrielle Anwendung finden. Schon Präsident Hollande hat 2013 in Zusammenarbeit mit Forschung und Verbänden ein ehrgeiziges Programm „Industrie der Zukunft" (Industrie du futur) aufgelegt, mit dem der Rückstand aufgeholt werden sollte. Auch die Reformpolitik Macrons hat sich gerade diesen Feldern verstärkt gewidmet. Noch sind keine deutlichen Erfolge sichtbar; die jährliche Evaluierung der nationalen Di-

> **» *Zitat: Entindustrialisierung und ihre Folgen***
>
> *„Die Entindustrialisierung zieht mehrere Probleme für Frankreich nach sich. Sie bremst die Produktivitätsgewinne des Landes, die einer der wichtigsten Motoren für höhere Einkommen sind, denn die Produktivität ist in der Industrie im Schnitt höher als in den Dienstleistungen. Sie äußert sich zudem durch ein chronisches Außenhandelsdefizit, das nur teilweise durch den Überschuss bei den Dienstleistungen und den Erträgen aus den Auslandsinvestitionen ausgeglichen wird. […] Sie kann auch die technologische Entwicklung in Frankreich hemmen, denn es sind die Industriebranchen, die einen großen Teil der privaten Forschungs- und Entwicklungsausgaben leisten. Schließlich kann sie dauerhafte Folgen für die Beschäftigung in einigen Regionen haben; wenn dort Industrieunternehmen schließen oder delokalisiert werden, gehen wichtige Impulse für die Wirtschaft und qualifizierte Arbeitsplätze verloren. Die Entindustrialisierung, die nicht durch einen genügend starken Aufschwung leistungsstarker Dienstleistungen kompensiert wird, hat also tiefe wirtschaftliche, soziale und politische Auswirkungen.“*
>
> (France Stratégie: Les politiques industrielles en France. Évolutions et comparaisons internationales, Paris 2021, S. 4)

gitalisierungsstrategien durch die EU sieht Frankreich 2021 im Mittelfeld. Zwar gibt es Fortschritte in der Digitalisierung und der Vernetzung, aber beim schnellen Internetzugang liegt das Land noch unter dem EU-Durchschnitt, und auch bei der digitalen Transformation der Unternehmen gibt es Defizite. Positiv werden dagegen die massiven Investitionen in künstliche Intelligenz, Cyber-Sicherheit und Quanteninformatik bewertet.

d) Die Dynamik der Dienstleistungen

Die Gründe für die Ausbreitung des Dienstleistungssektors sind teilweise schon angesprochen worden. Sie liegen erstens in der Dynamik der Dienstleistungen an Unternehmen: Gegenüber der eigentlichen Industrieproduktion gewinnen vorgelagerte (Forschung und Entwicklung, Design) und nachgelagerte (Vertrieb, Werbung) Tätigkeiten an Bedeutung. Zweitens haben Veränderungen im Konsumverhalten, die mit steigendem Wohlstand einhergehen, das Wachstum von Dienstleistungen an Private gefördert (Restaurants, Tourismus, Freizeiteinrichtungen). Drittens haben sich mit dem Fortschritt des Sozialstaates, der Medizin und der steigenden Bedeutung der Bildung auch die öffentlichen Dienstleistungen (Bildung, Soziales, Gesundheit usw.) in den vergangenen Jahrzehnten stark ausgeweitet, in Frankreich noch stärker als in anderen Ländern. Stagnierende Sektoren sind dagegen der Einzelhandel, der Transport, die Finanzdienstleistungen oder die Verwaltungen.

In vielen Dienstleistungsbereichen gibt es leistungsfähige Unternehmen, die auch auf den internationalen Märkten präsent sind. Das gilt für den Tourismus (Hotelgruppe Accor) oder den Handel, wo z. B. die Hypermarktfirmen Carrefour, Auchan und Finatis (Casino) sowie die Kaufhaus- und Versandhandelsgruppe Pinault-Printemps-Redoute (seit 2013 umbenannt in Kering) weltweit führende Unternehmen sind. Auch im Bereich örtlicher Dienstleistungen wie Wasserversorgung und Abfallbeseitigung haben französische Privatunternehmen wie Suez oder Veolia große Erfahrung und sind weltweit im Geschäft. Im örtlichen und regionalen Personenverkehr tritt die Veolia-Tochter Transdev als Konkurrent der Deutschen Bahn auf. Im Bereich der Telekommunikation gibt es mit Orange (staatlich, früher France Telecom) und Bouygues zwei starke Unternehmen. Der Banken- und Versicherungssektor ist in Frankreich stärker konzentriert als in Deutschland und verfügt über große, leistungsfähige Konzerne (Banken: BNP Paribas, Société Générale, Crédit Agricole, BPCE-Gruppe; Versicherungen: AXA, CNP Assurances).

6.4 Wettbewerbsfähigkeit: Licht und Schatten

a) Stärken und Schwächen

Frankreich ist die zweitgrößte Volkswirtschaft in der EU nach Deutschland, aber nur noch das viertgrößte Exportland (nach Deutschland, den Niederlanden und Italien; Zahlen für 2020). Die internationale Wettbewerbsfähigkeit ist ein Dauerproblem der französischen Wirtschaft schon seit den 1980er Jahren. Dies äußert sich vor allem in Defiziten der Handelsbilanz, weil die Exporte nicht mit den Einfuhren Schritt halten. Zwar gelang es immer wieder, das Problem zeitweise in den Griff zu bekommen, aber seit den 2000er Jahren verschlechterte sich die Handelsbilanz wieder und weist seit 2004 permanent rote Zahlen auf. 77,6 Milliarden Euro betrug das Defizit 2021. Dabei hat sich vor allem die Bilanz der Industrie verschlechtert; nur die Landwirtschaft, die Nahrungsmittel und die Rüstungsgüter konnten einen Überschuss in Höhe von insgesamt 10 Mrd. Euro erwirtschaften. Auch das Gewicht der französischen Exportwirtschaft hat sich verringert. Weltweit sank der Anteil der französischen Waren- und Dienstleistungsexporte von 5,1 % (2000) auf 3,5 % (2012); seither ist er stabil geblieben (2020: 3,4 %). In Europa hatten die französischen Ausfuhren 2000 noch einen Anteil von 18,0 % an den gesamten Exporten der Eurozonen-Länder; 2020 waren es nur noch 13,5 %. Immerhin scheint der Rückgang seit einigen Jahren gestoppt (→ Online-Tab. 6.5).

Ohnehin muss man das Bild nuancieren. In einer Reihe von Sektoren verfügt die französische Wirtschaft über starke Positionen auf dem Weltmarkt. Dazu zählen Branchen, die von der staatlichen Industriepolitik der vergangenen Jahrzehnte besonders profitiert haben: die Luft- und Raumfahrtindustrie, die Kernkraftindustrie und allgemein der Energiesektor, der Schienenfahrzeugbau oder der Rüstungssektor. Dazu kommen Branchen, in denen Frankreich traditionell stark war und ist:

die Landwirtschaft und auf ihrer Basis die Nahrungsmittelindustrie, die Luxusgüter- und die Pharmaindustrie, der Hoch- und Tiefbau oder auch, im Dienstleistungssektor, der Tourismus, die kommunalen Dienstleistungen (Verkehr, Wasserversorgung, Müllbeseitigung, usw.) sowie die Hypermärkte. Auch in der Kulturindustrie, allen voran der Filmproduktion, nimmt Frankreich eine führende Stellung ein. Daneben verfügt Frankreich in einer Reihe anderer Branchen wie der Automobilindustrie über eine gute Wettbewerbsposition. In anderen Bereichen (Maschinenbau, Konsumgüter-, Elektroindustrie) ist das Land dagegen nur schwach vertreten.

b) Das Problem der qualitativen Wettbewerbsfähigkeit

Unabhängig von sektoralen Stärken und Schwächen stellt sich das Problem der Wettbewerbsfähigkeit der französischen Unternehmen. Man kann dabei zwischen der preislichen und der qualitativen Wettbewerbsfähigkeit unterscheiden. Die preisliche Wettbewerbsfähigkeit hat sich vor allem deshalb verschlechtert, weil die Löhne in Frankreich von 1999 bis 2010 deutlich stärker als in Deutschland gestiegen sind. So verteuerten sich die französischen Lohnstückkosten (Lohnkosten unter Einbeziehung der Produktivität) und lagen zeitweise bis zu 17 % höher als beim wichtigsten Handelspartner Deutschland. Zwar konnte dieser Nachteil seit 2010 vollständig behoben werden, weil in Deutschland die Löhne wieder stärker stiegen und gleichzeitig in Frankreich der Lohnanstieg gebremst wurde; dazu kommen noch zusätzliche Entlastungen der Unternehmen bei den Sozialabgaben. Hier zeigen sich positive Auswirkungen der Reformpolitik Macrons.

Es ist aber vor allem die Verschlechterung der nichtpreislichen, qualitativen Wettbewerbsfähigkeit, die in Frankreich Kopfzerbrechen bereitet. Es geht dabei um die Fähigkeit einer Wirtschaft und seiner Unternehmen, hochwertige, innovative Qualitätsprodukte herzustellen, die weniger abhängig von der Preiskonkurrenz sind, weil für derartige Produkte höhere Preise verlangt und höhere Gewinne erzielt werden können. Hier zeigen Untersuchungen, dass die Produktpalette der französischen Firmen nicht ausreichend auf hochwertige Qualitätsprodukte ausgerichtet ist. Das macht die französische Exportindustrie oft anfälliger für die (weltweit verschärfte) Preiskonkurrenz. Dabei ist die Situation je nach Branche sehr unterschiedlich, aber in der Summe überwiegen die Schattenseiten. Woran liegt das? Das Analyseinstitut France Stratégie nennt gleich mehrere Gründe: Mangelnde Kompetenzen und berufliche Qualifikationen der Erwerbstätigen, aber auch Qualitätsdefizite im Management der Unternehmen, die einem innovationsfreundlichen Unternehmensklima entgegenstehen, eine unzureichende Nutzung neuer Produktionsmethoden (z. B. Roboter) und bürokratische Hindernisse, die die Entwicklung junger innovativer Unternehmen hemmen. Ferner stagniert seit Ende der 1990er Jahre der Anteil der Ausgaben für Forschung und Entwicklung (FuE) an der Wirtschaftsleistung. 2019 betrug er 2,2 %, während er sich in Deutschland im gleichen Zeitraum von 2,2 % (1996) auf 3,1 % gesteigert hat. Es sind dabei vor allem die sehr geringen unternehmerischen FuE-Aufwendungen in Frankreich, die den Unterschied ausmachen.

Die Probleme der preislichen und qualitativen Wettbewerbsfähigkeit hängen miteinander zusammen. Die Unternehmen sind mit höheren Steuern und Abgaben belastet als in den Nachbarländern; hinzu kommt die „lohntreibende" Funktionsweise des Arbeitsmarktes. Da viele Unternehmen gleichzeitig eher im Bereich der Produkte mittlerer Qualität spezialisiert sind, in denen der Preiswettbewerb schärfer ist als bei höherwertigen Produkten, müssen sie ihre Gewinnmargen reduzieren, um im Geschäft zu bleiben. Das aber verhindert notwendige Investitionen, um auf höherwertige, forschungsaufwändige, weniger preisabhängige Produkte umzusteigen. Damit ist Frankreichs Wirtschaft einem doppelten, unangenehmen Wettbewerbsdruck ausgesetzt. Bei Standardprodukten, wo der Preis eine hohe Rolle spielt, setzen ihr Konkurrenten aus den Schwellenländern, aber auch südeuropäischen Ländern wie Spanien zu, die ihre Kosten besser in den Griff bekommen haben. Bei anspruchsvolleren, innovativen Qualitätsprodukten sind es die fortgeschrittenen Konkurrenten wie die USA, Deutschland, Japan, Schweden oder Korea, die deutlich mehr für Forschung und Entwicklung ausgeben und über modernere Produktionsanlagen verfügen.

Die Wirtschaftspolitik steht seit Jahrzehnten unter dem Druck, die Wettbewerbsfähigkeit zu verbessern und damit die französische Wirtschaft robuster zu machen (→ Kap. 6.1. d-e). Die Politik der Präsidenten Hollande (2012–17) und Macron (seit 2017) hat die ursprünglich sehr hohe Steuer- und Abgabenbelastung der Unternehmen in mehreren Schritten deutlich gesenkt. Sie hat es darüber hinaus unternommen, die qualitative Wettbewerbsfähigkeit zu stärken, indem sie die Innovationskraft der Unternehmen förderte und umfangreiche Investitionen in die Zukunftsfähigkeit der Wirtschaft tätigte (Wissensökonomie; Digitalisierung; ökologische Wende). Damit konnte der Abwärtstrend vorerst gestoppt werden, wenngleich weitere Erfolge noch ausstehen.

c) Frankreich: ein attraktiver Standort

Die Attraktivität des Standorts Frankreich für Investoren und Unternehmen stellt sich in einem durchaus positiven Licht dar und hat sich mit der Reformpolitik Macrons seit 2017 weiter erhöht. Frankreich ist vorne dabei, wenn ausländische Firmen sich in Europa ansiedeln wollen und die verschiedenen Standorte miteinander vergleichen. 2020 konnte es Großbritannien und Deutschland überflügeln und ist nunmehr das Zielland Nummer eins. Auch bei der Neugründung von Forschungs- und Entwicklungszentren ausländischer Firmen oder bei Investitionen in die digitale Wirtschaft schneidet das Land gut ab.

Fragt man, wie die Unternehmensberatung Ernst&Young dies regelmäßig tut, ausländische Firmenchefs, was sie am Standort Frankreich besonders schätzen, fallen Stichworte wie Innovations- und Forschungskompetenz, touristische Vorzüge, Lebensqualität oder Talentförderung. Vor allem verfügt Frankreich über eine hervorragende Infrastruktur, ob es sich um Verkehrswege, das Kommunikationsnetz, die Energieversorgung, Einrichtungen der Kleinkinder- und Vorschulbetreuung oder um die öffentlichen Dienstleistungen der Daseinsvorsorge handelt. Die öffentlichen Forschungseinrichtungen genießen international ein hohes Ansehen. Landschaft, Klima und die hohe Lebensqualität, aber auch der generell gute Ausbildungsstand und eine im europäischen Vergleich sehr hohe Arbeitsproduktivität tun ihr Übriges, um Frankreich zu einem der weltweit attraktiven Standort für ausländische Investoren zu machen. Auch der anerkannt hohe Standard der sozialen Sicherung, die im internationalen Vergleich sehr gute Gesundheitsversorgung und eine konsequent familienfreundliche Steuer-, Bildungs- und Gesellschaftspolitik seit 1945 können als weitere positive Standortfaktoren Frankreichs bezeichnet werden. Die dynamische Geburtenentwicklung sorgt längerfristig für einen wachsenden Binnenmarkt und erhöht das Wachstumspotenzial der französischen Wirtschaft.

Negativ werden demgegenüber, trotz aller Fortschritte durch die Reformen der letzten Jahre, die hohe Steuer- und Abgabenbelastung, bürokratische Hürden und das komplizierte Arbeitsrecht genannt. Insgesamt aber ist das Bild positiv. Der Standort Frankreich ist in den Augen der auswärtigen Entscheider attraktiv. Dies verweist auf die großen Potenziale, die trotz vielfältiger Probleme in der französischen Wirtschaft stecken.

Tabelle 5: Standort Frankreich: Stärken, Schwächen, Chancen, Risiken (2020)

Stärken	**Schwächen**
Großer Markt mit wachsender Bevölkerung Starke international aufgestellte Großunternehmen Qualifizierte Arbeitskräfte Gute Infrastruktur Vergleichsweise geringe Energiekosten	Viele Reformhindernisse und geringe Reformbereitschaft Geringe Flexibilität des Arbeitsmarktes Schwache Ausprägung von Industrieclustern außerhalb der Sektoren Luftfahrt und Kfz Großer und teils ineffizienter Staatssektor Geringe Wettbewerbsfähigkeit kleiner und mittelgroßer Unternehmen
Chancen	**Risiken**
Reformen eröffnen Chancen in zahlreichen Sektoren Große Infrastrukturprojekte Digitalisierung bietet Kooperations- und Marktchancen Aktive Industriepolitik zur Stärkung des Mittelstandes Mehr Wachstum durch geringere Arbeitskosten und Steuersenkungen	Soziale Konflikte Hohe Arbeitslosigkeit Wachsender technologischer Rückstand in der Industrie Geringer Reformspielraum durch hohe Staatsverschuldung

Quelle: German Trade and Investment (GTAI), 6.1.2020

6.5 Ambitionen und Widersprüche der Umwelt- und Klimapolitik

Auch in Frankreich haben Umwelt- und Klimapolitik in den vergangenen Jahren eine zunehmende politische Bedeutung erhalten. Die Suche nach einem nachhaltigen, ressourcenschonenden und CO_2-neutralen Wachstumsmodell hat sich in den vergangenen Jahren intensiviert. Auch hat Frankreich sich stark für internationale Vereinbarungen zum Kampf gegen den Klimawandel engagiert (Abkommen von Paris 2015). Wo steht Frankreich heute? Einerseits hat Präsident Macron seit 2017 deutlich mehr für die ökologische Wende unternommen als seine Vorgänger. Das schlägt sich in zahlreichen Aktionsplänen (unter anderem: Klimaplan Juli 2017; Gesetz zur Kreislaufwirtschaft 2020, Aktionsplan Landwirtschaft und Klima 2021) ebenso nieder wie in den umfangreichen Finanzmitteln, die mobilisiert wurden. Allein die Maßnahmen zur Bekämpfung der Pandemie-Krise im September 2021 (France Relance) sehen 30 Milliarden Euro für Investitionen in Umwelt- und Klimaschutz vor. Andererseits erscheinen die eingesetzten Mittel als unzureichend, nicht zuletzt weil die EU ihre Vorgaben für Nachhaltigkeit und Verringerung der Treibhausgase deutlich verschärft hat. Im einzelnen ergibt sich ein differenziertes Bild.

» *Zitat: Macrons gemischte Bilanz in der Umweltpolitik*

„… die fünfjährige Amtszeit [Macrons] ist ohne Zweifel diejenige, die sich am meisten für die ökologische Wende eingesetzt hat. […] Die öffentlichen Finanzmittel, die für die Ökowende aufgewendet wurden, haben überdies ein Rekordniveau erreicht […] Trotz dieses Investitionsrekords sind die in Gang gesetzten Maßnahmen noch nicht ausreichend, damit Frankreich seine Ziele einhält. Wenn nicht ein massiver Wandel im Verhalten der Bevölkerung eintritt, sinkt der Ausstoß von Treibhausgasen nicht genügend, um einen Rückgang um 40 % (oder sogar um 55 % nach den neuen Vorgaben der EU, denen Frankreich zugestimmt hat) zu erreichen. Weitere, noch stärkere Maßnahmen werden in der kommenden Dekade nötig sein […]“

(Marine Braud: Un bilan écologique du quinquennat, Paris, terranova.fr, 22.12.2021)

Frankreich ist eines der Länder mit dem geringsten CO_2-Ausstoß in Europa. Dies ist in erster Linie auf die dominante Rolle der Kernenergie zurückzuführen, die allerdings angesichts gewaltiger finanzieller und technischer Probleme nicht unproblematisch ist (→ Kap. 6.4 b) und zudem dazu geführt hat, dass der Ausbau erneuerbarer Energien weit hinter den selbst gesteckten Zielen hinterherhinkt: Statt der geplanten Steigerung auf 23 % im Jahre 2020 verharrt ihr Anteil an der Stromerzeugung bei 17 %. Das für 2030 gesetzte Ziel (32 %) scheint in sehr weiter Ferne, obwohl die räumlichen und meteorologischen Bedingungen für Wind- und

Solaranlagen in Frankreich eigentlich sehr gut sind. Obwohl künftig deutlich mehr Windkraft- und Solaranlagen entstehen sollen, setzt Frankreich weiter vor allem auf die Kernkraft. In diesem Zusammenhang ist auch die von Frankreich durchgesetzte (dagegen in Deutschland scharf kritisierte) Einstufung der Kernenergie durch die EU als förderungswürdige, „grüne", weil CO_2-neutrale Energie zu sehen. Frankreich hofft dadurch auf günstige Kredite, um einen Teil der zu erwartenden hohen Kosten seiner Kernkraftentwicklung zu finanzieren.

Oft stießen umweltpolitische Vorhaben der Regierung auf massiven Widerstand sozialer Gruppen. Zum Beispiel führt die intensive Geflügel- und Schweinezucht und Ausbringung der Gülle auf den Feldern in der nördlichen Bretagne zu einer starken Nitratbelastung, die u. a. für eine Belastung der Wasserqualität, vermehrtes Algenwachstum an manchen Küstenstreifen verantwortlich sind. Aber die Agrarlobby hat bislang notwendige Veränderungen erfolgreich blockiert.

Auch die Versuche, die CO_2-Steuer auf Benzin und Diesel deutlich zu erhöhen, sind mehrfach an sozialen Protesten gescheitert, zuletzt an der Gelbwestenrevolte (→ Kap. 8.4). Die EU-Ziele bezüglich der CO_2-Reduzierung wurden nicht erreicht. Die E-Mobilität wird durch großzügige Subventionen gefördert, aber die Zahl der Elektro-Autos bleibt hinter den Erwartungen zurück. Der Übergang zur E-Mobilität ist auch eine Herausforderung für die französische Automobilindustrie. Der Investitionsplan „France 2030" setzt die Zielmarke, dass bis 2030 jährlich nahezu 2 Millionen emissionsarme Fahrzeuge (reine E-Mobile und Plug-In-Hybrid) in Frankreich produziert werden sollen – das wäre eine wahre Revolution für die französischen Produzenten, die vor der Pandemie 2,2 Millionen Autos (darunter 170.000 E-Autos) pro Jahr hergestellt hatten.

Wie in den Nachbarländern ist die französische Politik konfrontiert mit einer dreifachen Herausforderung. Sie steht vor der Aufgabe, das Wirtschafts-, Produktions- und Konsummodell umfassend ökologisch zu erneuern; sie muss diesen riesigen Umbau sozialpolitisch begleiten und die Bürger stärker einbeziehen, um die Akzeptanz bei zahlreichen betroffenen sozialen Gruppen zu gewinnen; schließlich darf der klimaneutrale und ökologische Umbau der landwirtschaftlichen und industriellen Produktion die notwendige Wettbewerbsfähigkeit nicht aus den Augen verlieren.

Weiterführende Literatur (Weitere Hinweise im Online-Anhang)

- Christoph Barmeyer et al.: Wirtschaftsmodell Frankreich: Märkte, Unternehmen, Manager, Frankfurt/M.: Campus 2007
- Uwe Blaurock et al. Hrsg.): Schutz vor(m) Staat: Industriepolitik in Deutschland und Frankreich, Freiburg: Frankreich-Zentrum der Albert-Ludwigs-Universität 2010
- Eileen Keller: Frankreichs Wirtschaft, in: Frank Baasner/Siegfried Frech/Dominik Grillmayer (Hrsg.): Das politische Frankreich: Gesellschaft, Wirtschaft, Politik & Kultur. - Frankfurt: Wochenschau Verlag 2019, S. 147–165
- Christian Schubert: Der neue französische Traum: Wie unser Nachbar seinen Niedergang stoppen will, Frankfurt/Main: Frankfurter Allgemeine Buch 2017
- Henrik Uterwedde: Staatsdirigismus und Marktwirtschaft. Das französische Wirtschaftsmodell in der Globalisierung, in: Corine Defrance/Ulrich Pfeil (Hrsg.): Länderbericht Frankreich, Bonn: Bundeszentrale für politische Bildung 2021, S. 226–244

7. Die Gesellschaft

> Im Gegensatz zu vielen anderen Ländern ist Frankreich in den vergangenen Jahrzehnten von der starken Zunahme der Ungleichheiten verschont geblieben. Aber die wirtschaftlichen Unsicherheiten bleiben hoch, der sozioökonomische Graben zwischen den verschiedenen sozialen Schichten hat sich nicht geschlossen [...] Die Meinungsumfragen zeigen ein starkes Gefühl der Ungerechtigkeit in Bezug auf die heutige wirtschaftliche Realität und eine starke Unterstützung für interventionistische politische Maßnahmen, um diesen Tendenzen entgegenzuwirken.
>
> (France Stratégie: Les grands défis économiques, Paris: Juni 2021, S. 231)

Die französische Gesellschaft hat sich seit dem Zweiten Weltkrieg tiefgreifend verändert und dabei eine große Anpassungsfähigkeit bewiesen (7.1). Der im internationalen Vergleich sehr gut ausgebaute Sozialstaat hat dazu beigetragen, diese Prozesse abzufedern (7.2); auch deshalb ist Frankreich trotz mancher Probleme ein Land mit relativ geringen sozialen Ungleichheiten (7.3). Große Spannungen verursacht allerdings die Entwicklung des Arbeitsmarktes, wo die Spaltung zwischen dem geschützten und dem prekären, gefährdeten Bereich immer problematischer geworden ist und vor allem junge Menschen große Schwierigkeiten haben, auf dem Arbeitsmarkt Fuß zu fassen (7.4).

7.1 Ein tiefgreifender Strukturwandel

Der französische Strukturwandel verlief in einer ähnlichen Richtung wie in Deutschland und den Nachbarländern: Aufstieg zunächst der Industrie, später des Dienstleistungssektors; Landflucht und Verstädterung; Ausbau des Sozial- und Wohlfahrtsstaates. Aber die französische Nachkriegsentwicklung weist auch Besonderheiten auf. Bis 1945 hatte Frankreich nur ein geringes Bevölkerungs- und Wirtschaftswachstum gekannt. Zudem waren Wirtschaft und Gesellschaft noch 1945 durch zahlreiche traditionelle Züge gekennzeichnet. Umso sprunghafter, teilweise auch stürmischer und konflikthafter gestaltete sich der Strukturwandel nach 1945 (→ Kap. 6.1).

a) Facetten des Wandels

Dies gilt beispielsweise für die *Bevölkerungsentwicklung:* Zwischen 1850 und 1950, also in hundert Jahren war die Bevölkerung um magere 6 Millionen Menschen gestiegen; seither ist die Einwohnerzahl Frankreichs von 41,6 auf über 67 Millionen angewachsen, also um über 25 Millionen in 72 Jahren! Dieser wahre Baby-Boom ist zum einen Ausdruck des neuen Optimismus und des allgemeinen Aufschwungs nach Ende des Zweiten Weltkrieges; zum anderen ist er Ergebnis einer systematischen Familienförderung, die bereits in den 1940er Jahren begonnen und seither konstant fortgeführt wurde. Die Familienbeihilfen wurden als Teil des Sozialstaates stark ausgebaut. Die Einkommensbesteuerung begünstigt Haushalte mit Kindern; früher als in Deutschland wurden Einrichtungen der Kinderbetreuung (Kindertagesmütter, Ganztagskinderkrippen; frühe Einschulung, Ganztagsschule...) systematisch ausgebaut. Zwar hat sich der Baby-Boom seit den 1970er Jahren wie in den Nachbarländern merklich abgeschwächt, aber bis heute zählt Frankreich zu den Ländern mit der stärksten Bevölkerungsdynamik in Europa (→ Online-Tab. 7.1).

Gleichzeitig hat sich ein tiefgreifender *sektoraler Wandel der Beschäftigung* vollzogen. Von den früher 6 Millionen Beschäftigten in der Landwirtschaft (das waren 1946 36 % aller Erwerbstätigen, mehr als in der Industrie, weit mehr als in Westdeutschland zum gleichen Zeitpunkt) sind 2020 noch 400.000 (1,5 %) übrig geblieben, während sich die Zahl der Beschäftigten in der Industrie (bis 1970) und noch mehr im Dienstleistungssektor stark ausdehnte. Dies ging einher mit einer Veränderung der *sozialen Schichtung* der Gesellschaft (→ Online-Tab. 7.2): Der alte, selbständige Mittelstand (Bauern, Kleinunternehmer, Handwerker, Besitzbürger), tragende soziale Schicht der Vorkriegszeit, wurde im Zuge der wirtschaftlichen Konzentration und Modernisierung von den neuen abhängigen Mittelklassen (mittlere und leitende Angestellte, akademische Berufe) verdrängt. Vor allem der Aufstieg der mittleren und der mit Leitungsfunktionen betrauten Angestellten (in Frankreich „cadres“ genannt) ist bemerkenswert. Der Bereich einfachen Schichten ist stabil geblieben, aber die Gewichte haben sich verschoben. Bis in die 1970er Jahre waren die – überwiegend männlichen – Arbeiter noch tonangebend. Seither ist ihre Zahl im Zuge des Rückganges der Industrie massiv gesunken. Dagegen hat sich im Zuge der Ausdehnung des Dienstleistungsbereichs (Tertiarisierung) die Zahl der einfachen – vorwiegend weiblichen – Angestellten in Büro, Handel und Verwaltung stark ausgeweitet.

Der sektorale Strukturwandel nach 1945 hat auch zu massiven *Wanderungsbewegungen* geführt. Ländliche Departements im Westen, Südwesten und im Zentralmassiv entvölkerten sich, während die industriellen Zentren im Norden und Osten (Pariser Großraum, Rhône-Alpes) sowie allgemein die städtischen Ballungsgebiete sich stark ausdehnten. Diese rasche Urbanisierung verlief häufig unkontrolliert. Vor allem in den 1960er und 1970er Jahren entstanden die rasch aus dem Boden gestampften neuen Siedlungen am Rande der Städte, die später aufgrund fehlender städteplanerischer und sozialer Begleitmaßnahmen in den achtziger und neunziger Jahren zur Ursache sozialer Brennpunkte werden sollten (→ Kap. 8.2).

Insgesamt hat sich Frankreich wie seine Nachbarländer zu einer *Wohlstandsgesellschaft* entwickelt. Das rasche wirtschaftliche Wachstum und die durch die Modernisierung erzielten starken Fortschritte der Produktivität haben dazu beigetragen, dass sich allein von 1946 bis 1975 die durchschnittlichen Pro-Kopf-Einkommen vervierfacht haben und auch seither weiter gestiegen sind. Die ab 1944 eingeführte allgemeine Sozialversicherung (Sécurité sociale) trug ebenso zur Verbesserung der Lage bei. Die Lebenserwartung ist stark angestiegen und beträgt heute (2020) durchschnittlich 79,2 Jahre (Männer) bzw. 85,3 Jahre (Frauen), was über dem Durchschnitt der EU (78,5/84,0 Jahre) und Deutschlands liegt (79,0/83,7 Jahre).

b) Problemzonen

Der rasante Wandel in Wirtschaft und Gesellschaft verlief nicht ohne Spannungen und soziale Härten. So vernichtete in den 1950er und 1960er Jahren die Verdrängung der Landwirtschaft und auch der traditionellen Kleinunternehmen zahlreiche Existenzen und zwang die Betroffenen zu harten Anpassungen. Zudem war der entstandene Wohlstand im Lande ungleich verteilt. Benachteiligt waren insbesondere Lohnabhängige gegenüber Selbständigen und Arbeiter gegenüber mittleren Angestellten und leitenden Führungskräften. Die Verringerung der sozialen Ungleichheiten wurde ab Ende der 1960er Jahre zu einem Dauerthema der Wirtschafts- und Sozialpolitik. Auch die autoritären Strukturen in den Unternehmen, die wenig auf Arbeitnehmerrechte, Mitbestimmung der Arbeitnehmer und soziale Verhandlungen mit den Gewerkschaften setzten, erwiesen sich zunehmend als Stein des Anstoßes, ebenso wie die Arbeitsbedingungen in der industriellen Produktion (Fließbandarbeit mit erhöhtem Leistungsdruck). All dies führte zu wachsenden sozialen Auseinandersetzungen und Konflikten. In der sozialen Protestwelle des Mai 1968, die das Land wochenlang lahmlegte und in eine ernsthafte Krise stürzte, wurden diese Probleme und generell der autoritäre, zentralistische Charakter der „Modernisierung von oben“ in aller Schärfe angesprochen. Der wachsende politische und gewerkschaftliche Druck bewirkten nach 1968 tatsächlich Veränderungen wie eine Erhöhung der Löhne, eine teilweise Einebnung der Einkommensunterschiede (→ Kap. 7.3) und vermehrte gewerkschaftliche Rechte in den Unternehmen.

Mai 1968: von der Studentenrevolte zum Generalstreik

In allen Teilen der Welt gab es Ende der 1960er Jahre spektakuläre Jugend- und Studentenrevolten. In Frankreich ist diese Revolte im Mai 1968 zu einem wahren Mythos geworden, der immer noch nachwirkt und an dem sich Sympathisanten (die „68er") wie Gegner bis heute abarbeiten. Es begann mit Studentenunruhen im Raum Paris, die nach Polizeiinterventionen schnell zu bürgerkriegsähnlichen Zuständen eskalierten und sich landesweit ausbreiteten. Eine Besonderheit ist, dass sich auch die linken Gewerkschaften der Bewegung anschlossen und am 13.5. einen Generalstreik ausriefen, an dem sich bis zu 10 Millionen Arbeitnehmer beteiligten und der das Land weitgehend lahm legte. Die Regierung, in die Defensive gedrängt, verhandelte mit den Gewerkschaften und machte ihnen in einem Abkommen am 27.5. erhebliche Zugeständnisse (Erhöhung der Reallöhne um 10 % und des gesetzlichen Mindestlohns um 33 %, Gewerkschaftsrechte im Betrieb). Daraufhin beendeten die Gewerkschaften den Streik. Wenig später löste Präsident de Gaulle die Nationalversammlung auf; bei den anschließenden Neuwahlen konnte sich seine Partei als Ordnungskraft gegen das „Chaos" profilieren und eine überwältigende Mehrheit erringen.

Der Mai 68 war damit beendet, aber die vielfältigen von der Bewegung, oft mit viel Witz und innovativen Slogans, formulierten Themen wirkten weiter. Vor allem wurde der einseitige Charakter der ökonomischen Modernisierung kritisiert, bei der Beteiligungsrechte der Arbeitnehmer und soziale Demokratie Fremdwörter zu sein schienen. Auch die schlechten Arbeitsbedingungen der Fließbandarbeiter wurden thematisiert und lösten später eine Reihe sozialer Konflikte aus. Sozio-kulturelle Werte änderten sich, etwa in Bezug auf die individuelle Selbstentfaltung und die Geschlechterrollen. Es ist kein Zufall, dass die Frauen-Erwerbstätigkeit nach 1968 einen starken und anhaltenden Aufschwung erlebte. Auch Themen wie basisnahe Selbstverwaltung (autogestion), regionale Selbstbestimmung oder Umweltschutz bekamen ein neues Gewicht. So hat die Mai-Bewegung in den folgenden Jahren den kulturell-sozialen Wandel angestoßen, zahlreiche Reformanstöße gegeben und den Aufstieg der Sozialisten zur Regierungspartei (ab 1981) begünstigt.

Neue Probleme entstanden in den 1970er und 1980er Jahren, als sich die Rahmenbedingungen für die wirtschaftliche und die soziale Entwicklung gravierend änderten. Mit der Globalisierung und dem Ende des scheinbar ungebrochenen Wachstums begann eine Phase schwieriger Strukturanpassungen und verschärfter sozialer Probleme, die bis heute andauert: der Abbau industrieller Arbeitsplätze, der durch die Ausbreitung der Dienstleistungen nicht immer ausgeglichen werden konnte und damit zu einer wachsende Massenarbeitslosigkeit vor allem wenig qualifizierter Personen führte, die Ausbreitung von Armut und sozialer Ausgrenzung sowie wiederholte Spannungen und gewalttätige Auseinandersetzungen in den Vorstadtsiedlungen (→ Kap. 8.2).

Wiederum neue Herausforderungen sind im vergangenen Jahrzehnt entstanden. Zum einen hat der technologische Wandel (Automatisierung, Digitalisierung) wirtschaftliche Prozesse und Arbeitsabläufe in Produktion, Vertrieb und Konsum teilweise dramatisch verändert. Dies hat auch Folgen für die Beschäftigung: In der „Wissensökonomie“ werden alte Berufsbilder verdrängt, neue Qualifikationen sind gefordert. Dies erfordert von den Unternehmen und noch mehr von den Beschäftigten gewaltige Umstellungen. Zum zweiten hat der Klimawandel zu immer mehr verschärften Vorgaben geführt, was z. B. den Ausstoß von Treibhausgasen betrifft. Betroffen sind viele Wirtschaftszweige, aber auch Verhaltensweisen der Bevölkerung in Bezug auf Energieverbrauch, Wohnen, Mobilität oder Konsum; letztlich ist ein radikaler Wandel des Wachstumsmodells angesagt. Dies erzeugt soziale Ängste und Spannungen. Maßnahmen zum Klimaschutz haben teilweise harte soziale Proteste ausgelöst, wie das Beispiel der Gelbwesten-Revolte 2018/19 zeigt (→ Kap. 8.4).

7.2 Der Sozialstaat

Während in Deutschland die Grundlagen der heutigen Sozialversicherung schon im 19. Jahrhundert unter Bismarck gelegt wurden, wurde der moderne Sozialstaat in Frankreich erst 1945 installiert. Die „Sécurité sociale“ (soziale Sicherung) trug aktiv zur Erneuerung der französischen Gesellschaft bei und ist für die Franzosen auch heute ein wichtiger Bestandteil des französischen Sozialmodells, ja der Identität Frankreichs, den sie unbedingt erhalten wollen. Sie war und ist gefordert, Probleme und Fehlentwicklungen, die vom wirtschaftlich-sozialen Strukturwandel ausgelöst wurden, aufzufangen. Der Sozialstaat nimmt denn auch eine herausragende Rolle in der Politik ein. 31,0 %, fast ein Drittel des Sozialprodukts, wird für Sozialleistungen aufgewendet (2019). Dies ist der höchste Wert in ganz Europa (in Deutschland sind es 25,9 %) und zeigt, dass Frankreich im europäischen Vergleich über eine durchaus großzügige soziale Sicherung verfügt.

a) Grundstrukturen der Sécurité sociale

Die Grundprinzipien dieses gut ausgebauten Sozialstaates fußen auf dem Prinzip der Gleichheit und der Universalität: Alle Menschen profitieren von ihr, unabhängig von ihrem Einkommen. Abweichungen von diesem Prinzip, wie etwa die seit 2015 geltende Koppelung der Familienbeihilfen an das Einkommen, werden heftig als Verstoß gegen die Idee der „sozialen Absicherung für alle“ kritisiert. Was die Universalität betrifft, so ist es trotz erheblicher Anstrengungen nicht gelungen, alle unterschiedlichen branchen- oder berufsbezogenen Systeme in ein großes allgemeines System der Sozialversicherung zusammenzuführen. Noch heute besteht neben dem allgemeinen System (régime général), in dem die Beschäftigten der Privatwirtschaft versichert sind, eine Reihe von Sondersystemen für bestimmte Berufsgruppen (Landwirte, Selbstständige, öffentlicher Dienst, öffentliche Unternehmen), die in der Regel bessere Leistungen bieten.

Die soziale Absicherung ist vollständig öffentlich organisiert; private Formen der Absicherung wie in Deutschland die private Rentenvorsorge („Riester-Rente") oder private Krankenkassen existieren nur am Rande. In allen Sparten der Sozialversicherungen bestehen Einheitskassen; ein Wettbewerb zwischen verschiedenen Kassen wie etwa in Deutschland besteht nicht (Ausnahme: die Krankenzusatzversicherungen).

Die Sécurité sociale hat fünf Säulen:

1. Die Krankenversicherung: Hier besteht eine Einheitsversicherung, in der insgesamt 65 Millionen Personen pflichtversichert sind (Caisse nationale d'assurance-maladie, CNAMTS). Für Beschäftigte der Landwirtschaft und für Selbständige gibt es eigenständige Versicherungen. Die Krankenversicherung bietet eine Grundabsicherung, die nur einen – im Verlauf der vergangenen Jahre immer geringer gewordenen – Teil der Kosten abdeckt (70 %, bei Zahnersatz oder Brillen deutlich weniger). Der Rest wird von – meistens genossenschaftlichen (mutuelles), teilweise auch privaten – Zusatzversicherungen übernommen, die 90 % der Franzosen abgeschlossen haben. Für Geringverdiener und Arbeitslose, die nicht von der allgemeinen Krankenversicherung erfasst sind, wurde 1999 eine spezielle Absicherung geschaffen, von der 5,7 Millionen Personen profitieren.
2. Die Rentenversicherung: Auch hier besteht eine einheitliche Rentenkasse (Caisse nationale d'assurance-vieillesse, CNAV; für bestimmte Berufsgruppen vor allem des öffentlichen Sektors existieren eigene Kassen). Diese ist für die Grundrenten bis zu einer maximalen Höhe von 1.714 Euro (2022) zuständig. Darüber hinaus gibt es eine obligatorische Rentenzusatzversicherung für alle Arbeitnehmer und darüber hinaus eine weitere Versicherung für Führungskräfte. Beide werden von den Sozialpartnern verwaltet und zahlen die Zusatzrenten aus. Um drohender Altersarmut zu begegnen, gibt es seit 1956 eine steuerfinanzierte Mindestrente (minimum vieillesse), mit der niedrige Renten von unter 800 Euro monatlich aufgestockt werden. Insgesamt werden derzeit Leistungen an 16,7 Millionen Rentner gezahlt (2021). Deutlich niedriger als in Deutschland ist die Zahl derjenigen Arbeitnehmer, die eine individuelle Altersvorsorge abgeschlossen haben oder von einer betrieblichen Zusatzversorgung profitieren.
3. Die Arbeitsunfall- und Berufsunfähigkeitsversicherung: Sie kommt 18,4 Millionen Beschäftigten in 2,1 Millionen Unternehmen zugute.
4. Die Familienbeihilfen: Es ist eine französische Besonderheit, dass nach 1945 die Beihilfen für Familien als Säule der Sozialversicherung etabliert wurden. Die Leistungen der Familienkasse dienen vor allem der Armutsprävention und der Vereinbarkeit von Familie und Beruf. 2019 wurden Leistungen an 13,5 Millionen

Familien (32,7 Millionen begünstige Personen) ausgezahlt. Seit 2015 werden die Leistungen abhängig von den Einkommen gewährt.

5. Die Pflegeversicherung: Anders als in Deutschland, wo schon 1995 die Versicherung des Pflegerisikos für alle Bürger verpflichtend in die Sozialversicherung aufgenommen wurde, ist dies in Frankreich erst 2020 erfolgt, als die Pflege als fünfte Säule der Sécurité sociale etabliert wurde. Die entsprechende Finanzierungsstruktur (gegenwärtig vor allem ein Teil der Einnahmen aus der Sozialversicherungssteuer CSG) wird seither schrittweise aufgebaut. Heute gibt es 1,4 Millionen Personen, die davon profitieren; diese Zahl wird bis 2040 voraussichtlich auf 2,2 Millionen steigen.

Die Arbeitslosenversicherung zählt nicht zur eigentlichen Sécurité sociale. Sie wurde 1958 geschaffen, hat eine eigenständige Organisation und unterliegt einer paritätischen Verwaltung durch die Sozialpartner.

b) Probleme und Reformen

Die vergleichsweise großzügig ausgebaute soziale Sicherung hat wie in anderen Ländern seit einigen Jahrzehnten wachsende Finanzierungsprobleme. Die Finanzierung erfolgt wie in Deutschland grundsätzlich über Sozialbeiträge, die auf den Bruttolohn der Arbeitnehmer erhoben werden (Arbeitnehmer- und Arbeitgeberbeiträge). Allerdings hat es in den vergangenen Jahrzehnten immer wieder Veränderungen gegeben. So wurden die Arbeitgeber-Beiträge insbesondere für die Bezieher von niedrigen Löhnen mehrmals gekürzt, um die – ursprünglich sehr hohen – Lohnnebenkosten der Unternehmen zu senken. Die Arbeitgeberkosten für einen Beschäftigten, der den staatlichen Mindestlohn bezieht, sind damit von 45 % (bis 1992) auf heute 4,5 % (2020) gesunken. Auch bei höheren Löhnen bis zum 1,6-fachen des Mindestlohns wurden die Arbeitgeberbeiträge gesenkt. Dies hatte Einnahmeverluste für die Sozialversicherung zur Folge, die vom Staat ausgeglichen werden mussten.

Gleichzeitig haben sich die Kosten kräftig nach oben entwickelt, aufgrund des medizinischen Fortschritts, der Alterung der Gesellschaft, aber auch wegen der in Zeiten der Wachstumsschwäche spärlicher wachsenden Einnahmen. Die Politik versuchte daher, neue Einkommensquellen zu erschließen. Auch deshalb wurde das System der Beitragsfinanzierung 1991 durch eine neue Sozialversicherungssteuer (Contribution sociale généralisée, CSG) ergänzt, die nicht nur auf Löhne, sondern auch auf andere Einkommen erhoben wird und insofern die Finanzierung der Sozialversicherung auf eine breitere Grundlage gestellt hat. Heute stammen nur noch 57 % der Einnahmen der Sécurité sociale aus Sozialbeiträgen, die CSG trägt knapp 20 % bei, weitere Abgaben und staatliche Zuwendungen den Rest.

Seit der Jahrtausendwende wuchsen die Defizite der Sozialversicherung immer bedrohlicher an und erreichten 2010 mit 23,9 Milliarden Euro ihren Höhepunkt.

Deshalb wurden Einsparungen unumgänglich: strengere Bedingungen für die Gewährung von Sozialleistungen etwa bei den Familienbeihilfen, Leistungskürzungen in der Krankenversicherung, ein späteres Renteneintrittsalter und die Erhöhung der notwendigen Beitragsjahre für eine Vollerwerbsrente, höhere Sozialversicherungsbeiträge usw. Die Maßnahmen haben gegriffen: Die jährlichen Defizite haben sich stark verringert und betrugen 2018 noch 1,2 Milliarden, sind aber im Zuge der Pandemie wieder stark angestiegen (auf 33,5 Milliarden 2021; für 2022 werden 20,4 Milliarden vorausgesagt).

In den vergangenen 25 Jahren sind die verschiedenen Zweige der Sozialversicherung Gegenstand ständiger Reformen gewesen (vgl. den Kasten zu den Rentenreformen). Anders als in Deutschland sind aber die sozialen Risiken nicht teilprivatisiert worden; die Probleme sollen weiterhin innerhalb des öffentlichen Systems gelöst werden. Es hat also keinen radikalen Umbau der Sécurité sociale gegeben, auch weil dies bei den Bürgern auf starke Ablehnung stoßen würde. In den jährlich dazu durchgeführten Umfragen sehen 66 % der Befragten die soziale Sicherung als eine Staatsaufgabe (das sind 19 % mehr als 2013), und neun von zehn Personen wollen, dass die Sécurité sociale in öffentlicher Hand bleibt. Zwar finden 56 % der Befragten die Sozialversicherung zu teuer (12 % weniger als 2014), aber sieben von zehn Befragten finden, sie biete eine ausreichende Absicherung, und acht von zehn sehen die Sécurité sociale als Modell auch für andere Länder (alle Zahlen für 2020). In Zeiten der Globalisierung mit raschen Veränderungen und wachsender Unsicherheit gilt sie als einer der wenigen verbliebenen Garanten für den Zusammenhalt der Gesellschaft. Daher stoßen notwendige Reformen immer wieder auf heftigen sozialen und politischen Widerstand und eine starke Mobilisierung gegen einen möglichen Sozialabbau.

Eine immerwährende Baustelle: die Rentenreform

1982 hatte die damalige Linksregierung mit der Senkung des Renteneintrittsalters von 65 auf 60 Jahre eine legendäre Rentenreform verwirklicht, die bis heute einen hohen Symbolgehalt besitzt („Rente mit 60"). Aber spätestens in den 1990er Jahren zwangen die schwierige wirtschaftliche Situation und langfristige Faktoren wie die Alterung der Gesellschaft und die höhere Lebenserwartung, zu schwierigen Anpassungen, um die langfristige Finanzierung des Rentensystems zu sichern. Sozialistische wie konservative Regierungen haben deshalb eine Reihe von Reformen verabschiedet, um die Soziale Sicherung schrittweise an die veränderten finanziellen Bedingungen anzupassen.

1993 verschärfte die konservative Regierung die Bedingungen für die Renten der Privatwirtschaft: künftig waren 40 statt 37,5 Beitragsjahre für eine Vollerwerbsrente notwendig; die Rente wurde auf der Grundlage der 25 (bisher 10) besten Jahre berechnet; die Rentenanpassung folgte nicht mehr den Löhnen, sondern der Inflation.

1995 scheiterte der konservative Premierminister Juppé mit dem Versuch, entsprechende Änderungen auch im Bereich des – deutlich bessergestellten – öffentlichen Sektors vorzunehmen, an einer massiven Protest- und Streikwelle der Gewerkschaften, die das Land wochenlang lahmlegte.

2003 setzte die konservative Regierung unter Premierminister Raffarin eine teilweise Angleichung der öffentlichen an die private Rentenversicherung durch. Im Gegenzug konnten Langzeitberufstätige, die schon mit 14-16 Jahren berufstätig wurden, nun bei entsprechenden Beitragsjahren früher in Rente gehen.

2008 setzte Präsident Sarkozy die weitere Angleichung der bislang privilegierten Sondersysteme (öffentlicher Dienst, staatliche Unternehmen) an das allgemeine System durch.

2010 wurde das Renteneintrittsalter schrittweise von 60 auf 62 Jahre verschoben. Durch Erhöhung der notwendigen Beitragsjahre wird eine Vollrente ab 2023 erst mit 67 Jahren erreicht.

2014 wurde die vorerst letzte Rentenreform verabschiedet. Sie nahm weitere Einschnitte vor (schrittweise Erhöhung der Beitragsjahre auf nunmehr 43 Jahre), brachte aber auch Verbesserungen für Langzeitberufstätige, Arbeitnehmer mit schweren Arbeitsbedingungen und Behinderte.

Präsident Macron lancierte 2017 eine neue Reform, die die gegenwärtig bestehenden 42 unterschiedlichen, bestimmte Berufe umfassenden Rentenkassen in ein gerechteres Allgemeinsystem zusammenführen wollte. Dadurch sollten die derzeit sehr unterschiedlichen Leistungen der Einzelsysteme gerechter werden: Künftig sollte jeder eingezahlte Euro eines Versicherten zu gleichen Rentenansprüchen führen. Diese Reform ist allerdings nach den Gelbwesten-Unruhen und aufgrund der Pandemie auf die Zeit nach 2022 verschoben.

Frankreichs Rentenanpassungen gehen im Kern in die gleiche Richtung wie die deutschen Reformen. Das früheste Renteneintrittsalter ist nunmehr 62 Jahre; wie in Deutschland gibt es Ausnahmen für Berufstätige, die sehr früh begonnen haben zu arbeiten. Eine Regelrente ohne Abschläge ist nach einer Übergangsfrist nur noch ab 67 Jahren möglich. Das tatsächliche durchschnittliche Renteneintrittsalter betrug 2020 62,8 Jahre.

7.3 Sozialer Zusammenhalt und Ungleichheiten

Die soziale Sicherung Frankreichs ist also trotz aller Probleme weiterhin solide ausgebaut und bietet ein Schutzniveau, das zu den besten in Europa zählt. Das wirkt sich auch auf die soziale Gerechtigkeit aus. In dem von der Bertelsmann-Stiftung regelmäßig erstellten vergleichenden Index der sozialen Gerechtigkeit (Social Justice Index in the EU) lag Frankreich 2019 auf Rang 9 von 27 EU-Staaten (Deutschland hält Platz 7) und weist überdurchschnittliche Werte auf. Der Anteil der von Armut oder sozialer Ausgrenzung bedrohten Personen betrug 2020 in Frankreich 18,2 % (Deutschland 24 %) und lag damit deutlich unter dem EU-Durchschnitt von 22 %. Allerdings ist die Zahl der von Armut betroffenen Personen in den letzten Jahren gestiegen. 2019 hatten 9,2 Millionen Personen ein Einkommen, das geringer als 60 % des mittleren Einkommens in Frankreich war.

Dennoch ist die Lage in Frankreich weiterhin deutlich besser als in vielen anderen EU-Staaten; die seit langem betriebene Politik der Armutsprävention hat durchaus ihre Früchte getragen. Auch in der Gesundheitsversorgung weist Frankreich sehr gute Ergebnisse auf; allerdings ist dieser Bereich ausgesprochen kostspielig. Es gibt indessen auch Problemzonen, in denen Frankreich deutlich schlechter als seine Nachbarn abschneidet: Mehr als in anderen Ländern werden im Bildungssystem bestehende soziale Ungleichheiten noch verstärkt (→ Kap. 9.2); der Arbeitsmarkt funktioniert schlecht, wenn es um die berufliche Eingliederung junger Schulabgänger und von Arbeitssuchenden mit Migrationshintergrund geht (→ Kap. 7.4).

Soziale Ungleichheiten sind spätestens seit 1968 ein sensibles politisches Thema geworden, dem hohe Aufmerksamkeit zuteil wird. Entgegen einem verbreiteten Bild ist aber die Lage in Frankreich deutlich besser als in vielen Nachbarländern. Frankreich ist eines der Länder, wo die Einkommen am wenigsten ungleich verteilt sind. Das Statistikamt INSEE hat berechnet, dass das Einkommen, das von den 10 % einkommensstärksten Personen bezogen wird, in Frankreich 2017 um 3,4 mal höher lag als das Einkommen der unteren 10 %. Innerhalb der EU befindet sich Frankreich damit in einer mittleren Position. Ein ähnliches Bild ergibt sich für die Verteilung der Löhne für Vollzeitbeschäftigte. Die 10 % der Beschäftigten mit den höchsten Löhnen verdienten 2013 das Dreifache der 10 % mit den niedrigsten Löhnen. Damit war die Lohnungleichheit geringer als in Deutschland und im Durchschnitt aller OECD-Länder; dort betrug das Verhältnis 3,4 zu 1.

Die Umverteilung durch Steuern, Sozialabgaben und Sozialleistungen trägt zur Angleichung der Einkommen bei. Obwohl diesbezügliche Vergleiche schwierig sind, scheint es, dass die Umverteilung in Frankreich höher ist als im Durchschnitt der übrigen EU-Länder. Auch die staatliche Lohnpolitik, die den branchenübergreifenden Mindestlohn seit 1968 stark erhöht hat, hat die Lohnungleichheit verringert.

Der Mindestlohn

Seit 1950 existiert ein branchenübergreifender Mindestlohn in Frankreich (seit 1970 Salaire minimum interprofessionnel de croissance, SMIC), der bis 1970 an die Inflationsrate gekoppelt war und seither sowohl der Preis- als auch der allgemeinen Lohnentwicklung folgt. Er wird jährlich von der Regierung (seit 2008 auf Empfehlung einer Expertenkommission unter Beteiligung der Sozialpartner) neu festgelegt. Diese kann über die gesetzlich klar definierten Erhöhungen hinaus auch politisch gewollte zusätzliche Erhöhungen vornehmen. So wurde nach den Mai-Unruhen 1968 der Mindestlohn um 33 % (!) erhöht, ein Zugeständnis an die Gewerkschaften, um den Generalstreik zu beenden. 1981, nach dem ersten Machtwechsel der V. Republik, setzte der sozialistische Präsident Mitterrand eine Erhöhung um 10 % durch. Inzwischen hat man weitgehend darauf verzichtet, derartige zusätzliche politische Erhöhungen vorzunehmen, auch weil der derzeitige Lohn (2022: 10,57 Euro Stundenlohn, 1.603,12 Euro Brutto-Monatslohn) im internationalen Vergleich einer der höchsten ist. Denn ein derart hoher Mindestlohn für gering qualifizierte Arbeit – der auch Anstoßeffekte nach oben in den nächsthöheren Lohngruppen auslöst – ist nicht unproblematisch und wirkt nach Auffassung mancher Ökonomen als Einstellungsbremse, gerade auch für junge Berufseinsteiger. Um dies zu verhindern, sind die Unternehmen weitgehend von den Sozialabgaben für niedrige Löhne (bis zum 1,6fachen des SMIC) befreit worden.

Wesentlich stärker ist die Vermögensungleichheit. Sie hat sich seit den 1990er Jahren stark erhöht, weil die Haus- und Wohnungseigentümer im Gegensatz zu den übrigen Franzosen vom Immobilienboom (Verdoppelung der Preise zwischen 1998 und 2008) profitiert haben. Die oberen 10 % der Bevölkerung besitzen die Hälfte des Privatvermögens. Die Vermögensungleichheit ist ähnlich wie in Deutschland, aber deutlich geringer als in den USA ausgeprägt.

Zerfällt die Mitte? Diese in Deutschland lebhafte Diskussion über das Zerbröseln des Mittelstandes ist auch in Frankreich vorhanden. Sie ist eng verbunden mit Ängsten vor einem sozialen Abstieg. In den jährlichen Umfragen des „Barometers des politischen Vertrauens" gaben 2021 37 % der Befragten an, ihr Lebensstandard habe sich verschlechtert, und 31 % meinen, ihre soziale Lage sei schlechter als die ihrer Eltern. Aber 36 % der Befragten sehen sich im Gegenteil besser gestellt als die Eltern. Zwei Drittel der Befragten siedeln sich selbst „in der Mitte" der Gesellschaft (26 %) oder „eher oben" (40 %) an gegenüber 23 %, die sich als „eher unten" einstufen. Tatsächlich gibt also es soziale Auf- und Abstiegsprozesse. Beide haben in den vergangenen zwei Jahrzehnten zugenommen, wobei die Aufstiege weiterhin zahlreicher sind.

Insofern lässt sich ein Zerfall der Mittelschichten nicht belegen. Teilt man die Bevölkerung in hohe, mittlere und niedrige Einkommensgruppen ein – wobei als mittlere Einkommen alle Einkommen zwischen 75 % und 200 % des mittleren Durchschnittseinkommens definiert werden –, so hat sich die Zusammensetzung zwischen 1996 und 2012 nur marginal verschoben und hat sich bei 68 % (in den anderen OECD-Ländern: 61 %) relativ stabil gehalten (2019). Frankreich bleibt eine Mittelstandsgesellschaft; allerdings gibt es zahlreiche Angehörige der Mittelschichten, die Mühe haben, ihren Lebensstandard zu sichern, und die Abstiegsängste haben. Auch die Revolte der Gelbwesten (→ Kap. 8.4) steht in Zusammenhang mit einer tiefen Unsicherheit der (unteren) Mittelklassen, die ihre Lage angesichts oft unzureichend entlohnter Arbeitsplätze und steigender Lebenshaltungskosten zu Recht als prekär empfinden.

Gleichstellung in Unternehmen: Vorbild Frankreich?

Der französische Sozialstaat und die gute Infrastruktur der Kinderbetreuung haben es Frauen erleichtert, eine berufliche Karriere zu verfolgen. Die Frauenerwerbstätigkeit hat sich ab den 1970er Jahren stark erhöht (→ Kap. 7.4). Dennoch gab und gibt es wie in anderen Ländern zahlreiche Hürden, die einer wirklichen Gleichstellung der Frauen in den Unternehmen entgegenstehen. Das gilt zunächst für die Entlohnung: Obwohl sich der Lohnunterschied zwischen Männern und Frauen in den vergangenen Jahrzehnten allmählich verringert hat, verdienten 2017 Frauen bei gleicher Arbeitszeit immer noch 17 % weniger als Männer (in Deutschland betrug diese Differenz 18 %). Seit 2019 sind die Unternehmen indessen verpflichtet, ihre geschlechterbedingten Lohnunterschiede zu dokumentieren (Paritätsindex).

Die verbliebenen Lohnunterschiede sind größtenteils darauf zurückzuführen, dass gut bezahlte Führungspositionen in Unternehmen überwiegend mit Männern besetzt werden; der Frauenanteil liegt hier nur bei 20 %. Auch deshalb hat Präsident Macron 2021 ein Gesetz verabschieden lassen, das allen Unternehmen mit mehr als 1.000 Beschäftigten auferlegt, ab 2027 mindestens 30 % ihrer Leitungspositionen mit Frauen zu besetzen; ab 2030 sollen es 40 % sein.

Was die Aufsichtsräte in Unternehmen betrifft, so wurde schon 2011 ein Gesetz verabschiedet, das größere Unternehmen zu einer Mindestquote weiblicher Aufsichts- bzw. Verwaltungsräte verpflichtete. Zehn Jahre später war der Anteil der Frauen von 10 % (2009) auf 44,6 % gestiegen – ein unbestreitbarer Erfolg, auch wenn die Umsetzung in kleineren und mittleren Firmen noch sehr zu wünschen übrig lässt. Deshalb wurden die gesetzlichen Vorschriften auch für diese mittelständischen Unternehmen neu gefasst und präzisiert.

7.4 Beschäftigung im Wandel

Die außerordentlich dynamische Bevölkerungsentwicklung hatte auch Auswirkungen auf den Arbeitsmarkt. Die Zahl der Erwerbspersonen ist zwischen 1975 und 2019 von 21 auf 29,7 Millionen gestiegen.

a) Strukturwandel und Probleme der Beschäftigung

Generell ist die Beschäftigungsquote (das ist der Anteil der Personen im arbeitsfähigen Alter, die tatsächlich berufstätig und nicht arbeitslos sind) mit gut 73 % deutlich geringer als in Deutschland (79 %; Zahlen für 2020). Mehrere Besonderheiten sind hervorzuheben:

- Der starke Anstieg der Frauen-Erwerbstätigkeit: Waren 1975 erst 53 % der Frauen berufstätig, so hat sich der Anteil bis 2019 auf 68,2 % erhöht. Noch spektakulärer ist die Entwicklung bei den 25- bis 49-jährigen Frauen, deren Erwerbsbeteiligung von 60 % auf über 80 % gestiegen ist. Hier schlägt sich ein sozialer und kultureller Wandel nieder, der zu einer Veränderung der Verhaltensweisen und der Beurteilung der Berufstätigkeit von Frauen geführt hat. Gleichzeitig sind die Einrichtungen der Kinderbetreuung (Tagesmütter, Kindergärten, Ganztagsschule) systematisch ausgebaut worden und haben die Vereinbarkeit zwischen Familie und Beruf verbessert. Die Frauen arbeiten auch deutlich mehr in Vollzeit als in Deutschland, wo die Teilzeitarbeit insbesondere bei Müttern höher ist. Was die Gleichstellung von Männern und Frauen im Beruf betrifft, so bleibt noch viel zu tun – trotz einiger Fortschritte (→ Kasten).
- Die schwierige Integration der jungen Schulabgänger in den Arbeitsmarkt: Besonders hoch ist der Unterschied zu Deutschland bei jungen Menschen unter 25 Jahren, von denen nur knapp 30 % beschäftigt sind gegenüber 48,6 % in Deutschland: Es gibt mehr Abiturienten und Studenten in Frankreich, vor allem aber schwächelt das System der beruflichen Ausbildung, das die Schulabgänger unzureichend auf den Eintritt in das Berufsleben vorbereitet → Kap. 9.2). Insofern stellt die Jugendarbeitslosigkeit seit über 30 Jahren ein strukturelles Problem dar. Nach OECD-Angaben hatten 2018 16,1 % der 15- bis 29-Jährigen weder einen Arbeitsplatz noch eine schulische, berufliche oder universitäre Ausbildung. In Deutschland waren es nur 8,2 %, im Durchschnitt der OECD-Länder 13,4 %.
- Die geringe Erwerbsbeteiligung der Älteren: Auch bei den über 55-Jährigen ist die Beschäftigung mit 55,2 % sehr gering gegenüber über 73 % in Deutschland und 59,6 % im EU-Durchschnitt. Im Zuge der in den 1980er Jahren eingeführten systematischen Frühverrentung in kriselnden Branchen und der Einführung der Rente mit 60 Jahren hatten viele ältere Arbeitnehmer den Arbeitsmarkt vorzeitig verlassen. Allerdings ist die Erwerbsbeteiligung in dieser Altersgruppe seit zehn Jahren wieder stetig angestiegen und dürfte sich in den kommenden Jahren weiter nach oben bewegen.

- Die Probleme der Arbeitnehmer mit geringer Qualifikation: Dieser Personenkreis ist der eigentliche Verlierer des ökonomischen Strukturwandels und der Wirtschafts- und Arbeitsmarktentwicklung der letzten Jahre. Wer nur einen geringen Bildungsabschluss und eine geringe berufliche Qualifikation aufweist, ist in besonderem Maß von der Arbeitslosigkeit betroffen. 2020 war die Arbeitslosenquote bei Personen ohne Schulabschluss mit 14,4 % um das 2,7-fache höher als bei Absolventen eines zweijährigen Studiums (5 %). Der Arbeitsplatzabbau im Zuge der Globalisierung betrifft vor allem die Geringqualifizierten, weil die Unternehmen versuchen, auf höherwertige Produktionen umzustellen, für die vor allem qualifizierte Arbeitnehmer gebraucht werden. Zudem weisen einige Ökonomen darauf hin, dass aufgrund der relativ großzügigen staatlichen Mindestlohnpolitik (→ Kap. 7.3) die Lohnkosten für weniger qualifizierte (und damit oft auch weniger produktive) Arbeitnehmer im internationalen Vergleich besonders hoch sind – auch dies beschleunigt den Abbau derartiger Arbeitsplätze. Schließlich erfordern die raschen Veränderungen der Arbeitswelt durch die Digitalisierung und die klimapolitischen Herausforderungen, die derzeitig wenig effiziente berufliche Fortbildung gering qualifizierter Beschäftigter auszubauen und fortzuentwickeln.
- Die schwierige Integration der Migranten in den Arbeitsmarkt: Die Arbeitslosigkeit der Ausländer aus nichteuropäischen Ländern war 2017 mit 24 % um das 2,8-fache höher als bei Franzosen (9 %). Hier zeigen sich besondere Probleme der schulisch-beruflichen Integration dieser Personengruppe. Bemerkenswert ist allerdings, dass die in Frankreich geborenen Kinder von Einwanderern deutlich besser abschneiden, was auf Fortschritte der beruflichen Eingliederung ab der zweiten Generation hindeutet. Dennoch bleiben Probleme, deren Ursachen sowohl bei den Betroffenen (geringe Qualifikation) als auch in der Diskriminierung von Einwanderern (besonders aus dem Maghreb und aus Afrika) liegen (→ Kap. 8.1).

b) Ein gespaltener Arbeitsmarkt

Das Hauptproblem der französischen Beschäftigungssituation ist der gespaltene Arbeitsmarkt. Nach einer Statistik der französischen Arbeitslosenversicherung sind 9,5 % der Erwerbstätigen selbständig (ohne selbständige Landwirte). Von den abhängig Beschäftigten arbeiten 28 % im öffentlichen Sektor (öffentlicher Dienst im weiten Sinne, öffentliche Unternehmen wie Bahn, Metro, Post usw.); das ist, mit Ausnahme der skandinavischen Länder, der höchste Wert in Europa. Die dort Beschäftigten sind entweder unkündbar oder sie genießen einen hohen Kündigungsschutz. 62 % arbeiten in der Privatwirtschaft, die meisten mit einem unbefristeten Arbeitsvertrag, der ebenfalls einen hohen Kündigungsschutz bietet. Für Unternehmen, die auf Veränderungen auf dem Markt reagieren müssen, ist dies durchaus ein Problem: Eventuell notwendige Entlassungen sind teuer, die bürokratischen Hürden dafür sind hoch, die fast immer anfallenden Arbeitsgerichtsverfahren sind aufgrund der Überlastung der Gerichte sehr langwierig und in ihrem Ausgang oft nicht abzuschätzen. Besonders aus der Sicht kleiner und mittlerer Unternehmer stellen daher Neueinstellungen mit unbefristeten Verträgen ein zu hohes Risiko dar, das sie nach Möglichkeit umgehen.

Deshalb sind viele Unternehmen immer stärker auf „atypische" Formen der Beschäftigung ausgewichen, die ihnen mehr Flexibilität erlauben, vor allem in Form der Interimsarbeit und befristeter Arbeitsverträge. 2018 wurden 88 % aller Neueinstellungen in Form von befristeten Arbeitsverträgen vorgenommen, ein Anteil, der sich seit Beginn des Jahrtausends ständig erhöht hat. 73 % der Verträge (2002 waren es „nur" 50 %) waren auf weniger als einen Monat befristet! Für den betroffenen Personenkreis bedeutet dies eine hohe Arbeitsplatzunsicherheit und einen häufigen Wechsel zwischen Beschäftigung und Arbeitslosigkeit. Das bedeutet auch, dass es in Frankreich für Neueinsteiger, vor allem junge Menschen, außerordentlich schwer ist, überhaupt auf dem Arbeitsmarkt Fuß zu fassen. Dies stellt eines der größten Arbeitsmarktprobleme in Frankreich dar. Etwa 3,3 Millionen (12,4 % aller abhängig Beschäftigten) Personen arbeiteten 2020 in solchen Arbeitsverhältnissen. Es ist dieser Personenkreis, der die ganze Last von Strukturanpassungen in den Unternehmen zu tragen hat.

Zwar war die Politik nicht untätig: Allein zwischen 2002 und 2016 wurden über fünfzig bedeutende beschäftigungspolitische Reformgesetze verabschiedet. Dieser Aktionismus konnte allerdings die Lage auf dem Arbeitsmarkt nicht wirklich verbessern. Denn vor der wichtigsten Reform – die Überwindung der Spaltung in ungesicherte, gesicherte, privat und öffentliche Arbeitsverhältnisse – schreckten die Regierungen zurück. Eine solche Reform würde im Idealfall den unbefristeten Arbeitsvertrag zur Norm machen, den Kündigungsschutz aber flexibler als bisher gestalten, z. B. indem der Schutz mit zunehmender Beschäftigungsdauer ausgeweitet wird. Das aber ist politisch brisant, weil die Gewerkschaften und mit ihnen viele Arbeitnehmer wachsende Unsicherheit und eine Verschlechterung befürchten.

Erst Präsident Macron hat ab 2017 mit seinen Arbeitsreformen einen Schritt in diese Richtung gemacht. Seine Politik hat versucht, Elemente der Flexibilität für die Unternehmen zu schaffen (vorsichtige Lockerung starrer Reglementierungen bei Entlassungen; Verkürzung langwieriger Arbeitsgerichtsverfahren; Möglichkeit zur einvernehmlichen Auflösung des Arbeitsvertrages); während die Arbeitnehmer zusätzliche Rechte in Bezug auf Karriereverlauf, persönliche Fortbildung und Sozialleistungsansprüche im Falle von Entlassungen erhalten haben. Zusammen mit der (schon von seinem Vorgänger Hollande begonnenen) Senkung der Unternehmer-Sozialabgaben und der Senkung der Produktionssteuern sind damit die Rahmenbedingungen gerade für Klein- und Mittelunternehmen deutlich verbessert worden. Ob damit die Spaltung des Arbeitsmarktes überwunden werden kann, muss sich in den kommenden Jahren zeigen.

Weiterführende Literatur (Weitere Hinweise im Online-Anhang)

- François Dubet: Ungerechtigkeiten: zum subjektiven Ungerechtigkeitsempfinden am Arbeitsplatz, Hamburg: Hamburger Edition 2008, 514 S.
- Wolfgang Neumann (Hrsg.): Welche Zukunft für den Sozialstaat? Reformpolitik in Deutschland und Frankreich, Wiesbaden: VS 2004, 264 S.
- Nora Ratzmann: Reform des französischen Wohlfahrtsstaates: die Einführung innovativer Finanzierungsinstrumente am Beispiel des Allgemeinen Sozialbeitrages, Ludwigsburg: Deutsch-Französisches Institut 2009, 90 S. (dfi compact, Nr. 8)
- Soziale und territoriale Ungleichheiten vor dem Hintergrund der Gelbwestenkrise, Themendossier in: Deutsch-Französisches Institut (Hrsg.): Frankreich-Jahrbuch 2020, Wiesbaden: Springer VS 2021, S.
- Stefan Wolf: Ausbau, Krise und Reform des französischen Wohlfahrtsstaats: französische Sozialpolitik von 1945 bis 2002, Berlin: WVB 2007, 206 S.

8. Gesellschaftliche Konfliktfelder

> [Das] Misstrauen ist eine strukturelle Charakteristik der französischen Gesellschaft, ein stabiler und schon alter Charakterzug. Seit mehreren Jahrzehnten existiert eine französische Ausnahmesituation, denn seit Beginn der 1980er Jahre ist dieser Grad des Misstrauens in unserem Land sehr viel höher als in allen anderen europäischen Ländern mit vergleichbarem wirtschaftlichen Niveau.
>
> (Olivier Galland/Gérard Grunberg: La grande déprime des Francais, in: Telos.eu.com, 23.5.2020)

Wie ist es um den Zusammenhalt der Gesellschaft bestellt? Auch wenn der Sozialstaat zum Abbau sozialer Ungleichheiten beiträgt, gibt es doch eine Reihe von Spannungsfeldern. Vier davon sollen hier exemplarisch vorgestellt werden. Einer der größten Konfliktherde ist der Umgang mit der Einwanderung und ihren Folgen. Seit langem ist Frankreich ein Einwanderungsland. Aber das Integrationsmodell, das jahrzehntelang für die erfolgreiche Eingliederung der Migranten in die Gesellschaft sorgte, ist in einer Krise (8.1). Einen Brennpunkt besonderer Art stellen die Großsiedlungen in den Vorstädten dar. Dort verdichten sich auf engem Raum verschiedene soziale Probleme und Konflikte, was immer wieder zu gewalttätigen Ausschreitungen führt und politische Kontroversen über Einwanderung, Sicherheit, Armut und Beschäftigung neu entfacht (8.2). Auch die Arbeitsbeziehungen bleiben konflikthaft. Die wiederholten Versuche, mehr soziale Partnerschaft und Verhandlungsbereitschaft zwischen Arbeitgebern und Gewerkschaften zu fördern, sind trotz einzelner Erfolge bis heute Stückwerk geblieben (8.3). Ein Konflikt neuer Art erschütterte Frankreich 2018/19 mit der spontan entstandenen Revolte der Gelbwesten, die Präsident Macron wochenlang an den Rand einer Krise trieb (8.4).

8.1 Frankreichs Integrationsmodell auf dem Prüfstand

a) Frankreich – ein Einwanderungsland

Schon seit langem ist Frankreich ein Einwanderungsland. Zwischen 1850 und 1873 kam eine erste große Welle von Zuwanderern, hauptsächlich aus den Nachbarländern, nach Frankreich – aus wirtschaftlichen Motiven, aber auch aus Gründen politischer Verfolgung in ihren Heimatländern. 1881 gab es erstmals mehr als eine Million Ausländer auf französischem Territorium. Die zweite Welle war in den Jahren 1896–1930 zu verzeichnen, wobei sich wiederum gleichermaßen Wirtschaftsmigranten und politische Flüchtlinge unter den Zuwanderern befanden. Die dritte Zuwanderungswelle wurde von der Wirtschafts- und Modernisierungsdynamik nach 1945 und dem damit verbundenen Bedarf an Arbeitskräften ausgelöst. Waren die Migranten vor 1945 überwiegend aus europäischen Ländern (Italien, Spanien, Portugal) gekommen, so machten sich nun vor allem Einwohner aus den französischen Kolonien (Vietnam, Maghreb-Länder, Schwarzafrika) nach Frankreich auf. Mit dem Ende des Nachkriegsbooms und dem Anbruch schwierigerer wirtschaftlicher Zeiten verfügte die Regierung 1974 einen Anwerbestopp für ausländische Arbeitskräfte. Fortan speiste sich die Einwanderung vorwiegend aus dem Nachzug von Familienangehörigen.

Heute beträgt die Zahl der Einwanderer – definiert als Menschen, die im Ausland geboren sind und jetzt in Frankreich leben – 6,8 Millionen, das entspricht 10,2 % der gesamten Bevölkerung (2020). Das ist ein deutlicher Anstieg seit 1946 (gut 2 Millionen, 5 %) bzw. 1975 (4 Millionen, 7,4 %). Die französische Statistik unterscheidet indessen zwischen den Einwanderern und den in Frankreich geborenen Kindern eines oder zweier Einwanderer. Es gibt 7,6 Millionen solcher Einwanderer der zweiten Generation, das sind 11,5 % der Gesamtbevölkerung und deutlich mehr als in Nachbarländern wie Deutschland oder Großbritannien. Zudem hat sich die Herkunft der Migranten in den vergangenen Jahrzehnten verschoben. Noch 1975 kamen zwei Drittel aus Europa, heute nur noch knapp ein Drittel (32,2 %. Die Mehrheit der Zuwanderer stammt heute aus Afrika (47,5 %), 14,4 % kommen aus Asien (→ Online-Tab. 8.1).

Knapp 37 % der Einwanderer (das sind 2,5 Millionen Menschen) hatten 2020 die französische Staatsbürgerschaft, bei den 18- bis 50-jährigen Einwanderern der zweiten Generation sind es sogar 95 %. Dies verweist auf das französische Konzept der Staatsbürgerschaft: Es sieht die Nation nicht als ethnische oder kulturelle Gemeinschaft, sondern als politisches Gemeinwesen, dessen Bürger sich zum Zusammenleben auf der Grundlage der republikanischen Werte bekennen (→ Kap.1.1). Franzose ist demnach nicht nur, wer französische Eltern hat (Abstammungsprinzip), sondern auch, wer in Frankreich geboren wurde. Dazu kommt eine traditionell großzügige Praxis der Einbürgerung, die allerdings in den letzten Jahren eingeschränkt worden ist.

b) Das Integrationsmodell auf dem Prüfstand

So kommt es, dass die große Mehrzahl der Zuwanderer die französische Staatsbürgerschaft besitzt. Gemäß dem französischen Konzept und dem Gleichheitsgrundsatz kennt die Republik nur individuelle Staatsbürger, nicht aber ethnische, kulturelle oder religiöse Gemeinschaften. Sonderrechte im Namen solcher Gemeinschaften sind nach diesem Konzept nicht statthaft. Die Republik gewährt den eingebürgerten Zuwanderern alle staatsbürgerlichen Rechte, erwartet aber im Gegenzug, dass diese sich integrieren, die Werte der Republik anerkennen und deren

Regeln achten. Dies gilt insbesondere für das Prinzip der Laizität, also der Trennung von Kirche und Staat.

Das Integrationskonzept hat lange Zeit gut funktioniert. Dazu hat vor allem die Integrationskraft der republikanischen Institutionen beigetragen. Die Schule vermittelte die gemeinsamen Werte der Republik und bereitete für alle Kinder und Jugendlichen den Weg zu künftigen Staatsbürgern. Darüber hinaus bot sie mit den Bildungsabschlüssen auch die Grundlage für die Integration am Arbeitsmarkt und für sozialen Aufstieg. Die Arbeitswelt schuf weitere Gemeinsamkeiten und förderte, ebenso wie der Sozialstaat, die soziale Integration der Zuwanderer.

In den vergangenen Jahrzehnten ist dieses Integrationsmodell allerdings zunehmend in die Krise geraten. Bei Umfragen glauben heute (2019) 75 % der Befragten, dass die Einwanderer nicht gut in die französische Gesellschaft integriert sind. Im Februar 2020 meinten 60 % der Befragten, es gebe „zu viele Ausländer in Frankreich" – 2009 waren es noch 50 %. Dementsprechend hielt in einer Umfrage im November 2019 nur noch eine Minderheit die Einwanderung für eine „Chance für Frankreich" (16 %; 51 % halten sie für ein Problem); knapp zwei Drittel der Befragten waren der Auffassung, es werde für Einwanderer mehr getan als für die Franzosen und die Migranten würden sich nicht die Mühe machen, sich zu integrieren.

Der zunehmend skeptische, teilweise sogar feindliche Blick auf die Migration spiegelt ein Meinungsklima wider, das sich verhärtet hat. Zunächst war es das rechtsextreme Rassemblement national, das mit einer systematischen Stimmungsmache gegen die Einwanderung wachsende Erfolge erzielte. Auch entstanden Medien wie der Fernsehsender Cnews, die migrationsfeindlichen Journalisten wie Eric Zemmour eine Plattform boten. Dieser hat dort jahrelang seine Propaganda vom angeblichen „großen Bevölkerungsaustausch" (die von globalen Eliten betriebene Ersetzung der französischen Bevölkerung durch arabisch-muslimische Einwanderer) verbreitet und sie 2022 auch als Präsidentschaftskandidat wiederholt. Längst sind derartige Thesen auch bei den bürgerlich-konservativen Republikanern angekommen. Was die Regierungspolitik der letzten Jahre betrifft, so hat sie die Einwanderungs- und Einbürgerungsbedingungen schrittweise verschärft. In der Flüchtlingskrise ab 2015 verhielt sich Frankreich, früher ein offenes Aufnahmeland für Asylsuchende, sehr abweisend.

Warum ist das so? Verschiedene Faktoren spielen eine Rolle. Zum einen hat das großzügige republikanische Integrationsangebot zwar auf dem Papier funktioniert, nicht aber in der sozialen Realität. Migranten haben in vielerlei Hinsicht stärker mit Problemen zu kämpfen, die ihre gesellschaftliche Integration behindern: mangelnde Bildungsabschlüsse, Arbeitslosigkeit und prekäre Beschäftigung, Wohnungssituation usw. Auch die ethnische Diskriminierung vor allem der aus Nord- und Schwarzafrika stammenden Migranten spielt eine große Rolle. Das Problem verschärft sich zusätzlich dadurch, dass diese räumlich stark konzentriert auf die städtischen Ballungsgebiete sind und dort wiederum vorwiegend in den Brennpunktsiedlungen der Vorstädte leben. Die schwierigen Lebens- und Arbeitsverhältnisse und die gewalttätigen Konflikte, die sie immer wieder hervorrufen, tragen viel

» *Zitat: Diskriminierung bei der Arbeitssuche*

„Zahlreiche Studien zeigen, dass die Franzosen, die aus dem Maghreb stammen, auf starke Schwierigkeiten auf dem Arbeitsmarkt stoßen [...]. Der Ergebnisse eines kürzlich vorgenommenen, umfangreichen Testing [empirische Untersuchung] bestätigen dies. Die Diskriminierung bei der Einstellung von Personen nach ihrer mutmaßlichen Herkunft bleibt hoch und ist ein bedeutendes Kennzeichen des Arbeitsmarkts in Frankreich, unabhängig von den getesteten Berufen. Im Durchschnitt und bei gleicher Qualifikation haben Bewerber, bei denen eine Herkunft aus dem Maghreb vermutet wird, um 31,5 % geringere Chancen als Bewerber mit französischen Vor- und Nachnamen, zu einem Gespräch eingeladen zu werden. Diese starken und anhaltenden Diskriminierungen sind schwächer bei besser qualifizierten Bewerbern, ohne indessen zu verschwinden. Zwischen Männern und Frauen gibt es keine signifikanten Abweichungen.“

(DARES Analyses Nr. 67, November 2021, S. 1)

zur Stigmatisierung der nichteuropäischen Migranten bei (→ Kap. 8.2).
So erfahren viele Migranten, dass ihre französische Staatsbürgerschaft ihnen in der Realität nicht das Maß an Anerkennung und Respekt verleiht, wie es das nach dem Gleichheitsgrundsatz der Republik eigentlich sollte. Das schafft Verbitterung, teilweise Ressentiments, und es hat zu Verhaltensweisen beigetragen, die ihrerseits im Widerspruch zum republikanischen Modell stehen: Die Religion hat bei einer Minderheit der muslimischen Einwanderer eine wachsende Bedeutung erhalten, auch als Reaktion auf Zurückweisungen seitens der Mehrheitsgesellschaft. Damit wird die religiöse Identität demonstrativ und zuweilen provokativ in den öffentlichen Raum getragen. Dies führte wiederum zu ablehnenden Reaktionen seitens der Mehrheitsgesellschaft und hat Polemiken gegen eine „Islamisierung“ Vorschub geleistet. Langzeituntersuchungen zeigen, dass Muslime und Personen aus dem Maghreb zu den am wenigsten akzeptierten Minderheiten in Frankreich zählen. Ihnen wird vorgeworfen, ihren Lebensstil und ihre religiöse Kultur den anderen aufzwingen zu wollen. Dies hat sich in den vergangenen Jahren in Konflikten entladen, die z. B. die Kleidung von Mädchen und Frauen in der Öffentlichkeit, in Ämtern oder der Schule (Kopftücher, Ganzkörperschleier, Burkini) betreffen, aber auch bestimmte Verhaltensweisen (vgl. Zitat).

» *Zitat: Radikaler Islam und Laizität*

„[D]ie sogenannte Kopftuchaffäre an den öffentlichen Schulen, das Tragen der Burka durch ca. 3.000 Frauen in der Öffentlichkeit, die Weigerung muslimischer Schülerinnen, am Sport- und am Schwimmunterricht teilzunehmen, die Ablehnung muslimischer Frauen, in öffentlichen Krankenhäusern von männlichen Ärzten behandelt zu werden oder Schwimmhallen gemeinsam mit Männern zu benutzen, das Verlangen nach Gebetsräumen am Arbeitsplatz, das Gebet auf offener Straße wegen zu kleiner Gebetsräume und die Verwendung von Halal-Fleisch in den Schulkantinen [dienen] für die Verfechter der Laizität als Beweise für die langsame Zersetzung der Republik durch einen radikalen und politisierten Islam."

(Yves Bizeul: Einwanderung und Integration, in: Adolf Kimmel/Henrik Uterwedde (Hrsg.): Länderbericht Frankreich, Bonn: Bundeszentrale für politische Bildung 2012, S. 248)

c) Die Laizität: Kontroversen um ein republikanisches Konzept

Alle diese Auseinandersetzungen haben die Debatte um ein Konzept neu entfacht, das zu den Grundfesten des französischen politischen Lebens gehört: die Laizität, die das Verhältnis zwischen Staat und Religion regelt. Im 19. Jahrhundert gab es eine Art Machtkampf zwischen der Republik und der katholischen Kirche, die auch nach der Revolution immer noch mächtig war und Distanz zur demokratischen Republik hielt. Um ihren Einfluss zurückzudrängen, wurden ab 1881/82 öffentliche Grundschulen in sämtlichen Gemeinden Frankreichs geschaffen. Damit wurde das Monopol der vielerorts vorherrschenden katholischen Schulen gebrochen. 1905 folgte ein Gesetz, mit dem die Beziehungen zwischen Staat und Kirche umfassend geregelt und das Prinzip der Laizität endgültig zur obersten Richtschnur des öffentlichen Lebens gemacht wurde. Das bis heute gültige Gesetz beruht auf drei Grundprinzipien:

- Die Gewissens- und Religionsfreiheit jedes einzelnen Bürgers: diese umfasst die freie Ausübung der Religion, aber auch die Freiheit des Einzelnen gegenüber religiös motivierten Vorschriften;
- die Trennung von Staat und Kirche: Die öffentlichen Institutionen sind frei von jeglichem kirchlichen Einfluss. Alle öffentlichen Mitarbeiter haben das Gebot strikter weltanschaulicher Neutralität einzuhalten. Kruzifixe in öffentlichen Gebäuden, wie teilweise in Deutschland üblich, sind in Frankreich undenkbar; auch gibt es keinen Religionsunterricht in der Schule. Die deutsche Praxis einer Kirchensteuer, die über die Finanzämter eingezogen wird, existiert in Frankreich nicht;

– die Gleichheit aller Bürger vor dem Gesetz ungeachtet ihrer Religion oder ihrer Überzeugungen: Dies schließt auch die Gleichbehandlung aller Bürger ein, was den Zugang zu öffentlichen Ämtern und sozialstaatlichen Leistungen betrifft.

Mit dem Gesetz von 1905 war der Machtkampf zwischen Kirche und Staat entschieden. Er flammte nur noch zuweilen auf, vor allem im Schulwesen, wo neben den staatlichen weiterhin zahlreiche private, in der Mehrzahl katholische Schulen existieren, die immerhin jeden fünften Schüler unterrichten. Hier führten politische Kontroversen über die Höhe staatlicher Zuschüsse für diese Schulen immer wieder zu öffentlichen Protesten. Zuletzt gab es in den 1980er Jahren riesige Massendemonstrationen zwischen Anhängern der öffentlichen, laizistischen Schule (école publique et laïque) und den Unterstützern der privaten, „freien" Schulen (école libre).

Mittlerweile kann dieser Konflikt als beendet angesehen werden. Dagegen sieht sich die Laizität infolge der wachsenden Präsenz muslimischer Einwanderer in Frankreich vor neue Herausforderungen gestellt. Auseinandersetzungen gab es vor allem über die Frage, ob manche Verhaltensweisen bzw. Kleidungen von Muslimen mit dem Prinzip der Laizität in Einklang standen oder nicht. Ist das Tragen eines Kopftuches oder eines Vollschleiers private Freiheit, oder stellt es eine bewusste Provokation, eine bewusste Regelverletzung der religiösen Neutralität des Staates und des öffentlichen Raumes dar? Die Wogen dieser Debatte schlugen hoch. Zwei Gerichtsurteile haben in dieser Hinsicht Aufsehen erregt. 2004 wurde, ausgehend vom sogenannten „Kopftuchstreit" (Mädchen, die in staatlichen Schulen Kopftücher trugen, was zu widersprüchlichen Reaktionen seitens der Schulleitungen führte), den Schülern jegliches Tragen auffälliger religiöser Zeichen (Kreuze, Kippas, Schleier und Bandanas) verboten. Dies sollte dern Schulfrieden wahren und die Schüler vor jeglicher religiöser Beeinflussung und damit verbundenem Druck schützen.

2011 verbot ein weiteres Gesetz das Tragen von Kleidung in der Öffentlichkeit, mit der das Gesicht vollständig verschleiert ist (Burka). Es löste einige Kontroversen aus, weil es als Eingriff in Persönlichkeitsrechte kritisiert wurde. Ein anderer Streit spitzte sich zu, als im Sommer 2016 einige Bürgermeister Frauen das Tragen eines Burkinis an öffentlichen Ständen untersagten. Diese Maßnahme wurde von den Gerichten wieder kassiert, zeigt aber, wie brisant diese Fragen geworden sind. Im Kern geht es darum, wie das Prinzip der Laizität heute auszulegen ist. Parteienübergreifend stehen sich zwei Positionen gegenüber. Die Vertreter einer harten Linie sehen das erwähnte Tragen von Burkinis am Strand als Teil einer gezielten Provokation der laizistischen Republik durch islamistische Kräfte. Es gehe, so formulierte es der damalige sozialistische Premierminister Manuel Valls, um einen „politischen Kampf" gegen diejenigen, „die uns ihre Ordnung aufdrängen wollen, die nicht die Ordnung der Republik ist." Dies auch, weil Mädchen und Frauen damit in eine unterwürfige Rolle gedrängt würden – ein Argument, das auch von vielen Frauenrechtlerinnen vorgebracht wird. Diese harte Linie findet sich in verschiedenen Parteien, bis hin zum Rassemblement National, der die strikte Auslegung des Laizitätsprinzips als Begründung seiner ausländerfeindlichen Programmatik verwendet.

Die Gegenposition verweist darauf, dass das Gesetz von 1905 im Kern ein Freiheitsgesetz ist. Während die Verbannung religiöser Zeichen durch Amtsträger in öffentlichen Gebäuden und für Lehrer wie Schüler in Schulen (als besonderem geschützten Raum) unstrittig ist, gilt in den übrigen privaten und öffentlichen Bereichen das Prinzip der persönlichen Freiheit. Dies ist die Position des bei der Regierung angesiedelten Observatoire de la laïcité, das mit der konkreten Auslegung des laizistischen Prinzips befasst ist: „Wollte man jedes religiöse Zeichen im öffentlichen Raum verbieten, wäre dies eine Verletzung der Religionsfreiheit, weil dieses Verbot eine religiöse Praktik betrifft, die nicht die Freiheit der anderen beeinträchtigt. Man muss in diesem Fall gründlich unterscheiden zwischen der objektiven Störung der öffentlichen Ordnung – sie ist eine gesetzliche Grenze für religiöse Praktiken – und einer subjektiven Wahrnehmung, die allein nicht eine solche Verletzung der Religionsfreiheit rechtfertigt." Mit anderen Worten: Man muss Burkinis oder Schleier nicht gut finden; dies allein ist kein Grund, sie zu verbieten.

Die Auseinandersetzung zwischen diesen beiden Auslegungen des Laizitätsprinzips ist nicht beendet. Es geht um teilweise schwierige Abwägungen zwischen der persönlichen Entfaltungsfreiheit einerseits, dem Schutz vor vermutetem, religiös begründetem Druck auf Frauen andererseits, ferner um die Frage, wie viel Differenz eine Gesellschaft vertragen kann und will, ohne dass die Grundlagen der Republik und des Zusammenlebens aller Bürger gefährdet werden. Darüber hinaus ist die Debatte längst in die politischen Kontroversen und Polemiken über die Einwanderung hineingezogen worden.

Weiterführende Literatur
(Weitere Hinweise im Online-Anhang)

- Dimitri Almeida: Laizität im Konflikt: Religion und Politik in Frankreich, Wiesbaden: Springer 2017
- Anne Bouju: MIDEM Länderbericht Frankreich, Dresden: TU Dresden/Mercator Forum Migration und Demokratie (MIDEM) 2020
- Felix Heidenreich et al. (Hrsg.): Staat und Religion in Frankreich und Deutschland, Berlin: LIT Verlag 2008
- Sonja Klinker: Maghrebiner in Frankreich, Türken in Deutschland: eine vergleichende Untersuchung zu Identität und Integration muslimischer Einwanderungsgruppen in europäische Mehrheitsgesellschaften, Frankfurt/M.: P. Lang 2010
- Rudolf Steinberg: Kopftuch und Burka: Laizität, Toleranz und religiöse Homogenität in Deutschland und Frankreich, Baden-Baden: Nomos 2015

– Dietmar Hüser (Hrsg.): Frankreichs Empire schlägt zurück. Gesellschaftswandel, Kolonialdebatten und Migrationskulturen im frühen 21. Jahrhundert, Kassel: kassel university press 2010

8.2 Die Misere der Vorstädte

Die wirtschaftliche und soziale Modernisierung der Nachkriegszeit (→ Kap. 6.1) hat binnen weniger Jahre zu einer außerordentlich raschen Urbanisierung geführt, weil zahlreiche Menschen die landwirtschaftlichen Gebiete vor allem im Südwesten verließen, um in die neu entstehenden oder rasch wachsenden Industriegebiete im Norden, Osten sowie im Pariser Großraum zu ziehen. Um dem damit verbundenen Wohnungsbedarf Herr zu werden, wurden in den 1960er und 1970er Jahren vorzugsweise neue Großwohnsiedlungen „auf der grünen Wiese" vor den Toren der Städte geschaffen, manchmal auch auf der Gemarkung kleiner Landgemeinden. Oft in industrieller Billigbauweise schnell hochgezogen, nicht selten in schlechter Qualität gebaut, entstanden damit die für Frankreich so charakteristischen *banlieues* (Vorstädte) mit ihren riesigen Hochhausbauten (*grands ensembles*), wie das Beispiel Vaulx-en-Velin veranschaulicht.

» *Zitat: Großsiedlungen am Beispiel Vaulx-en-Velin*

„Wie andere Städte im Umkreis einer Großstadt erfuhr auch Vaulx-en-Velin eine sehr schnelle Urbanisierung: die in den 70er Jahren umgesetzte ZUP [Zone à urbanisation prioritaire; prioritäre Stadtentwicklungszone] schuf in zehn Jahren mehr als 8.000 Wohnungen und verwandelte den früheren kleinen Marktflecken in eine Stadt mit 45.000 Einwohnern im Jahre 1980. Dieser Umbruch hat, verstärkt durch eine schwere städtische und gesellschaftliche Krise, die Gemeinde und ihre Bewohner nach und nach in städtebauliche und soziale Problemlagen gebracht, die schwierig zu überwinden sind (Verarmung, Verfall des Wohnraumbestandes, soziale Ausgrenzung, Kriminalität, eingeschlossene Lage, Stigmatisierung, Arbeitslosigkeit…)."

(Bernard Genin: Vaulx-en-Velin: Stadtweiter Umbau als Beitrag zum sozialen Zusammenhalt, in: Wüstenrot Stiftung/Deutsch-Französisches Institut (Hrsg.): Stadtentwicklung und Integration Jugendlicher in Deutschland und Frankreich, Ludwigsburg: Wüstenrot Stiftung 2010, S. 218)

Dabei wurden die Großsiedlungen von den jungen Familien, die in ihrer ländlichen Heimat nicht selten deutlich schlechteren Wohnkomfort erlebt hatten, zunächst durchweg positiv beurteilt: Sie boten ihnen günstigen Wohnraum (der soziale Wohnungsbau überwog bei weitem in diesen Siedlungen) und modernen Komfort. Die schlechte Verkehrsanbindung an die Zentren der Kernstädte nahm man in Kauf. Sozialer Aufstieg und wachsende Einkommen sorgten in der Regel dafür, dass diese Familien nach einigen Jahren die Großsiedlungen verlassen und in andere Stadtviertel umziehen konnten.

Mit der Wirtschaftskrise der 1970er Jahre begann eine dramatische Wende. Anstatt Durchgangsstationen für aufstrebende Familien zu sein, wurden die Großsiedlungen in den *banlieues* immer mehr zur Endstation für die schwächeren Schichten der Gesellschaft: kinderreiche Arbeiterfamilien, Alleinerziehende, Arbeitslose und Sozialhilfeempfänger, junge Arbeitslose ohne Berufsabschluss, Einwanderer vorwiegend aus Nord- und Schwarzafrika. Wie in einem Brennglas konzentrierten sich fortan in den Großsiedlungen verschiedene soziale Problemlagen: die Wirtschaftskrise und die Massenarbeitslosigkeit, die sich ausbreitende neue Armut, die Perspektivlosigkeit zahlreicher Jugendlicher ohne Chance einer Eingliederung ins Arbeitsleben, eine abnehmende soziale Bindung, wachsende ethnische Konflikte. Die Bewohner der Großsiedlungen fühlen sich von der übrigen Bevölkerung stigmatisiert, ihre Chancen auf einen Arbeitsplatz oder auf einen Neubeginn in weniger problembeladenen Stadtgebieten sind äußerst gering. Nicht ohne Grund hat sich deshalb der Begriff Ghetto für diese Gebiete und die scheinbar aussichtslose Lage ihrer Bewohner etabliert. Immerhin knapp fünf Millionen Menschen leben in den knapp 1.300 Brennpunktvierteln Frankreichs, darunter sehr viele junge Menschen (→ Online-Tab. 8.2). Es gibt deutlich mehr Schulabbrecher als im Landesdurchschnitt; das Problem der Jugendarbeitslosigkeit (→ Kap. 7.3) potenziert sich in der *banlieue*, ebenso wie die ethnische Diskriminierung von Einwanderern oder ihren Nachkommen (→ Kap. 8.1).

Diese verfahrene Situation förderte auch Verhaltensweisen wie Kleinkriminalität, Drogenhandel o.ä., was den schlechten Ruf dieser Viertel in den Augen der übrigen Bevölkerung nicht gerade verbesserte. Die Hinwendung zu oft radikalen Lesarten des Islam und die Radikalisierung von jungen Muslimen in den banlieues, wie auch das Attentat auf die Satirezeitschrift Charlie Hebdo im Januar 2015 und die terroristischen Anschläge vom 13. November 2015 in Paris und Saint-Denis, haben derartige Negativurteile weiter verfestigt: Die Gleichsetzung von (nichteuropäischer) Einwanderung, Kriminalität und Terrorismusgefahr lässt gerade die Vorstädte in einem besonders ungünstigen Licht erscheinen.

» Zitat: Leben in den Großwohnsiedlungen

„In einer Großwohnsiedlung [grand ensemble] zu leben, das heißt der Umwelt direkt anzuzeigen, dass man in der Wohnhierarchie ganz unten angesiedelt ist. Eine Sanierungsmaßnahme kann die äußere Erscheinung eines „grand ensemble" verbessern, es bleibt aber doch immer ein „grand ensemble" und verweist sichtbarer als jedes andere Kriterium sozialer Einordnung auf den tatsächlichen sozialen Status. Mit Kleidung, Auto, Freizeitgestaltung kann man eine höhere soziale Stellung vortäuschen. In einem „grand ensemble" zu wohnen, ist demgegenüber der sichtbare und unveränderte Ausdruck dafür, in der sozialen Stufenleiter ganz unten zu stehen. Es wird verständlich, warum diejenigen sozialen Schichten, die über die finanziellen Mittel verfügen, versuchen, sich der sozialen Stigmatisierung zu entziehen, indem sie das „grand ensemble" geradezu fluchtartig verlassen – eine Wohnform, die dazu verurteilt ist, zum Auffangbecken der sozial Schwächsten zu werden und in sich den beschriebenen Verarmungszyklus immer stärker zu reproduzieren."

(Bruno Hérault: Changements urbains, problèmes sociaux et Grands ensembles, 1992, zit. nach Wolfgang Neumann: Krise und Reformfähigkeit eines Integrationsmodells, in: Joachim Schild/Henrik Uterwedde (Hrsg.): Die verunsicherte Republik, Baden-Baden: Nomos 2009, S. 143)

Dass die Großsiedlungen der *banlieue* angesichts dieses explosiven Problemgemisches zu sozialen Brennpunkten werden würden, stand zu befürchten. Seit 1981 (Unruhen im Viertel Les Minguettes bei Lyon) hat es wiederholt gewalttätige Jugendunruhen gegeben. Vaulx-en-Velin (Lyon) 1990, La Défense (Paris) 2000, Clichy-sous-Bois 2005 und zuletzt Aulnay-sous-Bois im Februar 2017 sind nur einige wenige Stationen einer langen Reihe von Konflikten, die oft einem ähnlichen Muster folgen: Ausgelöst durch einen eher banalen Vorfall (z. B. eine Polizeikontrolle, die aus dem Ruder gerät) entwickeln sich gewalttätige Proteste und Ausschreitungen seitens der Jugendlichen, wie beispielsweise 2005 in Clichy: Dort griffen die Gewalttätigkeiten bald auf andere Vorstädte über. Erst nach drei Wochen gelang es der Polizei, der Lage wieder Herr zu werden. Die Bilanz: fast 9.000 verbrannte Autos, persönliche Angriffe und Drohungen gegen Fahrgäste, Molotowcocktails gegen Polizisten, Brandstiftungen und Demolierungen öffentlicher Gebäude (diese wurden von den Jugendlichen als Symbol einer Republik gesehen, die ihr Gleichheitsversprechen nicht eingelöst hat). Dabei gibt es auch seitens der Polizei es gravierendes Fehlverhalten: So wurde der Konflikt im Februar 2017 ausgelöst durch die schwere, kriminelle Misshandlung eines Jugendlichen durch Polizisten auf einer Polizeiwache.

Zurück bleiben ein Scherbenhaufen, aufgestauter Hass auf beiden Seiten und Ratlosigkeit angesichts dieser offenen Wunde der Gesellschaft, die der sozialistische Abgeordnete Philippe Doucet so beschrieben hat: „In diesen Gegenden scheint die unteilbare, laizistische, demokratische und soziale Republik inexistent zu sein. Inexistent für diejenigen, die noch die goldenen Zeiten dieser Großsiedlungen gekannt haben und inexistent für die jüngeren Generationen, die man unablässig an ihre Herkunft erinnert."

Nun ist es nicht so, dass die Politik tatenlos zusehen würde. Im Gegenteil: Bereits 1981, kurz nach den ersten Unruhen, gab es erste Pläne, um die Situation zu entschärfen. Daraus hat sich in den folgenden Jahrzehnten eine umfassende, mit viel Geld ausgestattete Stadtentwicklungspolitik zugunsten der benachteiligten Stadtquartiere entwickelt (politique de la ville). Diese beschränkte sich nicht auf notdürftige Reparaturmaßnahmen, sondern versuchte, alle Problemdimensionen gleichermaßen in den Griff zu bekommen. Allein die Aufzählung der wichtigsten Maßnahmenbündel verdeutlicht die ganze Spannbreite der Maßnahmen: öffentliche Sicherheit, Renovierung der oft in schlechtem Zustand befindlichen Wohnbauten (allein 2003–2013 wurden über 42 Milliarden Euro ausgegeben, um 500 Stadtviertel zu modernisieren), Verbesserung der Verkehrsanbindung zwischen den banlieues-Siedlungen und den Kernstädten, schulische und berufliche Ausbildung (viele benachteiligte Viertel wurden zu „prioritären Bildungszonen", zones d'éducation prioritaire, erklärt), Förderung von Unternehmensansiedlungen und Präsenz öffentlicher Dienstleistungen in den banlieues, kulturelle Entwicklung und vieles mehr.

Regierungen aller politischer Richtungen, viele engagierte Bürgermeister sowie örtliche Vereine und Bürgerinitiativen haben einiges auf den Weg gebracht. Allerdings wird die Stadtentwicklungspolitik trotz aller sichtbaren Erfolge immer wieder von den übergreifenden Krisen (Wachstumsschwäche, Arbeitslosigkeit, ethnische Stigmatisierung und Diskriminierung) eingeholt. Insofern gleicht die Stadtpolitik einem Kampf gegen Windmühlenflügel, in dem die Fortschritte immer wieder durch Rückschläge und aufflammende Gewalttätigkeiten überdeckt werden. Dies fördert die Ausbreitung von Law-and-Order-Parolen. Als „Pack" bezeichnete der konservative Innenminister und spätere Präsident Sarkozy die randalierenden Jugendlichen 2005 und regte an, die betreffenden Viertel „mit dem Kärcher" zu säubern. Genau diese Formulierung hat die bürgerlich-konservative Präsidentschaftskandidatin 2022 wieder aufgegriffen. Die Rechtsextremen und manche Konservative sehen in den Problemvierteln eine Brutstätte des Dschihadismus. Derartige Urteile, die die muslimischen Migranten pauschal als Gefahr für die Sicherheit und die französische Identität sehen, prägen seit den terroristischen Anschlägen einen wachsenden Teil der öffentlichen Meinung.

Weiterführende Literatur (Weitere Hinweise im Online-Anhang)

- Robert Castel: Negative Diskriminierung: Jugendrevolten in den Pariser Banlieues, Hamburg: Hamburger Edition 2009
- Philippe Doucet: Zehn Jahre Politik für die banlieues: Wunsch und Wirklichkeit, Friedrich-Ebert-Stiftung, Büro Paris: Frankreich-Info, März 2016
- Christiane Reinecke: Die Ungleichheit der Städte: urbane Problemzonen im postkolonialen Frankreich und der Bundesrepublik, Göttingen: Vandenhoeck und Ruprecht 2021
- Dominik Grillmayer et al.: Urbane Großräume in Deutschland und Frankreich: Fragen und Formen regionaler Kooperation, Ludwigsburg: Wüstenrot-Stiftung/Deutsch-Französisches Institut 2021
- Florian Daniel Weber: Soziale Stadt – politique de la ville – politische Logiken: (Re)Produktion kultureller Differenzierungen in quartiersbezogenen Stadtpolitiken in Deutschland und Frankreich, Wiesbaden: Springer 2013
- Andreas Tijé-Dra: Zwischen „Ghetto“ und „Normalität“: Deutungskämpfe um stigmatisierte Stadtteile in Frankreich, Bielefeld: transcript 2018

8.3 Die schwierigen Arbeitsbeziehungen

Bei den Arbeitsbeziehungen geht es um die Frage des Verhältnisses zwischen den verschiedenen gesellschaftlichen Gruppen in der Arbeitswelt bzw. ihren Organisationen: Wie tragen sie ihre Interessenkonflikte aus? Inwieweit sind sie in der Lage, aus eigener Kraft einen Interessenausgleich zu erzielen und darüber hinaus sozialverträgliche Regeln auszuhandeln? Diese Fragen richten sich nicht nur, aber in erster Linie an Gewerkschaften und Arbeitgeber- bzw. Unternehmensverbände, betreffen also die Qualität der Sozialpartnerschaft. Eine gut funktionierende Partnerschaft, die fähig ist, soziale Konflikte durch Verhandlungen aufzulösen und darüber hinaus zur sozialen Regulierung einer Wirtschaft im Wandel beizutragen, fördert nicht nur den gesellschaftlichen Zusammenhalt, sondern entlastet auch den Staat von einem Teil seiner Aufgaben.

In Frankreich ist die Sozialpartnerschaft allerdings immer schwierig gewesen. Das hat verschiedene Gründe: Die lange Zeit dominierende und eng mit der Kommunistischen Partei verbundene Gewerkschaft CGT war durchweg antikapitalistisch geprägt und bevorzugte eine Sprache des Klassenkampfes. Darüber hinaus war es ein generelles Merkmal der französischen Gewerkschaftsbewegung, dass sie sich – in der Tradition des Anarcho-Syndikalismus – prinzipiell in erster Linie als Gegenmacht zum Unternehmer definierte und dass sie eine effektive Mitbestimmung und Mitverantwortung im Unternehmen (wie es der Deutsche Gewerkschaftsbund anstrebte) ablehnte. Ein weiterer Grund ist die Spaltung des Gewerkschaftslagers in mehrere rivalisierende Dachverbände, wodurch Verhandlungen außerordentlich erschwert werden. Auch im Arbeitgeberlager gab es Hindernisse: Viele Unternehmer pflegten einen Herr-im-Hause-Standpunkt und wollten keine Gewerkschaftspräsenz in ihrer Firma dulden. Dazu kommt ein ausgeprägter Individualismus der Firmenchefs, die traditionell nur wenig Neigung zeigten, ihrem Verband den Abschluss kollektiver Verträge zu überlassen, die dann für sie verbindlich waren. So kommt es, dass die Beziehungen zwischen den Sozialpartnern oft gespannt sind; eine funktionierende Tarifautonomie mit ihren eingespielten Regeln und Verhandlungen wie in Deutschland existiert in dieser Form nicht.

a) Die Gewerkschaften: zersplittert, aber aktiv

Während in Deutschland mit dem Deutschen Gewerkschaftsbund ein großer Dachverband mit seinen Einzelgewerkschaften (IG Metall, Verdi usw.) die Szene dominiert und oft ein Monopol innehat, ist die französische Gewerkschaftsbewegung in mehrere rivalisierende Verbände zersplittert. Es hat mehrere folgenreiche Spaltungen gegeben: 1944 bildete sich eine eigene berufsständische Gewerkschaft der Arbeitnehmer mit Aufsichts- und Führungsaufgaben (heute CFE-CGC, Confédération française de l'encadrement – Confédération française des cadres). 1948 spaltete sich eine Minderheit vom traditionsreichen Gewerkschaftsverband CGT (Confédération générale du travail) ab, weil sie dessen kommunistischen Kurs nicht mittragen wollte (CGT-Force ouvrière). Auch die christliche Gewerkschaft CFTC (Confédération française des travailleurs chrétiens) spaltete sich, als im Zuge der Säkularisierung (der rückläufigen Bindung der Gesellschaft an Religion und Kirche) der 1960er Jahre eine Mehrheit dieser Gewerkschaft beschloss, ihren Namen zu ändern und den expliziten Bezug zur katholischen Kirche und ihrer Soziallehre zu beenden, während eine Minderheit an der christlichen Orientierung und am alten Namen festhielt. So entstand die CDFT (Confédération française démocratique du travail). Sie hat mittlerweile die CGT als stärkste Gewerkschaft überholt. Im Bildungswesen gab es lange Zeit mit der FEN (Fédération de l'éducation nationale) eine Einheitsgewerkschaft, bis auch sie in den 1990er Jahren vom Spaltpilz befallen wurde und in unterschiedliche Gewerkschaften zerfiel. Weitere Abspaltungen in jüngerer Zeit komplettieren das Bild einer zutiefst fragmentierten Gewerkschaftslandschaft.

Tabelle 6: Gewerkschaften im Überblick

Name	Gründung	Mitglieder 2016–18	Anteil bei Wahlen in % (2017–20)	Bemerkungen
CFDT	1964	480.000	26,8	„Laizistische" Abspaltung von der CFTC, reformorientiert
CGT	1895	470.000	23,0	Älteste Gewerkschaft; lange Zeit kommunistisch
CGT-FO	1948	300.000	15,2	Abspaltung von der CGT im Zuge der Ost-West-Spaltung. Lange Zeit antikommunistisch, heute stark militant
CFTC	1919	120.000	9,5	Christlicher Gewerkschaftsbund
CFE-CGC	1944	110.000	11,9	Berufsgewerkschaft der mittleren und höheren Angestellten (cadres)
Solidaires	1998	80.000	..	Sammelbecken für kritische linke Einzelgewerkschaften, die zum Teil andere Verbände verlassen haben
UNSA	1993	130.000	..	Zusammenschluss der früheren Bildungsgewerkschaft FEN mit 4 anderen Verbänden (u. a. Landwirtschaft, Verkehr)
FSU	1992	99.000	..	Berufsgewerkschaft für das öffentliche Bildungswesen. Linke Abspaltung von der früheren FEN

Quelle: eigene Zusammenstellung / Arbeitsministerium Paris / Institut supérieur du travail

Dieser Pluralismus erschwert soziale Verhandlungen, weil den Unternehmervertretern immer mehrere Gewerkschaftler gegenüber sitzen, die fast immer unterschiedliche Ziele verfolgen. Oft genug werden Vereinbarungen nur von einem Teil der Gewerkschaften unterzeichnet.

Eine weitere Charakteristik ist der geringe gewerkschaftliche Organisationsgrad. Er ist, wie fast überall in Europa, seit den 1970er Jahren von knapp 20 % der Arbeitnehmer auf heute 7,5 % (1,9 Millionen Mitglieder) gefallen. In der Privatwirtschaft beträgt er ganze 5 %, das ist der geringste Organisationsgrad in der OECD. Der öffentliche Dienst und die staatlichen Unternehmen sind deutlich besser organisiert. Bedenkt man, dass sich die geringe Zahl der Mitglieder auf mehrere rivalisierende Gewerkschaftsverbände aufteilt, so wird die begrenzte organisatorische und auch finanzielle Schlagkraft der Gewerkschaften deutlich. Das wirft auch die Frage auf, wie repräsentativ sie sind, wie glaubhaft also ihr Anspruch ist, im Namen aller Lohnabhängigen zu sprechen.

Allerdings wird diese Schwäche ausgeglichen durch eine Gesetzgebung, die den Gewerkschaften starke Rechte einräumt und ihre Rolle damit stützt. Zudem werden die von den Gewerkschaften ausgehandelten Tarifverträge fast systematisch von der Regierung für allgemeingültig erklärt und sind damit bindend für alle Unternehmen der Branche, auch wenn diese dem Unternehmensverband nicht angehören. So kommt es, dass Frankreich als Land mit dem schwächsten gewerkschaftlichen Organisationsgrad auch eines der Länder ist, in der die Bindungswirkung von Tarifverträgen am höchsten ist.

Die Gewerkschaften können allerdings zu Recht darauf verweisen, dass die Beschäftigten in den Betrieben in den regelmäßig stattfindenden Sozialwahlen ihre Arbeit als Arbeitnehmervertreter honorieren und sich von ihnen gut vertreten fühlen. Eine Erhebung ergab für 2005, dass die Gewerkschaften in 40 % aller Unternehmen präsent waren. Im öffentlichen Sektor und in den großen Privatunternehmen betrug diese Präsenz sogar 70 %, in Unternehmen mit weniger als 100 Beschäftigten allerdings nur 15 %.

Die Vielzahl konkurrierender Gewerkschaften ist ein Problem für soziale Verhandlungen. Inwieweit sind sie repräsentativ für die gesamte Belegschaft? Welcher Verband kann beanspruchen, im Namen der Beschäftigten zu sprechen? Nach 1945 waren fünf Dachverbände (CGT, CFDT, CGT-FO, CFTC, CGC) von der Regierung pauschal als „repräsentativ“ anerkannt, was ihnen Vorteile bei Sozialwahlen, sozialen Anhörungen und Verhandlungen sowie Sitz und Stimme in paritätischen Einrichtungen einbrachte. Erst 2008 hat der Gesetzgeber neue Regeln aufgestellt, um den eingetretenen Veränderungen Rechnung zu tragen. Seither werden nur noch diejenigen Verbände als repräsentativ anerkannt, die bei Sozialwahlen mehr als 8 % in den Branchen und 10 % in Unternehmen erzielen. Alle fünf genannten Verbände haben diese Hürde übersprungen. Um Tarifverträge oder Vereinbarungen zu verhindern, die nur von einer kleinen Minderheit unterzeichnet werden, ist zudem für die Gültigkeit einer solchen Vereinbarung notwendig, dass die unterzeichnenden Gewerkschaften mindestens 30 % der Beschäftigten vertreten (wiederum gemessen an den Wahlergebnissen) und dass, falls eine Mehrheitsgewerkschaft existiert, diese kein Veto gegen die Vereinbarung einlegt. Indessen zeigen alle diese komplizierten Regeln, wie schwierig es für die Gewerkschaften ist, aus eigener Kraft ein effektives Gegengewicht zum Unternehmerlager zu bilden (wie etwa die IG Metall als Einheitsgewerkschaft gegenüber dem Metall-Arbeitgeberverband), was eigentlich Voraussetzung für echte Verhandlungen „auf Augenhöhe“ und verbindliche Vereinbarungen wäre.

Im Gegensatz zu ihrer organisatorischen Schwäche und Zersplitterung steht die Fähigkeit der Gewerkschaften zur politischen Mobilisierung. Dies gilt für die Unternehmen und Branchen, vor allem aber für die politische Ebene. Immer wieder rufen die Gewerkschaften zu Massendemonstrationen auf, wenn es um den Protest gegen Gesetzentwürfe geht (in den letzten Jahren etwa die Rentenreformen oder Änderungen im Arbeitsrecht). In dieser politischen Rolle als Anführer von Protestbewegungen sehen sie eine Art Bestätigung als legitime Vertreter der Arbeitnehmerinteressen, vor allem wenn ihre Aufrufe zu „Aktionstagen“ bei den Beschäftigten Widerhall finden. Das gelingt nicht immer und führt nur selten zum Erfolg (1995; 2006), dennoch ist die Zahl der mobilisierten Arbeitnehmer oft beeindruckend.

Arbeitskonflikte mit Streiks sind in den vergangenen Jahrzehnten deutlich zurück gegangen; dennoch weist Frankreich heute mit Abstand die höchste Anzahl an Streiks in Europa auf (→ Online-Tab. 8.3): Zwischen 2008 und 2016 lag die Zahl der infolge von Arbeitskämpfen ausgefallenen Arbeitstage je 1000 Arbeitnehmer bei 118, weit vor Spanien (57) und Deutschland (16). Allerdings gilt dies mangels kampfbereiter Mitglieder nur sehr selten für die Privatwirtschaft (außer in einigen Großunternehmen). Die Streiks finden überwiegend im öffentlichen Dienst und in den öffentlichen Unternehmen, vor allem im Verkehrswesen (Bahn, Metro) statt. Dort sind deutlich mehr Arbeitnehmer organisiert; außerdem gehen sie mit ihren sehr gut abgesicherten Arbeitsplätzen keine Risiken ein.

b) Die Unternehmerverbände

Im Vergleich mit den Gewerkschaften erscheint das Unternehmerlager als kompakt und einheitlich. Allerdings gibt es mehrere Verbände, die sich vor allem durch die unterschiedliche Unternehmensgröße der organisierten Firmen unterscheiden. Sie erreichen 75 % der Unternehmen, was im europäischen Vergleich einen hohen Organisationsgrad bedeutet. Dabei gibt es durchaus Mehrfach-Mitgliedschaften von Firmen.

Wichtigster Verband ist der 1945 gegründete Unternehmensverband CNPF, der sich 1998 in MEDEF umbenannte (Mouvement des entreprises de France), mit 750.000 Mitgliedsfirmen. Er beansprucht, für sämtliche Unternehmen zu sprechen. In seinen Positionen ist allerdings ist eine gewisse Dominanz der größten Unternehmensgruppen unverkennbar. Auch deswegen existiert mit der 1944 gegründeten CPME (Confédération des petites et moyennes entreprises) eine spezielle Interessenvertretung für 1,5 Millionen Klein- und Mittelunternehmen. Ferner ist 2016 aus einer Fusion mehrerer Verbände des Handwerks, des Einzelhandels und der freien Berufe die Union des entreprises de proximité U2P hervorgegangen, in der 2,3 Millionen Freiberufler, Einzelfirmen und Kleinunternehmer organisiert sind.

Die Bereitschaft der Arbeitgeberverbände zu sozialen Verhandlungen und Abkommen ist uneinheitlich. Trotz mancher positiver Ansätze gibt es immer wieder die Versuchung, den schwierigen Verhandlungsweg zu verlassen und auf Gesetze (konservativer) Regierungen zu hoffen, um ihre Ziele zu erreichen.

c) Verhandlungsebenen

Trotz aller Probleme: Es wird viel verhandelt in Frankreich. Allein 35.000 Unternehmensvereinbarungen werden jährlich ausgehandelt, auch weil der Gesetzgeber derartige Verhandlungen vorgeschrieben hat. In acht von zehn Unternehmen ist mindestens eine Vereinbarung unterzeichnet worden, in Betrieben mit über 100 Beschäftigten sind es neun von zehn Firmen. In den etwa 700 Branchen gab es zuletzt 1.300 Verträge jährlich. Obwohl es Unterschiede zwischen den einzelnen Gewerkschaften gibt (besonders die CFDT, aber auch die CFTC und die CGC-CFE gelten als besonders verhandlungsfreudig, während CGT und CGT-FO sich öfter verweigern), haben doch alle Verbände eine Vielzahl von Vereinbarungen unterzeichnet.

Anders als in Deutschland sind die in Frankreich zahlreichen, oft sehr kleinteilig organisierten Branchen nicht zentral für die Sozialverhandlungen. Dagegen spielt die branchenübergreifende nationale Ebene eine wichtige Rolle. Zum einen geht es um Verhandlungen im Rahmen paritätisch verwalteter Einrichtungen wie z. B. der Arbeitslosen- oder der Zusatzrentenversicherung, wo Arbeitgeber und -nehmer wichtige Entscheidungen treffen müssen. Zum anderen geht es um branchenübergreifende Rahmenvereinbarungen auf nationaler Ebene (Accord national interprofessionnel). Diese Ebene ist nahe an der politischen Gesetzgebung und von der Politik seit Jahren gefördert worden. Ein Gesetz von 2007 verpflichtet die Regierung, bestimmte arbeits- und sozialpolitische Gesetzesvorhaben den Sozialpartnern anzuzeigen, um ihnen Gelegenheit zu eigenen Verhandlungen und zu einer vertraglichen Einigung zu geben (→ Kap. 4.3). Dies führt nicht immer zum Erfolg, denn gerade auf dieser „politischen" Ebene kommt die Spaltung des Gewerkschaftslagers zwischen verhandlungs- und kompromissbereiten Verbänden (CFDT, CFTC) und stärker protestorientierten Gewerkschaften (CGT und CGT-FO) zur Geltung und erschwert die Erarbeitung von Kompromissen.

Präsident Macron sieht die Rolle der Gewerkschaften auf dieser Ebene eher skeptisch. Während die CFDT sie als verantwortungsbewusster Mitgestalter öffentlicher Normen nutzen will, beharrt Macron auf dem Primat der Politik. Er weist den Gewerkschaften eine Rolle als Verhandlungspartner vor allem auf der Unternehmensebene zu. Diese hat sich in den letzten Jahrzehnten ohnehin ständig ausgeweitet. Macron hat diese Entwicklung weiter gefördert, weil in diesen Verhandlungen flexibler auf die spezifische Situation der Unternehmen eingegangen werden kann. Nach deutschem Vorbild wird der soziale Dialog hier als wirksames Mittel angesehen, um auf Herausforderungen (Reaktion auf Probleme wie Digitalisierung, Erhalt der Wettbewerbsfähigkeit es usw.) gut erfolgreich reagieren zu können.

Insgesamt bleiben die Arbeitsbeziehungen weiter problematisch. Zwar sind Sozialverhandlungen erleichtert und belebt worden. Aber die Qualität der Verhandlungen lässt zu wünschen übrig. Diese haben einen überwiegend formalen Charakter; oft fehlt die Vertrauensbasis zwischen Beschäftigten und Arbeitgebern. So bilanziert ein Sachverständigenbericht (rapport Combrexelle) im Jahr 2015:

„eine fehlende Dynamik der Verhandlungen, die auf beiden Seiten des Verhandlungstisches immer mehr als ritueller oder formeller Zwang empfunden wird." Die sozialen Beziehungen, soviel steht fest, werden trotz aller Teilerfolge noch lange ein Problemkind bleiben.

8.4 Protestbewegung der neuen Art: die Gelbwesten

In Frankreich gibt es eine lange Tradition politischer Mobilisierung, die über Demonstrationen und Aktionstage auf die Regierungspolitik einzuwirken versucht. Je nach Anlass und politischem Gespür der Organisatoren (Parteien, zumeist der Linken; zivilgesellschaftliche Organisationen und Verbände; Gewerkschaften) können diese Aktionen eine beeindruckende Zahl von Menschen mobilisieren: mehrere hunderttausend, zuweilen mehr als eine Million Teilnehmer der Demonstrationen (→ Online-Tab. 8.4). Meistens geht es darum, sozialpolitische Reformpläne der Regierung (Arbeitsrecht, Renten, Sozialversicherung, Reform der Bahngesellschaft) zu verhindern (Gewerkschaften, Linksparteien), aber es gab auch konservative Gruppierungen, die für die Verteidigung der katholischen Privatschulen auf die Straße gingen (1984) oder gegen die Einführung von gleichgeschlechtlichen Eheschließungen mobilisierten (2013).

Während diese Massenproteste von Organisationen initiiert werden, die sich als Sprachrohr der Demonstranten verstehen, ihre inhaltlichen Forderungen artikulieren, die Mobilisierung vorantreiben und auch weitgehend lenken, so ist mit der Revolte der Gelbwesten 2018/19 eine Protestbewegung neuer Art aufgetreten. Ihre Urheber waren unorganisierte „Wutbürger", die im November 2018 mit spontanen Protesten auf die von der Regierung beschlossenen Benzinpreiserhöhungen und auf das schärfere Tempolimit auf Landstraßen reagierten. Ihr Schwerpunkt waren ländliche Gebiete, in denen es immer weniger öffentliche und private Dienstleistungen gibt und in denen das eigene Auto für viele Menschen unverzichtbar ist, um lange Wege zur Arbeit, zum Einkauf oder zur ärztlichen Versorgung zurückzulegen. Für diese Menschen, die finanziell meist einigermaßen über die Runden kamen, waren die Benzinpreiserhöhungen eine starke zusätzliche Belastung.

Ausgelöst durch eine Online-Petition, entwickelte sich eine Mobilisierung von Bürgern in der Provinz, die erstmals am 17.11.2018 zahlreiche Kreisverkehrsinseln besetzten und den Verkehr auf Landstraßen blockierten, um auf ihre Lage aufmerksam zu machen (daher der Name Gelbwesten, nach den Warnwesten für Autofahrer). Bald ging es nicht mehr nur um Geld: Die Aktionen gerieten zum grundsätzlichen Protest des ländlichen Frankreich und der Menschen mit eher niedrigen Einkommen, die sich von den Metropolen abgehängt und von den Politikern in Paris missachtet fühlten. Auch die Bürgerferne der Politik und des politischen Systems wurde zunehmend angeprangert; Forderungen nach Volksabstimmungen, vorzeitiger Abwahl von Volksvertretern und direkter Demokratie wurden erhoben.

Die Aktionen der Gelbwesten fanden massive Zustimmung in der Bevölkerung. Von Woche zu Woche weiteten sich die Aktionen aus, die Proteste radikalisierten sich, erreichten die Hauptstadt Paris und es kam teilweise zu schwer kontrollierbaren Gewaltexzessen, die von Trittbrettfahrern in Gestalt radikaler Parteien noch angeheizt wurden. In dieser ersten schweren politischen Krise der Ära Macron reagierte die Regierung hilflos und schwankte zwischen der Dämonisierung der Protestler als radikalen Mob und dem Versuch, mit den Protestierenden irgendwie ins Gespräch zu kommen. Das war nahezu unmöglich, denn die Revolte blieb unstrukturiert und dezentralisiert; es gab keine Führung der Bewegung: Die Aktivisten lehnten es ausdrücklich ab, Sprecher zu benennen oder zu wählen, die in ihrem Namen mit der Regierung hätten verhandeln können. Auch waren die Forderungen zu vage und zu global (gefordert wurde z.B. der Rücktritt des Präsidenten), um wirklich Gegenstand von Verhandlungen zu sein.

So sah sich Macron veranlasst, die Revolte einseitig zu beenden, indem er die Benzinsteuererhöhung zurücknahm und gleichzeitig einen umfangreichen, 17 Milliarden teuren Sozialplan verkündete, der vor allem für die unteren Mittelschichten spürbare Erleichterungen brachte. Darüber hinaus gab der Präsident zu, dass sich viele Bürger von der Politik nicht verstanden fühlten und kein Gehör fanden, und versprach, betroffene Organisationen und Interessengruppen künftig besser in seine Reformpolitik einzubeziehen. Zudem lancierte er eine groß angelegte nationale Befragungsaktion (Grand débat national, → Kap. 2.3), versprach eine Stärkung des örtlichen sozialen Zusammenhaltes und der Rolle der Bürgermeister und kündigte die Auflösung der elitären Verwaltungshochschule ENA an (→ Kap. 9.3). Mit diesen Initiativen konnte Macron das Heft des Handelns wieder an sich ziehen; die wöchentlichen Blockaden und Demonstrationen ebbten schließlich ab.

» *Zitat: Die Gelbwesten-Bewegung*

„[Die Protestierenden] lehnen die Politik Macrons ab, darüber hinaus aber auch vier Jahrzehnte eines kulturellen Liberalismus und einer ökonomischen ‚Anpassung', die von den Eliten im Eilmarsch verordnet wird. [...] Es handelt sich um die Revanche derer, die man als ‚spießig' und ‚von gestern' bezeichnet hat und die seit Jahren von den Regierenden ignoriert werden zu Gunsten der sozialen Kategorien, die ‚in' sind, und der Gewinner der Globalisierung."

(Jean-Pierre Le Goff: Les gilets jaunes, la revanche de ceux qu'on a traités de ‚beaufs' et de ‚ringards', www.lefigaro.fr/vox, 26.11.2018)

Die Gelbwesten-Bewegung hat viele Facetten. Sie ist sicher „Ausdruck einer tiefgreifenden Verunsicherung der Mittelschichten gegenüber dem Risiko eines sozialen Abstiegs, da sie das Gefühl haben, ohne ausreichende Entlohnung zu arbeiten“, wie es Finanzminister Bruno Maire ausgedrückt hat. Ähnlich sieht der Soziologe Jean-Pierre Le Goff sie als Ausdruck der politischen und sozialen Unzufriedenheit der an der Peripherie lebenden Franzosen, die seit langem aus dem Blickfeld der Medien und der politischen Klasse geraten sind (→ Zitat). Zudem verweist der Konflikt auf grundlegende Mängel des politischen Systems und der Funktionsweise der Demokratie und ein schon länger bestehendes Vertrauensproblem zwischen Bürgern und Regierenden (→ Kap. 2.3). Auf jeden Fall ist es bezeichnend, dass es nicht die Oppositionsparteien, Gewerkschaften oder andere Organisationen waren, die Präsident Macron an den Rand einer Krise brachten, sondern eine spontane, unorganisierte Bewegung. Für die Zukunft ist nicht ausgeschlossen, dass derartige Protestformen erneut auftreten.

Weiterführende Literatur (Weitere Hinweise im Online-Anhang)

- Gewerkschaften. Dossier in: Dokumente, Nr. 4/2007, S. 34–55
- Dominik Grillmayer: Stärkung des sozialen Dialogs in Frankreich? Deutsch-Französisches Institut, Aktuelle Frankreich-Analysen Nr. 28, Juni 2014
- Thomas Georg Helmberger: Arbeitnehmer-Arbeitgeber-Beziehungen in Österreich und Frankreich: Gesellschaftlicher Kontext, Akteure und Arenen im Vergleich. Linz: Universitätsverlag Trauner 2002, 190 S.
- Johanna Intrup-Dopheide: Tariffähigkeit, Gewerkschaftspluralismus und Tarifmehrheiten in Frankreich: eine Untersuchung des Gesetzes zur Erneuerung der sozialen Demokratie mit vergleichendem Blick auf Deutschland, Berlin: Logos 2013
- Udo Rehfeldt: Frankreich: von der Exzeptionalität zum Neokorporatismus? Der Wandel des französischen Modells der Arbeitsbeziehungen vor und nach der Krise 2008–09, in: Frank Bsirske et al. (Hrsg.): Gewerkschaften in der Eurokrise, Hamburg: VSA 2016
- Peter Wahl (Hrsg.): Gilets jaunes. Anatomie einer ungewöhnlichen sozialen Bewegung, Köln: Papyrossa 2019

9. Das Bildungssystem

> Die Schule ist in Frankreich eine der Institutionen, die die größten Erwartungen wecken. Ob sie von den Verantwortlichen in Politik, Wirtschaft oder Verbänden kommen, von den Schülern oder ihren Eltern, dem Lehrpersonal oder den Bürgern: Diese Erwartungen sind vielfach und manchmal widersprüchlich. Wenngleich diese Situation nicht typisch nur für Frankreich ist, hat sie doch eine ganz spezifische Dimension in einem Land, in dem diese Institution eng mit der Errichtung der Republik und der Nation verbunden war, und in dem alle individuellen und kollektiven Ambitionen auf die Schule projiziert werden.
>
> (France Stratégie: Lignes de faille, Paris, September 2016, S. 91)

9.1 Bildungspolitik als Gesellschaftspolitik

Das französische Bildungssystem ist Gegenstand hoher Erwartungen, großer Aufmerksamkeit, heftiger Debatten und permanenter Reformen. Dies hat mit dem besonderen Stellenwert zu tun, den es nicht nur für die Gesellschaft, sondern auch für die Politik, ja den Zusammenhalt der Nation einnimmt. Zum einen war die Durchsetzung der demokratischen Republik im Verlauf des 19. Jahrhunderts eng mit dem Schulsystem verknüpft (→ Kap. 8.1). Unter dem legendären Erziehungsminister Jules Ferry wurden ab 1881/82 per Gesetz flächendeckend in allen Kommunen öffentliche Grundschulen eingerichtet, um das Monopol der oft vorherrschenden katholischen Schulen zu brechen. „Schwarze Husaren der Republik" nannte man die Lehrer dieser Volksschulen – in Anlehnung an ihren dunklen, den ganzen Körper bedeckenden Arbeitskittel, aber auch an den militärisch-missionarischen Eifer, mit dem sie sich als „Schwert und Schild der Republik" verstanden und gegen den Einfluss des Klerus zu Werke gingen. Sie sollten der breiten Masse des Volkes die Bildung ermöglichen, die Werte der Republik verbreiten und die jungen Franzosen zu Staatsbürgern heranbilden. Begabten Schülern aus ärmeren Schichten boten die Volksschulen ferner die Möglichkeit zum sozialen Aufstieg (während der Weg zum Gymnasium den Kindern aus bürgerlichen Schichten vorbehalten blieb). Die „Schule der Republik" wurde auch zum Ferment der nationalen Einheit: Wenn, wie Ernest Renan es definiert, die Nation sich auf eine Erinnerungsgemeinschaft und den freiwilligen Willen seiner Bürger zum Zusammenleben gründet (→ Kap. 1.1, Zitat), dann kommt der Schule dabei eine zentrale Rolle zu. Schließlich ist in Frankreich das Prinzip der Meritokratie fest verankert: Der soziale Aufstieg ist mehr als anderswo stark an die erworbenen Schul- oder Hochschulabschlüsse gekoppelt. Dadurch wird es fast zwangsläufig zum Objekt ständiger Erwartungen und politischer Debatten. Auch die „republikanischen Eliten" bilden sich durch die Auslese der (schulisch) Besten, ohne Ansehen von Stand, Herkunft, Vermögen oder Einfluss. Sichtbarer Ausdruck dieser Kultur ist der „concours", die Ausleseprüfung mit anschließender Rangfolge der Kandidaten, die bei der Vergabe zahlreicher Stellen vor allem im öffentlichen Dienst angewendet wird.

Von daher ist es fast logisch, dass das Bildungssystem, „Éducation nationale" genannt, zentral organisiert ist und gesteuert wird. Der gesamte Bildungsapparat (das Ministerium in Paris, seine regionalen Zweigstellen (Académies), die Lehrer und Hochschullehrer) stellt damit einen besonders großen, oft auch schwerfälligen Koloss mit über einer Million Beschäftigten im Schulsystem dar, dessen Fähigkeit zur Anpassung und zur Veränderung immer wieder in Frage gestellt worden ist. Denn Reformen stoßen nicht nur auf unterschiedliche korporatistische Interessen der betroffenen Lehrkräfte und ihrer Gewerkschaften, sondern auch auf eine äußerst sensible Öffentlichkeit. Dabei stehen die formale Einheitlichkeit des Bildungssystems und das von ihm vertretene Gleichheitsgebot im Kontrast zu seiner faktischen Segmentierung, die sich in starken Ungleichheiten im Bildungszugang und -erfolg ausdrückt.

Dabei darf nicht vergessen werden, dass das Schulsystem im Zuge des Baby-Booms der Nachkriegszeit und der wachsenden Anforderungen an das Bildungsniveau eine wahre Bildungsexplosion bewältigen musste. 1939 betrug der Anteil der Abiturienten an einem Jahrgang 3 %; noch 1979 erreichten nur 25 % einer Altersklasse das Abitur, heute sind es 80 %! Diese Demokratisierung des Bildungssystems ist eine große Leistung, hat aber auch die Heterogenität der Sekundarschüler und ihrer Lernvoraussetzungen verbreitert. Auch dadurch wird der Auftrag der Schule erschwert, ein Ort sozialer Integration zu sein, der den gesellschaftlichen Zusammenhalt fördert.

9.2 Die Schule

a) Grundzüge des Schulsystems

Zu den allgemeinen Grundsätzen des Schulsystems gehört sein öffentlicher, laizistischer Charakter (école publique et laïque). Dennoch existieren in allen Schulstufen auch private Schulen, überwiegend in Trägerschaft der katholischen Kirche. Immerhin 2,2 Millionen Schülerinnen und Schüler, 17 % aller Kinder, besuchen diese privaten Einrichtungen, in Regionen mit starker katholischer Tradition wie der Bretagne sind es deutlich mehr. Allerdings sind fast alle privaten Schulen staatlich anerkannt, erhalten damit öffentliche Zuwendungen, müssen die staatlichen Lehrpläne anwenden und unterliegen auch der staatlichen Schulaufsicht; sie können sich aber ihre Schüler und Lehrer aussuchen. Generell haben alle Schulen Ganztagsbetrieb.

Eine Besonderheit ist der seit langem breit ausgebaute vorschulische Bereich. Die Vorschule (École maternelle), die Kinder ab zwei Jahren aufnimmt, gehört schon zum System der Éducation nationale und ist in der Regel im selben Gebäude wie die Grundschule untergebracht. Die dort unterrichtenden Lehrkräfte haben dieselbe Ausbildung und denselben Status wie die Grundschullehrer. 9,4 % der zweijährigen und 99,8 % der drei-bis fünfjährigen Kinder besuchten 2020 die Vorschulen (seit 2018 gilt eine Schulpflicht ab drei Jahren). Die anschließende Grundschule (École élémentaire) umfasst fünf Klassenstufen.

Daran schließt in der Sekundarstufe I eine vierjährige Gesamtschule (Collège) an, die von allen Schülern ab 11 Jahren besucht wird. Unter dem einheitlichen Dach des Collège gibt es Differenzierungen, um den starken Leistungsunterschieden zwischen den Schülern gerecht zu werden: beispielsweise Klassen, in denen die Jugendlichen gleichzeitig Unterricht in zwei Fremdsprachen erhalten (classes bilangues), Klassen mit zusätzlicher sozialpädagogischer Betreuung oder Klassen, die schon früh auf eine betriebliche Lehre vorbereiten.

Der größte Teil der Collège-Schüler wechselt anschließend auf das Gymnasium (Lycée), das in der Regel nach drei Jahren zum Abitur und damit zur allgemeinen Hochschulreife führt. Dabei kann man unterscheiden zwischen dem allgemeinbildenden Gymnasium (Lycée général) und dem technologischen Gymnasium (Lycée technologique). 30 % der Schüler – in der Regel stammen sie aus benachteiligten sozialen Schichten – bekommen aufgrund ihrer schulischen Leistungen keine Empfehlung für den allgemeinbildenden bzw. technologischen Zweig des Gymnasiums. Sie wechseln auf das berufliche Gymnasium (Lycée professionnel) oder zu einem kleinen Teil in eine betriebliche Lehre. Das berufliche Gymnasium führt entweder nach zwei Jahren zu einem Facharbeiterabschluss (Certificat d'aptitude professionnelle, CAP) oder nach drei Jahren zum Berufsabitur; letzteres berechtigt zum Studium (allerdings sind die Erfolgschancen in den Universitätsstudiengängen für Berufsabiturienten sehr gering). Insgesamt machen rund 80 % eines Jahrgangs das Abitur (in Deutschland sind es 51 % einschließlich Fachabitur).

b) Leistungen und Probleme

Generell ist Frankreichs Schulsystem durchaus erfolgreich. In den zahlreichen vergleichenden Studien und Rankings nimmt es einen Platz im Mittelfeld ein, mit einem Leistungsniveau, das leicht über dem Durchschnittswert der OECD-Länder liegt. Frankreich hat vier von sechs Zielen der EU-Bildungs- und Ausbildungsstrategie erreicht: Die Schulabbrecherquote liegt unter 10 %, die Akademikerquote über 40 %; fast 100 % der drei- bis fünfjährigen Kinder besuchen die Vorschule; über 15 % der Berufstätigen profitieren von Weiterbildung. Auch die Bildungsausgaben liegen leicht über OECD-Durchschnitt. Besonders exemplarisch ist der Vorschulbereich, der nahezu alle Kinder ab drei Jahren erfasst. In den vergleichenden PISA-Studien der OECD ist Frankreich in den vergangenen Jahren allerdings um einige Plätze nach unten gerutscht (auf Rang 20 von 41 Ländern).

Ein trotz mancher Fortschritte ungelöstes Problem stellt das Schulversagen dar. Knapp 100.000 Schüler verlassen die Schule ohne ordentlichen Abschluss; davon haben 40.000 nicht einmal den Abschluss des Collège, der normalerweise mit 15 Jahren erreicht wird. Allerdings hat sich diese Zahl und auch der Anteil der Schulabgänger ohne Abschluss seit zehn Jahren von 10 % auf heute 8,2 % verringert. Bedenklich stimmt die Tatsache, dass der schulische Erfolg in keinem anderen Land so stark von der sozialen Schicht abhängt wie in Frankreich. Studien haben ergeben, dass sich die Handicaps in Bezug auf schulisches Lernen schon im frühen Kindesalter aufbauen.

Dabei spielt auch die Zusammenballung sozialer Problemgruppen in den Vorstädten eine große Rolle (→ Kap. 8.2). Seit 1981 wurden viele dieser Gebiete zu pädagogischen Sonderzonen erklärt (seit 2011 Réseaux d'éducation prioritaire, REP, genannt). Die dortigen Schulen genießen eine größere Autonomie, erhalten zusätzliche Mittel, und es gibt spezielle Förderungen für Schüler mit Lernproblemen. Knapp 18 % aller französischen Grundschüler und knapp 20 % der Collège-Schüler lernen in derartigen Schulen. Aber trotz eines erheblichen Mitteleinsatzes von jährlich 1,3 Milliarden für diese Sonderzonen ist die Bilanz nach über dreißig Jahren mager, wie ein 2016 veröffentlichter Evaluierungsbericht gezeigt hat: Die Klassen hatten durchschnittlich nur 2 Schüler weniger als anderswo; die effektive Unterrichtszeit wurde durch häufige Disziplinprobleme verringert; die Lehrkräfte waren oft unerfahren und hatten nicht immer eine adäquate Ausbildung. Im Ergebnis sind die schulischen Ungleichheiten in den vergangenen Jahren noch gestiegen. Angesichts dieser Probleme reduzierte Präsident Macron 2017 in den 869 Problemgebieten (REP) die Zahl der Schüler pro Klasse auf 12. Etwa 340.000 Schülerinnen und Schüler der ersten beiden Grundschulklassen profitierten von dieser Maßnahme. Dennoch bleibt es für die Schulen sehr schwierig, die massiven sozialen Nachteile der Familien und ihrer Kinder in den benachteiligten Stadtvierteln auszugleichen. So resümiert ein Bericht von France Stratégie: „Verlangt man nicht zu viel von einer Institution, die sich permanent einer sehr segmentierten sozialen Geographie gegenübersieht, d. h. starken wirtschaftlichen und kulturellen Ungleichheiten, die das Schicksal der Kinder schon in den ersten Jahren bestimmen, sowie später einem stark segmentierten Arbeitsmarkt, der von den schulischen Abschlüssen beherrscht wird und wenige Möglichkeiten zum Neustart nach einem ersten Scheitern zulässt?" (→ Literatur)

» Zitat: Schule und soziale Herkunft

„Ein großes Problem des französischen wie des deutschen Schulsystems liegt darin, dass es Vor- und Nachteile sozialer Herkunft eher verstärkt als ausgleicht. [...] In Frankreich liegt eine Ursache für die schwächeren schulischen Leistungen von Kindern und Jugendlichen aus sozial benachteiligten Milieus sicherlich in der stark ausgeprägten räumlichen Segregation. Diese führt dazu, dass in REP-Zonen kaum Kinder aus gebildeten Schichten zur Schule gehen und leistungsschwache Schüler sich hier sammeln. Viele ehrgeizige oder besser gestellte Eltern, die aufgrund ihres Wohnorts ihr Kind in eine Schule in einem schwierigen Viertel schicken müssten, melden ihre Kinder in Privatschulen an, da sie sich dort für ihren Nachwuchs größere Chancen auf schulischen Erfolg erhoffen. Zum Schuljahresbeginn 2016 waren 21,2 % aller Sechst- bis Zwölftklässler an privaten Collèges und Lycées angemeldet, an denen Schüler aus sozial schwachen Familien eine kleine Minderheit darstellen.“

(Martin Villinger: Bildungsreform in Frankreich, Ludwigsburg: Deutsch-Französisches Institut 2018 (Aktuelle Frankreich Analysen, Nr. 33, Juli 2018, S. 6)

Ein weiteres Problem ist die Funktionsweise des Schulsystems. Dieses soll allen Schülern den gleichen Zugang zur Bildung bieten (Chancengleichheit). Die sozialen Positionen werden dann nach der von den Schülern erzielten Leistung vergeben (Meritokratie) – eine scheinbar objektive Auswahl der Besten. Ausgeblendet bleiben bei diesem abstrakten Gleichheitspostulat oft die unterschiedlichen sozialen und persönlichen Voraussetzungen der Schüler. Ferner überwiegt vor allem in der Sekundarstufe ein am theoretischen Wissen orientierter Unterricht. Dies wird unterstützt durch die Auswahl und Ausbildung der Lehrer, die stark fachwissenschaftlich orientiert ist und bei der die pädagogische Vermittlung (noch) deutlich zu kurz kommt. Dementsprechend fühlen sich die Sekundarstufenlehrer in erster Linie als sachorientierte, neutrale Wissensvermittler und weniger als ganzheitlich orientierte, die Persönlichkeit der Schüler und ihre familiären und sozialen Umstände in ihren Unterricht einbeziehende Pädagogen. Zwar findet auch das letztere Leitbild Anhänger, vor allem unter den Grundschullehrern, hat sich bislang im Sekundarbereich aber weniger durchsetzen können als in anderen Ländern.

Abbildung 3: Das Bildungssystem Frankreichs

Bildungsniveau	Alter	Einrichtungen
Tertiarstufe	18–22	*Grande École*; Vorbereitungsklassen; Universität *Université*; Technische Institute *IUT (DUT)*; Spezialschulen *École spécialisée*; Höhere technische Schulen *STS (BTS)*
Sekundar-Stufe II	15–17	Abitur *Bac Général*; Techn. Abitur *Bac Techno*; Techn. Abschluss *BT*; Gymnasium *Lycée d'enseignement général et/ou technologique*; Berufl. Abitur *Bac Pro*; Berufl. Abschluss *BEP*; Berufl. Zertifikat *CAP*; Berufsgymnasium *Lycée professionnel*
Sekundarstufe I	11–14	Berufliche Vorbereitungsklassen; Gesamtschule *Collège Unique*
Primarstufe	6–10	Grundschule *École primaire*
Elementarstufe	3–5	Vorschule *École maternelle*

Glossar:

IUT / DUT: Institut / Diplôme Universitaire Technologique
STS / BTS: Section / Brevet de Techniciens Supérieurs
Bac Général: Baccalauréat Général
Bac Techno: Baccalauréat Technologique
Bac Pro: Baccalauréat Professionnel
BT: Brevet de Technicien
BEP: Brevet d'Etudes Professionnelles
CAP: Certificat d'Aptitude Professionnelle

c) Die berufliche Bildung: Stiefkind des Systems?

Die starke Ausrichtung an allgemeinbildenden Zielen und am allgemeinbildenden Abitur als Maßstab für Bildungserfolg haben eine Kehrseite: die stiefmütterliche Behandlung der Schüler, die den Weg einer betrieblichen Ausbildung gehen, und die eher geringe Wertschätzung dessen, was in Deutschland als Lehrlingsausbildung im dualen System (Berufsschule und Betrieb) bekannt ist und trotz aller Probleme gut funktioniert. Es sind die leistungsschwächsten Schüler des Collèges, die sich in den Vorbereitungsklassen zur Aufnahme einer beruflichen Lehre befinden. Ein dementsprechend schlechtes Image hat die Lehre, die von Lehrern wie von Schülern mehr als Versagen und Sackgasse denn als Chance einer beruflichen Ausbildung und Zukunft empfunden wird und deren Angebote meist als wenig attraktiv empfunden werden. Dem entspricht auch die geringe Zahl der angebotenen Lehrlingsausbildungen in den Unternehmen, zumeist im Handwerk.

Die duale Lehrlingsausbildung ist denn auch nicht die einzige Form der beruflichen Erstausbildung, die einen Abschluss als Facharbeiter oder -angestellter ermöglicht (Certificat d'aptitude professionnelle). Im Gegenteil wird diese überwiegend durch das Schulsystem, in den Berufsschulen und technischen Fachschulen durchgeführt. Dies hängt zum einen mit dem Selbstverständnis der öffentlichen Schulen zusammen, die die Berufsausbildung als staatliche und in erster Linie schulische Aufgabe sehen und deren Ausrichtung an den Bedürfnissen und Interessen der Wirtschaft eher argwöhnisch beurteilen. Zum anderen ist auch seitens der Unternehmen die Bereitschaft und die Fähigkeit, in eine wirkliche betriebliche Ausbildung zu investieren, begrenzt. Im Ergebnis ist die enge Verzahnung zwischen betrieblicher Praxis und theoretischer schulischer Ausbildung immer noch vergleichsweise gering entwickelt. Dies schafft erhebliche Übergangsprobleme für die Schüler, die das staatliche Schulsystem verlassen und den Zugang zum Arbeitsmarkt suchen: Der Wert der erworbenen beruflichen Abschlüsse wird von den Unternehmen oft gering eingeschätzt; dazu kommt die Funktionsweise des Arbeitsmarktes, die für Neueinsteiger hohe Hürden aufbaut (→ Kap. 7.4).

Seit langem hat man dieses Problem erkannt und wiederholt neue Wege geöffnet, um vermehrt alternierende Ausbildungen in Schule und Unternehmen einzuführen. Zuletzt hat Präsident Macron durch eine Reform der beruflichen Ausbildung 2018 sowie durch ein 2020 aufgelegtes spezielles Anreizprogramm für Unternehmen für einen neuen Schub gesorgt. Die Zahl der Jugendlichen, die sich in einer Lehrlingsausbildung befinden, hat sich von 1990 bis 2019 auf rund 478.000 verdoppelt und 2021 mit 718.000 einen neuen Höchststand erreicht. Allerdings kam dieser Zuwachs vor allem Personen mit höherem Bildungsabschluss zugute. 2020 betrafen zwei Drittel der Ausbildungsverträge Personen, die einen höheren oder universitären Abschluss vorbereiteten (also eine Art duales Studium). Dagegen wuchs die Zahl der Auszubildenden mit einem Abschluss unterhalb des Abiturs nur sehr langsam. Sie ist nach wie vor deutlich geringer als in Ländern mit einer langen Tradition der Lehrlingsausbildung (in Deutschland waren es 1,3 Millionen im Jahr 2020). Sachverständigenberichte verweisen auf verschiedene Probleme: die große Zahl von Akteuren (Bildungsministerium, Regionen, Industrie- und Handelskammern, Sozialpartner, Branchen, Unternehmen) ohne klar strukturierte Koordinierung; undurchsichtige Geldflüsse (es gibt eine spezielle Lehrlingsausbildungsabgabe für alle Unternehmen, deren Erträge von jährlich ca. 2 Milliarden aber teilweise in andere Ausbildungen fließen, die nicht dual organisiert sind), vor allem aber das weiterhin spürbare Übergewicht des Bildungsministeriums in der Steuerung der Lehrlingsausbildung, die deshalb als bürokratisch, unternehmensfern und immer noch an abstrakt akademischen Lerninhalten festhaltend kritisiert wird. Auch hier hat Macrons Berufsbildungsreform angesetzt: Die staatliche Genehmigung bei der Gründung berufsbildender Ausbildungszentren ist weggefallen, während die Unternehmen und Branchen jetzt stärker einbezogen werden.

9.3 Die Hochschulen

Die schon erwähnte Bildungsexplosion hat sich auch auf die Hochschulen ausgewirkt. Die Zahl der Studenten hat sich von 1,184 Millionen (1980) auf insgesamt 2,758 Millionen (2020), also auf mehr als das Doppelte gesteigert. Dies erforderte den Neu- und Ausbau universitärer Einrichtungen und Neueinstellungen; allein von 1993 bis 2003 stieg die Zahl des Lehrpersonals um 55.000 Personen, ein Plus von 27 %. Dabei bleibt ein Spannungsverhältnis zwischen dem Ziel einer breiten Massenbildung und dem Prinzip der Meritokratie (Auslese nach Leistung). Dies schlägt sich in einem Hochschulsystem nieder, das äußerst vielfältig und unübersichtlich ist, sowohl was die ministeriellen Zuständigkeiten als auch die Hochschultypen und Studiengänge betrifft. Grundlegend ist der Dualismus zwischen den Universitäten, zu denen grundsätzlich freier Zugang bei Studienanfang herrscht, und einem selektiven Sektor von – in Größe und Status sehr unterschiedlichen – Hochschulen, bei denen der Zugang durch Aufnahmeprüfungen teilweise stark begrenzt ist.

a) Die Universitäten

Der Zugang zu den derzeit 72 Universitäten erfolgt auf der Grundlage des Abiturs in der Regel ohne weitere Hürden; es gibt keinen Numerus clausus, allerdings durchaus Kapazitätsbeschränkungen. Die Auslese erfolgt studienbegleitend, bei den Medizinstudenten schon am Ende des ersten Studienjahres und ist hier ausgesprochen hart; die meisten Studenten scheitern und müssen wiederholen oder auf andere Fächer ausweichen. Die angebotenen Studiengänge folgen dem seit der Umstellung der europäischen Studienabschlüsse etablierten System: Bachelor/Licence (nach dreijährigem Studium) und Master (nach zwei zusätzlichen Studienjahren). Deutlich zahlreicher als in Deutschland sind berufsorientierte Masterstudiengänge (master professionnel), in denen dreimal so viel Studenten eingeschrieben sind wie in den forschungsorientierten Studiengängen.

Die Universitäten haben den demographischen Druck und den Trend zur Massenuniversität in besonderer Weise zu spüren bekommen. Heute nehmen sie rund 1,650 Millionen Studenten auf (2020/21). Trotz wachsender finanzieller und personeller Mittel leiden sie an Unterausstattung mit Mitteln, aber auch an ihrer schwerfälligen, wenig effizienten Funktionsweise. In den letzten Jahren hat die Politik durch einige Reformen versucht, den Universitäten mehr Autonomie einzuräumen und sie zu stärkerer Profilbildung und zu gemeinsamen Forschungs- und Lehrverbünden mit benachbarten Universitäten oder gar Grandes écoles und außeruniversitären Forschungseinrichtungen zu bewegen. Auch ihre Eigenverantwortung soll gestärkt werden. Studienabschlüsse und Forschungsleistungen werden regelmäßig evaluiert. Erste Ergebnisse dieser Reformen sind sichtbar; dennoch bleiben die Universitäten die „armen Vettern" des Hochschulsystems.

b) Hochschulen mit Ausleseverfahren

Dies liegt auch an der Existenz eines vielfältigen selektiven Sektors: Hochschulen, die nur den besten Abiturienten und Studenten offen stehen und die Aufnahmeprüfungen vorsehen. Entsprechend hoch ist das Prestige dieser Hochschulen.

Zwei Bildungswege bieten zweijährige, stark praxisorientierte Studiengänge in technischen und kaufmännischen Disziplinen an. Die an den Universitäten angesiedelten IUT (Instituts universitaires de technologie) können aufgrund ihres Sonderstatus die Studenten auf der Grundlage der Abiturnoten oder Tests auswählen. Sie zählen rund 121.000 Studenten (2020/21). An ausgewählte Gymnasien angegliedert sind hingegen die Ausbildungsgänge der Sections de techniciens supérieurs (STS) die mit einem Diplom zum Höheren Techniker abschließen und derzeit rund 262.000 Studenten (2019) haben.

Regelrechte Elitehochschulen finden sich in den mehr als 200, zum Teil prestigeträchtigen Grandes écoles, an denen insgesamt rund 400.000 Studenten eingeschrieben sind. 40 % von ihnen werden von privaten Trägern betrieben. Dort fallen teilweise hohe Gebühren an (Beispiel: 8.000 bis 12.000 Euro pro Jahr bei den Handelshochschulen, in der HEC Paris sind es über 40.000 Euro für die dreijährige Ausbildung), für die es in der Regel Bankkredite gibt. Die Grandes écoles bieten eine hochwertige, in der Regel auch praxisorientierte Ausbildung, die ihren Absolventen – nicht zuletzt dank der sehr gut funktionierenden Alumni-Netzwerke – gut bezahlte Jobs, oft in Führungspositionen, sichern. 93 % der Absolventen hatten ein Jahr nach Beendigung des Studiums einen Arbeitsplatz. Zum vielfältigen Bereich dieser Eliteschulen gehören zahlreiche Einrichtungen in angewandten Naturwissenschaften, 230 Ingenieursschulen (darunter die traditionsreiche École polytechnique), Handelshochschulen, die in der Regel privat sind und oft von den regionalen Handelskammern betrieben werden (HEC, ESSEC, ESC), die geistes- bzw. naturwissenschaftlichen Écoles normales supérieures (ENS) sowie die für die Ausbildung von Richtern zuständige École nationale de la magistrature. Eine besonders symbolträchtige Rolle spielte die 1945 gegründete Verwaltungshochschule ENA (Ecole nationale d'administration), der fast alle der französischen Spitzenbeamten entstammen. Sie war wiederholt Zielscheibe der Kritik an der bürgerfernen, technokratischen Verwaltungselite und wurde 2021 von Präsident Macron abgeschafft.

Die Aufnahmeprüfungen für diese Grandes écoles sind ausgesprochen schwer; die strenge Selektion ist geradezu ein Markenzeichen für diese Eliteschulen. Für einige von ihnen existieren eigene Vorbereitungsklassen, die oft an ausgewählte Gymnasien angegliedert sind und in denen sich die Schüler zwei Jahre lang eigens auf die Prüfung vorbereiten (insgesamt 85.000 Schüler im Jahr 2020). Auch die zehn politikwissenschaftlichen Institute (Sciences Po) mit ihrem Sonderstatus, die ihre Studenten über einen Auswahlwettbewerb (ohne Vorbereitungsklassen) auswählen, dienten ihren Absolventen oft als Sprungbrett für eine Karriere in Führungspositionen in Verwaltung und Wirtschaft.

c) Republikanische Eliten oder Reproduktion der Oberschichten?

Die Idee einer (politischen, wirtschaftlichen oder intellektuellen) Elite ist in Frankreich kein Tabu, im Gegenteil. Im Zuge der Herausbildung der Republik hat man den Zugang zur Elite stark an schulische Leistungen gebunden: Nicht mehr Reichtum, Erbe oder „Beziehungen" sollten entscheiden, sondern allein das Talent bzw. Leistungsvermögen. Ausdruck dieser Meritokratie ist der Concours, der Auswahlwettbewerb, bei dem eine Vielzahl von Kandidaten um oft nur wenige Posten, Positionen oder Studienplätze in den Elitehochschulen (Grandes écoles) konkurrieren. Die schriftlichen Prüfungen sind anonymisiert, um sachfremde Urteile bzw. persönliche Bevorzugungen auszuschalten. Danach kommen die besten Kandidaten in die mündliche Prüfung. Einmal in eine Elitehochschule aufgenommen, ist der Karriereweg meist vorgezeichnet. Alle Absolventen, die die ENA hervorgebracht hat (das waren in letzter Zeit zwischen 77 und 90 jährlich), hatten hochrangige Posten in der Staatsverwaltung sicher. Die besten von wählen bestimmte Eliteverwaltungen (grands corps d'État) wie die Finanzinspektion im Finanzministerium, den nationalen Rechnungshof oder den Staatsrat (Conseil d'État), deren Mitglieder regelmäßig Spitzenpositionen in der Verwaltung, aber auch in Politik und Wirtschaft einnehmen.

Was ist das Ergebnis dieser sehr speziellen Elitenrekrutierung? Einerseits handelt es sich tatsächlich in der Regel um eine Auswahl der Besten. So genießen französische Spitzenbeamte weit über Frankreich hinaus, etwa in europäischen Verhandlungen, einen ausgezeichneten Ruf. Sie verfügen über ein breites Wissen und eine schnelle Auffassungsgabe, können sich in kürzester Zeit in die unterschiedlichsten komplizierten Materien einarbeiten und sind vielseitig einsetzbar. Die besten und erfahrensten von ihnen werden oft mit der Erstellung von Sachverständigenberichten beauftragt, um die Öffentlichkeit und die Regierung zu beraten.

Ihre sachorientierte, zuweilen technokratische Herangehensweise ist hilfreich, um jenseits parteipolitischer Polarisierung den Kern von Problemen zu erkennen und der Politik mögliche Lösungswege mit ihren jeweiligen Vor- und Nachteilen aufzuzeigen.

» *Zitat: Der Dualismus des Hochschulsystems*

„Der Dualismus zwischen selektivem und nicht selektivem Sektor und das damit eng verbundene Problem der Elitenrekrutierung gibt immer wieder Anlass zu Debatten und Protestbewegungen, wie die neuesten Entwicklungen unter der Präsidentschaft von Emmanuel Macron bestätigen. Die zentrale Frage, die dabei immer wieder gestellt wird, lautet: Wird das französische Bildungssystem und speziell das Hochschulwesen seinem Anspruch auf Chancengleichheit durch Ausbildung einer republikanischen Elite gerecht oder trägt es wesentlich zur Reproduktion einer kleinen, sozial privilegierten Elite bei, die fernab von den Bedürfnissen und Erwartungen der Bevölkerungsmehrheit dank eines technokratischen Expertenwissens das Land beherrscht?“

(Werner Zettelmeier: Zwischen Elitismus und sozialer Öffnung, in: Corinne Defrance/ Ulrich Pfeil (Hrsg.): Länderbericht Frankreich, Bonn: Bundeszentrale für politische Bildung 2021, S. 358)

Die Kehrseite dieses Systems ist die außerordentlich schmale soziale Basis der französischen Eliten. Die prestigeträchtigsten Hochschulen, die allein (neben einem Rest an Geldadel und Erben großer Familienunternehmen) den Zugang zur Elite eröffnen, sind eine Hochburg der Oberklassen. Kamen 1950 immerhin noch 22 % der Absolventen von ENA und École polytechnique aus einfachen sozialen Schichten, sind es heute nur noch wenige Prozent. Der Anteil der höheren Klassen (Führungskräfte, Unternehmer, Bildungseliten) hat sich von 67 % auf 90 % erhöht. Deshalb spricht man von sich selbst reproduzierenden Eliten. Diese stammen aus denselben Prestigeschulen, leben überwiegend in Paris oder anderen Großstädten und sind vielfältig miteinander vernetzt. Für politische Karrieren ist die Zugehörigkeit zu derartigen Seilschaften oft entscheidender als die Verdienste, die man sich in der Partei erworben hat. Die starke Präsenz der Eliten in der Politik verstärkt das Bild einer blutleeren, abgehobenen politischen Klasse. Dies führt zu einer Geschlossenheit der Eliten, wie man sie in kaum einem anderen Land (außer vielleicht Großbritannien) kennt.

> *» Zitat: Eliten – eine geschlossene Gesellschaft*
>
> *„[Die] Position der Grandes écoles in der Produktion der Eliten in Wirtschaft, Politik, dem Bereich der Intellektuellen, aber auch der Medien, die zu Lasten der ‚normalen' Universitätsabsolventen oder der Nichtakademiker geht, erklärt das so oft angeklagte Phänomen des heimlichen Einverständnisses der Eliten. Man braucht dazu keine Verschwörungstheorien zu bemühen. Es genügt die Tatsache, dass sie aus denselben Familien der Bourgeoisie (oft aus Paris) stammen, dieselben Ausbildungen genossen und immer im gleichen Milieu mit denselben Standards gelebt haben […], um zu erklären, wie uniform die Weltsichten und das Empfinden der eigenen Zukunft sind. Dieser Zusammenhalt wird noch verstärkt durch die intensive Pflege des gemeinsamen Umgangs, in gesellschaftlichen Zirkeln, Clubs und anderen Orten der Geselligkeit: Die Beziehungen, die man unter Nutzung der diversen Netzwerke mobilisieren kann, erlauben es jedem, seine Machtfülle zu vervielfachen."*
>
> (Anne-Catherine Wagner: Des élites cosanguines, in: Constructif, Nr. 14, Juni 2006)

Hier setzt auch die vielfältige Kritik an den Eliten an, die in Frankreich mit großer Regelmäßigkeit vorgebracht wird, aber ebenso regelmäßig folgenlos bleibt. Dabei sind viele Vorwürfe berechtigt: die fehlende soziale Vielfalt der Eliten, die große Bevölkerungsteile ausschließt, was zusammen mit den sehr ähnlichen Ausbildungsprogrammen der Elitehochschulen eher zu einer Einengung des Denkens führt; die Bürger- und Basisferne der meisten Eliten; die Reproduktion sozialer Ungleichheiten, weil die künftige Zugehörigkeit zur Elite schon früh durch das familiäre Milieu, die Wahl der „richtigen" Schulen im „richtigen" Stadtviertel geprägt wird; die Art der Auslese von „Musterschülern", die schon im jungen Erwachsenenalter in die Führungspositionen katapultiert werden, während andere Kriterien wie Lebenserfahrung oder persönliche Bewährung in der Berufspraxis nur wenig zählen.

Vereinzelt hat Versuche einer sozialen Öffnung der Elitehochschulen gegeben. Am bekanntesten ist die Initiative des Politikinstituts Sciences Po Paris, das seit 2001 Abiturienten aus benachteiligten Stadtvierteln einen speziellen Zugang zum Studium ermöglicht. Diese Initiative hatte durchaus Erfolg, blieb aber die Ausnahme, die die Regel bestätigt. Der grundsätzliche, immer noch stark sozial geschlossene Selektionsmodus dieser „Auslese der Besten" wurde dadurch nicht in Frage gestellt.

Das könnte sich mit der von Präsident Macron 2021 verkündeten Auflösung der Elite-Verwaltungshochschule ENA (Ecole nationale d'administration) ändern. Die ENA ist die wohl symbolkräftigste Verkörperung des oben beschriebenen und vielfach kritisierten französischen Elitesystems. Ihre Absolventen finden sich in den Spitzenpositionen aller Verwaltungen und sind untereinander hervorragend vernetzt. Vier der bisherigen acht Staatspräsidenten der V. Republik waren Absolventen der ENA (darunter Macron). Scheinbar allgegenwärtig an den Schalthebeln der Macht, sind sie bei Protesten ein beliebtes Hassobjekt und Verkörperung einer arroganten, abgehobenen, bürgerfernen Staats- und Verwaltungselite. Auch die Gelbwestenbewegung (→ Kap. 8.4) hatte diese Kritik vielfach aufgegriffen. Es ist auch als Reaktion darauf zu werten, dass Macron die ENA zum 1.1.2022 auflösen ließ und durch eine neue Institution (Institut national de la fonction publique) ersetzt hat. Die Ausbildung der höheren Beamten soll breiter aufgestellt werden und einen gemeinsamen Sockel für alle angehenden Beamten umfassen. Künftig soll nach der Ausbildung eine mehrjährige Praxis erfolgen, an deren Ende über die weitere Karriere jedes Verwaltungsbeamten entschieden wird. Macron verspricht sich von dieser Reform mehr Chancengleichheit, eine stärkere soziale Öffnung der Verwaltungsausbildung und mehr Praxisnähe der künftigen Spitzenbeamten. Die Abschaffung der ENA schlug in den Verwaltungskosmos ein wie eine Bombe. Ob sie die Funktionsweise der höheren Verwaltung wirklich verändern kann, muss sich in den kommenden Jahren erst noch zeigen.

Weiterführende Literatur (Weitere Hinweise im Online-Anhang)

- Annika Blichmann: Spiegel der Gesellschaft. Geschichte und Gegenwart des Schulsystems, in: Corine Defrance/Ulrich Pfeil (Hrsg.): Länderbericht Frankreich, Bonn: Bundeszentrale für politische Bildung 2021, S. 337–347
- Carla Schelle et al. (Hrsg.): Schule und Unterricht in Frankreich: ein Beitrag zu Empirie, Theorie und Praxis, Münster: Waxmann 2012
- Martin Villinger: Bildungsreform in Frankreich, Ludwigsburg: Deutsch-Französisches Institut 2018 (Aktuelle Frankreich Analysen, Nr. 33, Juli 2018
- Rolf Wittenbrock: Das französische Schulsystem – der alltägliche Spagat zwischen egalitärem Anspruch und elitärer Auslese, in: Dietmar Hüser/Hans-Christian Herrmann (Hrsg.): Macrons neues Frankreich, Bielefeld: transcript 2020, S. 109–134
- Werner Zettelmeier: Zwischen Elitismus und sozialer Ordnung. Ein Streifzug durch das Hochschulwesen, in: Corine Defrance/Ulrich Pfeil (Hrsg.): Länderbericht Frankreich, Bonn: Bundeszentrale für politische Bildung 2021, S. 348–359

10. Frankreichs Außenbeziehungen

Wenn Frankreich sich mit dem Status einer Mittelmacht begnügen würde, wäre seine Zukunft vorgezeichnet. Es würde den Rest seines Einflusses verlieren, um ein Satellitenstaat zu werden, dessen Arbeitsplätze vom weltweiten Wachstum und dessen Sicherheit von fremden Entscheidungen abhängig würden.

(Jacques Chirac: Une nouvelle France. Reflexions, Band I, Paris 1994, S. 14f.)

Nur Europa kann eine wirkliche Souveränität gewährleisten, d. h. unsere Fähigkeit, uns in der gegenwärtigen Welt zu behaupten und unsere Werte und Interessen zu verteidigen. Es gilt, eine europäische Souveränität zu schaffen, und es ist notwendig, sie aufzubauen.

(Emmanuel Macron, Rede am 26.9.2017)

In kaum einem vergleichbaren Land wird so intensiv über die eigene Rolle in der Welt nachgedacht wie in Frankreich. Dabei besteht über alle Parteigrenzen hinweg eine weitgehende Einigkeit darüber, dass diese Rolle eine besondere sei oder doch sein sollte. Die Selbstvergewisserung bezüglich Frankreichs „Rang" in der Weltpolitik, aber auch Zweifel darüber, ob dieser Anspruch noch der Realität entspricht, sind immer wiederkehrende Themen in französischen Diskussionen (10.1). Dies wirkt sich auch auf die Europapolitik aus. Seit Beginn der europäischen Integration hat Frankreich den Einigungsprozesse durch eigene, zuweilen auch eigenwillige Vorstellungen über das zu errichtende gemeinsame Europa bereichert (10.2). Dabei hat das deutsch-französische Verhältnis immer eine Schlüsselrolle gespielt und tut dies noch heute. Nicht immer wirkte die Zusammenarbeit als „Motor" der europäischen Integration, aber ohne sie ist kein Fortschritt möglich. Die Einzigartigkeit der deutsch-französischen Beziehungen zeigt sich auch in der außerordentlichen Vielfalt der politischen, wirtschaftlichen und gesellschaftlichen Verflechtungen auf allen Ebenen (10.3).

10.1 Eine Mittelmacht mit weltweiten Interessen

Wer über Frankreichs Rang und Rolle in den internationalen Beziehungen nachdenkt, stößt unweigerlich auf Charles de Gaulle, eine der großen Ausnahmefiguren der jüngeren französischen Geschichte. Der Armeegeneral, Führer des Widerstands gegen Hitlerdeutschland (1940–44), erster Regierungschef nach der Befreiung (1944–1946) sowie Gründer und erster Präsident der V. Republik (1958–1969) hat wie kaum ein anderer den Anspruch formuliert: „Frankreich kann nicht sein ohne Größe." Auch wenn dieses Pathos der „Grandeur" mittlerweile einer nüchterneren Sichtweise gewichen ist, sieht sich Frankreich doch weiterhin als „aktive schöpferische Mittelmacht" (Alfred Grosser) mit weltweiten Interessen, die einen herausgehobenen „Rang" in der Weltpolitik beansprucht. Allerdings fehlt es auch nicht an selbstkritischen Stimmen, die auf die Lücke zwischen Anspruch und Wirklichkeit hinweisen: Welchen Platz kann Frankreich, das weniger als 1 % der weltweiten Bevölkerung und 2,3 % der globalen Wirtschaftsleistung repräsentiert, auf globaler Ebene beanspruchen?

a) Frankreichs Rang als Ziel der Außenpolitik

Die Sicherung des „Ranges" ist eine konstante Zielsetzung französischer Außenpolitik seit Ende des Zweiten Weltkrieges. Das war zunächst alles andere als selbstverständlich. 1940–44 war Frankreich am Boden, gezeichnet von der Schmach der Besetzung durch Hitlerdeutschland und der Kollaboration der Vichy-Regierung Pétains mit Hitler. Frankreich wurde in erster Linie durch die Alliierten befreit. Es ist das Verdienst de Gaulles, in diesen finsteren Zeiten ein Zeichen des Widerstands gesetzt zu haben. Als Chef der Exilregierung in London erstritt er einen (bescheidenen) Platz für Frankreich im Kampf gegen Hitler. De Gaulle organisierte auch französische Truppen, die an der Landung der Alliierten in der Normandie und an der Befreiung Frankreichs teilnahmen. Mit Gespür für Symbolik sorgte er dafür, dass französische Truppen als Befreier in die Hauptstadt Paris einmarschierten. Schließlich erreichte er für Frankreich den Status als vierte alliierte Besatzungsmacht in Deutschland sowie einen der fünf ständigen Sitze im Weltsicherheitsrat der Vereinten Nationen. Die grundlegende Modernisierung der Wirtschaft (→ Kap. 6.1) war für de Gaulle eine Voraussetzung, um Frankreichs außenpolitische Position aufzuwerten und zu festigen.

1958 – nach einem längeren Rückzug aus der aktiven Politik – wieder an die Macht gelangt, verfolgte de Gaulle weiter eine Politik der „Grandeur", etwa durch den Aufbau einer Atomstreitmacht, den Rückzug der französischen Streitkräfte aus dem integrierten Kommando der NATO und eine Politik, die den Führungsanspruch der USA innerhalb des westlichen Bündnisses offen in Frage stellte. Die trotz der 1962 abgeschlossenen Entkolonisierung weiter bestehenden engen Beziehungen zu Afrika trugen ebenfalls dazu bei.

Wenngleich die Nachfolger de Gaulles ab 1969 Veränderungen vornahmen, die sich unter anderem in einem weniger schroffen Stil sowie in einem stärkeren, positiveren Engagement im atlantischen Bündnis und im europäischen Einigungsprozess ausdrückten, blieben die Grundkonstanten der gaullistischen Außenpolitik trotz aller Anpassungen an veränderte Rahmenbedingungen weitgehend erhalten.

Diese Politik sicherte Frankreich eine besondere Position in der internationalen Politik der Nachkriegszeit. Während der über vier Jahrzehnte andauernden Phase der Ost-West-Spaltung und der von den Supermächten USA und UdSSR dominierten Militärblöcke gelang es, im Rahmen des Bündnisses die französische Sonderrolle auszubauen und immer wieder eigenständige Akzente zu setzen. In Europa konnte Frankreich, wie Großbritannien, eine führende Rolle in der Außen- und Sicherheitspolitik beanspruchen.

Mit dem Fall der Berliner Mauer und der Öffnung Europas änderten sich allerdings die Rahmenbedingungen. Frankreichs „besonderer" Status als alliierte Schutzmacht in Deutschland war nun beendet. Im größer gewordenen Europa war der französische Führungsanspruch nicht mehr ohne weiteres durchzuhalten; auch in Afrika und anderen Regionen wie der arabischen Welt ging der französische Einfluss zurück. Dennoch haben sich ursprüngliche Befürchtungen, Frankreich könne gegenüber dem vereinten, nunmehr voll souveränen Deutschland außenpolitisch an Gewicht verlieren und sich geopolitisch an den Rand Europas gedrängt sehen, nicht bewahrheitet. Aber in einem internationalen System, das von Großmächten wie den USA, China oder Russland ebenso geprägt wird wie von zahlreichen neuen Krisenherden, muss Frankreich wie auch seine europäischen Partner seine internationale Rolle neu vermessen und bestimmen. Das Spannungsverhältnis zwischen Anspruch und Realität bleibt dabei weiter prägend.

b) Weltweite Präsenz

Der Anspruch Frankreichs als Mittelmacht mit weltweiter Ausstrahlung liegt auch darin begründet, dass der Horizont französischer Politik weit über das eigene Land und Europa hinausreicht und eine weltweite Dimension besitzt. Dazu trägt eine Reihe unterschiedlicher Faktoren bei:

- Frankreich verfügt auch nach der Entkolonisierung über ein weltweit verstreutes Netz überseeischer Gebiete (→ Online-Tab. 10.1). 2,2 Millionen Menschen leben in diesen Überseegebieten, die Frankreich eine reale Präsenz in der Karibik, vor dem afrikanischen Kontinent und im Südpazifik beschert. Sie dienen als logistisch-technische Stützpunkte für das französische Militär oder für die Startrampen der europäischen Ariane-Raketen in Französisch-Guyana. Als Gebietskörperschaften sind die Überseeterritorien Teil der französischen Republik und wählen insgesamt 27 Abgeordnete in die Nationalversammlung sowie 21 Senatoren.

- Die geschätzt 2,5 Millionen im Ausland lebenden Franzosen (davon sind 1,6 Millionen bei den französischen Botschaften registriert) genießen einen besonderen Status als „Français de l'étranger" mit vollen Bürgerrechten, vor allem dem Wahlrecht. Sie entsenden insgesamt 11 Abgeordnete in die Nationalversammlung. In der Regierung gibt es einen hochrangigen Beauftragten für die Auslandsfranzosen.
- Mit den Staaten des Maghreb im nördlichen Afrika verbindet Frankreich eine lange, wenngleich aufgrund der Kolonialperiode auch problematische gemeinsame Geschichte sowie ein enges Netz politischer, wirtschaftlicher und kultureller Beziehungen. In Frankreich leben zahlreiche Einwanderer aus diesen Ländern. Dies und die geographische Nähe führt dazu, dass Entwicklungen und Krisen des Maghrebs in Frankreich mit äußerster Aufmerksamkeit verfolgt werden und umgekehrt.
- Eine besondere Einflusszone französischer Politik liegt in Afrika südlich der Sahara. Sie umfasst 30 Staaten, davon 17 unter ehemaliger französischer Kolonialherrschaft. Seit 1973 finden regelmäßig franko-afrikanische Gipfeltreffen statt, zuletzt im Oktober 2021. Ein gemeinsamer Wirtschafts- und Währungsraum (Franc-Zone: Frankreich und 15 afrikanischen Staaten), zahlreiche Beistandsverträge, Kooperationsabkommen und wirtschaftliche Zusammenarbeit kennzeichnen diese Beziehungen. Etwa 40 % der französischen bilateralen Entwicklungshilfe geht in den afrikanischen Raum. Schließlich hat Frankreich im Falle von Konflikten oder Bedrohungen wiederholt militärische Interventionen in afrikanischen Ländern durchgeführt. Dies – wie auch manche fragwürdigen Beziehungen zwischen französischen Politikern und Despoten afrikanischer Länder – ist zuweilen als eine Art neokoloniale Machtpolitik kritisiert worden. Aber oft ist Frankreich das einzige Land, das sich der drohenden Destabilisierung auf dem afrikanischen Kontinent entgegenstellt und damit die EU veranlasst, ihre Passivität zu überwinden.
- Die Gemeinschaft der französischsprachigen Länder (Frankophonie) markiert die weltweite kulturelle Präsenz Frankreichs. In 33 Staaten der Welt wird Französisch von insgesamt 300 Millionen Personen als Hauptsprache gesprochen. Sehr viel mehr, nämlich 88 Staaten (54 Vollmitglieder, die restlichen sind assoziiert oder haben Beobachterstatus) beteiligen sich an der von Frankreich ins Leben gerufenen internationalen Organisation der Frankophonie mit eigenen Institutionen (Hoher Rat der Frankophonie unter dem Vorsitz des französischen Staatspräsidenten; Agentur für kulturelle und technische Zusammenarbeit; Vereinigung der Universitäten französischer Sprache, usw.). Seit 1986 finden regelmäßige politische Gipfeltreffen der Regierungschefs statt. Für Frankreich ist die Frankophonie ein Instrument, um die weltweite Entwicklung der französischen Sprache, Kultur und Wissenschaft zu fördern, darüber hinaus aber auch eine wertvolle Plattform für außenpolitischen Einfluss.

10.2 Frankreich und Europa

Frankreich hat ein ambivalentes Verhältnis zur europäischen Integration. Sein Engagement war immer auch deutschlandpolitisch motiviert. Frankreich spricht sich für eine starke, handlungsfähige Union auf dem Gebiet der Außen-, Sicherheits-, Wirtschafts- und Währungspolitik aus, ist aber sehr zurückhaltend, wenn es darum geht, die dafür notwendigen Kompetenzen auf die europäische Ebene zu übertragen.

a) Europapolitik als Deutschlandpolitik

Viele der grundlegenden europapolitischen Positionen Frankreichs sind nicht zu verstehen, ohne den engen Zusammenhang zwischen der Europa- und der Deutschlandpolitik nach 1945 einzubeziehen. Für Frankreich stellte sich damals, nach 70 Jahren deutsch-französischer Konfrontation und drei Kriegen, die Frage, wie es seine Sicherheit gegenüber dem Nachbarn im Osten gewährleisten konnte. Die zunächst vorherrschende harte Haltung, die die Wiederherstellung eines einheitlichen deutschen Staates zu verhindern suchte, machte aber schnell anderen Überlegungen Platz. Der beginnende Ost-West-Konflikt trug dazu bei, dass die potentielle Bedrohung Westeuropas durch die Sowjetunion wichtiger wurde als der deutsch-französische Gegensatz. In dieser Situation gewann ein anderes Konzept Oberhand: der Versuch, alte Feindschaften zu überwinden und das Verhältnis auf eine völlig neue Grundlage zu stellen. Es ging nun um eine Art Sicherheitspartnerschaft mit dem deutschen Nachbarn, die durch eine gemeinsame Einbindung beider Länder in die entstehenden europäischen Strukturen, später auch in den Nordatlantikpakt, gefördert wurde.

In geradezu genialer Weise vermochte es der französische Außenminister Robert Schuman 1950, das neue Konzept zu konkretisieren. Er schlug vor, die Kohle- und Stahlindustrie – die damals noch strategische Bedeutung als Grundlage der Rüstung und damit als Schlüssel zur militärischen Macht hatte – von sechs Ländern (Frankreich, Deutschland, die Benelux-Staaten sowie Italien) durch europäische Institutionen gemeinsam zu verwalten und damit zu europäisieren.

Der Schuman-Plan verband geschickt französische Sicherheitsinteressen gegenüber Deutschland mit den Motiven der Partnerstaaten und entschärfte das bilaterale Verhältnis, indem er es in einen größeren europäischen Rahmen einbettete (siehe Zitat). Für Frankreich lag der Vorteil darin, dass mit der Zusammenlegung der Montanindustrie eine gemeinsame Kontrolle der Nachbarländer über die deutsche Stahlproduktion gewährleistet war. Außerdem konnte Frankreich auf eine Führungsrolle in dem sich anbahnenden politischen Verbund hoffen und damit sein außenpolitisches Gewicht stärken. Für die noch nicht voll souveräne Bundesrepublik war der Schuman-Plan eine Chance, das schwierige Erbe der nationalsozialistischen Verbrechen in Europa zu überwinden, die Abhängigkeit von alliierten Kontrollen durch die gleichberechtigte Zusammenarbeit innerhalb eines europäischen Verbundes abzulösen und den Weg zurück in die demokratische europäische Staatengemeinschaft zu finden. Die Europäische Gemeinschaft für Kohle und Stahl wurde 1952 gegründet und war eine Art Blaupause der nachfolgenden europäischen Integration. 1957 einigten sich dieselben sechs Staaten in Rom auf die Gründung der Europäischen Wirtschaftsgemeinschaft (EWG), aus der die heutige Europäische Union hervorgegangen ist.

» *Zitat: Europapolitik und Deutschlandpolitik*

„Das Deutschland, das wir anstreben, soll ein Deutschland für Friedenszeiten sein. [...] Anstatt ein Spielball in den Händen anderer Mächte zu werden, soll es das Gefühl haben, dass seine eigenen Interessen und seine Zukunft berücksichtigt werden. Was wir den Deutschen in der gegenwärtigen Zeit bieten können, ist eine wirksame und aktive Beteiligung am Wiederaufbau eines Europas, das wir als ein organisiertes und harmonisches Gebilde verstehen."

(Ein diplomatischer Mitarbeiter des französischen Militärgouverneurs in Berlin, 1948, zitiert nach Ernst Weisenfeld: Welches Deutschland soll es sein? München: Beck 1986, S. 31)

„Europa lässt sich nicht mit einem Schlage herstellen und auch nicht durch einfache Zusammenfassung: Es wird durch konkrete Tatsachen entstehen, die zunächst die Solidarität der Tat schaffen. Die Vereinigung der europäischen Nationen erfordert, dass der jahrhundertealte Gegensatz zwischen Frankreich und Deutschland ausgelöscht wird. Das begonnene Werk muss in erster Linie Deutschland und Frankreich erfassen. [...] Die Solidarität der Produktion, die so geschaffen wird, wird bekunden, dass jeder Krieg zwischen Frankreich und Deutschland nicht nur undenkbar, sondern materiell unmöglich ist."

(Außenminister Robert Schuman 1950)

Auch in der Folge blieb die europäische und transatlantische Einbindung der Bundesrepublik aus französischer Sicht eine wichtige Garantie gegen etwaige deutsche Unwägbarkeiten (*incertitudes allemandes*). Folglich blieb es ein konstantes Ziel französischer Außen- und Europapolitik, diese Einbindung zu festigen. Jedes Mal, wenn die deutsche Westbindung sich aus französischer Sicht zu lockern schien, reagierte die französische Seite besorgt: Dies war der Fall, als Bundeskanzler Willy Brandt ab 1969 mit seiner Ostpolitik einen Ausgleich mit der Sowjetunion und mit Polen sowie eine Grundlage für ein geregeltes Verhältnis zur DDR suchte. Obwohl sie sich klar im Rahmen des westlichen Bündnisses bewegte, sorgte die Ostpolitik für große Irritationen in Frankreich. Noch größer war die Aufregung Anfang der 1980er Jahre, als sich in Deutschland mit der Friedensbewegung eine starke Ablehnungsfront gegen die Stationierung amerikanischer Pershing-Raketen formierte. In Frankreich schrillten die Alarmglocken: Barg der neue deutsche Pazifismus nicht die Gefahr, dass der Nachbar sich vom westlichen Verteidigungsbündnis löste und statt dessen eine Neutralitätspolitik verfolgte? Mit der deutschen Einheit 1990 und dem Zusammenbruch der kommunistischen Regime in Mittel- und Osteuropa belebten sich diese Ängste aufs Neue. In Frankreich wurde lebhaft darüber spekuliert, dass das wiedervereinigte, stärker gewordene Deutschland nun über neue Optionen verfügte: Es könnte sich stärker nach Mitteleuropa orientieren oder mehr auf die eigene Kraft setzen und sich von Europa abwenden. Nichts davon ist eingetreten, aber die empfindlichen Reaktionen zeigen, wie tief die Ängste noch saßen. Auch deshalb war die Bereitschaft Helmut Kohls, nach der deutschen Einheit den Weg in die europäische Währungsunion zu ebnen, aus französischer Sicht ein wichtiges positives Signal.

b) Grundzüge der französischen Europapolitik

Frankreich hat in der europäischen Integration, wie seine Partner auch, immer eigene Akzente gesetzt. De Gaulle hatte seine Ziele nach 1958 sehr markant und teilweise auch polemisch formuliert und dabei manche heftigen Auseinandersetzungen mit den Partnern provoziert. Seine Nachfolger haben ab 1969 diese Positionen deutlich pragmatischer interpretiert und sich dabei den Partnern stärker angenähert. Dennoch ist der Kern der gaullistischen Europakonzeption auch heute noch erkennbar. Er wird von fast allen politischen Kräften geteilt. Denn de Gaulle hatte schon früh notwendige und richtige Fragen an die europäische Integration gestellt, auch wenn seine Antworten nicht immer überzeugten. Das zeigt sich auch an den folgenden Grundzügen der Europapolitik.

Europa der Nationalstaaten: De Gaulle hatte dieses Konzept mit seiner heute etwas altbacken klingenden Formel des „Europas der Vaterländer“ am klarsten formuliert und sich dabei vor allem deutschen Vorstellungen eines europäischen Bundesstaates vehement widersetzt. 1961/62 lancierte er die sogenannten Fouchet-Pläne zur Gründung einer Europäischen Politischen Union, die auf einer reinen zwischenstaatlichen Zusammenarbeit beruhen sollte. Seither haben sich die Positionen angenähert: Frankreich hat akzeptiert, dass föderale Elemente eingeführt wurden (Kompetenzverlagerungen nach Brüssel; Mehrheitsabstimmungen im Rat der nationalen Regierungschefs bzw. Minister; Aufwertung des seit 1979 direkt von den Bürgern gewählten Europäischen Parlaments; Schaffung einer einheitlichen Europäischen Zentralbank). In Deutschland ist die anfängliche Begeisterung für ein bundesstaatliches Europa längst abgeflaut. Heute ist weitgehend anerkannt, dass die Nationalstaaten ebenso wie die europäischen Institutionen und Entscheidungsprozesse gleichermaßen die Grundlage der Europäischen Union bilden.

Europäisches Europa: Diese Formel de Gaulles richtete sich damals gegen den Führungsanspruch der USA im westlichen Verteidigungsbündnis NATO. Dieses Ansinnen wurde in den 1960er Jahren in Deutschland zurückgewiesen, weil man damals an der engen atlantischen Partnerschaft mit der Schutzmacht USA festhielt. Dennoch wurde auch hier eine wichtige Grundfrage aufgeworfen, die sich heute in neuer Dringlichkeit stellt: Ist Europa in der Lage, seine eigenständigen Interessen zu formulieren und durchzusetzen? Insofern hatte das unablässige französische Werben für eine eigenständige europäische Politik die Logik auf seiner Seite und ist heute – angesichts weltweit wachsender Konfliktherde, Spannungen im Verhältnis zu den USA und geopolitischer Ambitionen Russlands und Chinas – in der EU mehrheitsfähig geworden. Präsident Macron spricht in diesem Zusammenhang von der „europäischen Souveränität“ oder der „strategischen Autonomie“ der EU.

Europa als außenpolitische Macht (Europe-puissance): Auch hier gibt es Kontinuität in der französischen Politik. Frankreich setzt sich seit jeher besonders aktiv für eine gemeinsame EU-Außen- und Sicherheitspolitik ein. Es fordert mehr gemeinsame, auch finanzielle Anstrengungen auf diesem Gebiet. Damit wird allerdings der Kern der nationalen Souveränität berührt, weil die außen- und sicherheitspolitischen Vorstellungen durchaus unterschiedlich sind und kein Land, auch Frankreich nicht, bislang wirklich zu einer stärkeren Vergemeinschaftung bereit ist. Dies ändert nichts an der Tatsache, dass die grundsätzliche Zielsetzung – eine EU, die ihre Sicherheit in die eigenen Hände nimmt – weiter aktuell ist.

Europa als wirtschaftspolitischer Akteur: Aufgrund der immer engeren ökonomischen Verflechtung in der EU gerät nationale Wirtschaftspolitik immer öfter an ihre Grenzen. Die französische Schlussfolgerung seit den 1980er Jahren lautet, eine aktivere Wirtschaftspolitik auf europäischer Ebene zu fordern, die die schwindenden Möglichkeiten nationalstaatlicher Politik kompensieren soll. Seither plädieren französische Regierungen unablässig für eine intensivere europäische Industrie-, Technologie-, Handels- und Konjunkturpolitik.

Europäische Wirtschafts- und Währungsunion: Frankreich hat sich schon sehr früh für eine gemeinsame europäische Währung ausgesprochen. Aber erst nach der deutschen Einheit wurde der Weg frei für die Währungsunion, die 1999 in Kraft trat. Frankreich musste zuvor die deutschen Bedingungen akzeptieren (Unabhängigkeit der Zentralbank, Vorrang für Stabilität, verbindliche Regeln für die Haushaltspolitik, nationale Verantwortung für nationale Staatsschulden). Seither, und besonders intensiv seit Ausbruch der Euro-Krise 2010, streitet Frankreich für die Veränderung der Regeln in der Währungsunion: Mehr politische Entscheidungen statt Regeln, mehr Wachstum statt Stabilitätsfixierung, mehr Solidarität und Vergemeinschaftung der Schulden, ein eigenständiger substantieller Haushalt für die Eurozone. Dieses Konzept ist ein deutliches Kontrastprogramm zur langjährigen

Haltung der Bundesregierung und hat in den letzten Jahren für heftige deutsch-französische Kontroversen gesorgt. Dennoch haben sich beide Länder in der Pandemiekrise angenähert und gemeinsam den EU-Aufbaufonds Next Generation Europe zur Unterstützung der europäischen Wirtschaft in der Pandemie-Krise in Höhe von 750 Milliarden Euro befürwortet, der durch eine Schuldenaufnahme der EU finanziert wird.

Europa als Schutzraum gegen die Globalisierung: Die Vorstellung, die EU solle eine Art Bollwerk gegen über den Zwängen der Globalisierung sein, ist in Frankreich weit verbreitet. Sie fand ihren Ausdruck in der Forderung, die EU solle eine aktive Außenhandelspolitik betreiben. Das grundsätzliche Bekenntnis zum Freihandel wird ergänzt durch den Wunsch nach Regulierung und nach Schutz der europäischen Produzenten vor unfairen Handelspraktiken. Insbesondere setzt sich Frankreich in diesem Zusammenhang für die europäische Landwirtschaft und die Kulturindustrie, aber auch für Regulierung weltweiter Internetunternehmen ein.

Europäische Südschiene: Innerhalb der EU steht Frankreich an der Seite Deutschlands als gemeinsamer Impulsgeber für wegweisende Lösungen (Kap. 10.3). Bei der Suche nach Kompromissen positioniert es sich aber auch als Interessenvertreter der südeuropäischen Länder. So plädiert Frankreich, wie zuletzt Präsident Sarkozy 2008, für eine weitgehende „Mittelmeerunion" der EU mit ihren Nachbarn im südlichen und östlichen Mittelmeer; die tatsächlich erreichten Fortschritte auf diesem Gebiet sind allerdings begrenzt. Auch in der Euro-Krise hat sich die französische Regierung als Bindeglied zwischen Deutschland bzw. den nordeuropäischen Nachbarn und der „Südschiene" verstanden und für mehr Verständnis und Solidarität mit den krisengeschüttelten Ländern wie Griechenland, Spanien oder Portugal geworben.

Alles in allem verfolgt Frankreich also durchaus ehrgeizige Zielsetzungen für eine gemeinsame Außen-, Verteidigungs-, Handels- und Wirtschaftspolitik der Europäischen Union. Die Bereitschaft, dafür die europäischen Institutionen und Kompetenzen zu stärken, war indessen weniger stark – was Alfred Grosser einmal zu der Bemerkung veranlasste, Frankreich wolle „ein starkes Europa mit schwachen Institutionen". Auch die weit gehenden Forderungen für die Währungsunion leiden unter der nur zögerlichen Bereitschaft, die nationale Politik gemeinschaftlichen Regeln unterzuordnen.

c) Zwischen Euroskepsis und neuem Aufbruch

Anders als in Deutschland war die Haltung zur europäischen Integration in Frankreich von Anfang an ambivalent. Das hat auch damit zu tun, dass in Frankreich aufgrund seiner jahrhundertealten nationalstaatlichen Tradition schärfer gesehen wurde, dass die Entscheidung für mehr Europa die nationale Souveränität einschränkt. Auch die Wirtschafts- und Währungsintegration hat Frankreich zu teilweise schmerzhaften Anpassungen seiner Wirtschaftspolitik gezwungen (→ Kap. 6.1). Aber die anfänglichen Reflexe, den Integrationsprozess zu bremsen, sind längst einer pragmatischen Haltung gewichen, die auch die Vorteile der EU für Frankreich sieht und bereit ist, die nationale Souveränität in bestimmten Bereichen mit den EU-Partnern zu teilen und gemeinsam auszuüben. Heute gibt es – außer bei der extremen Rechten – kaum noch eine grundsätzliche Ablehnung der europäischen Integration aus nationalistischen Gründen. Kritisiert wird allerdings oft die von der EU betriebene Politik, sei es, dass die „neoliberale" Ausrichtung der EU angeprangert wird, sei es, dass die von Deutschland durchgesetzten Regeln für Haushaltsstabilität als einseitig und zu wenig sozial empfunden werden. Dieser Kritik geht es nicht um „weniger Europa", sondern um ein anderes, solidarisches Europa mit einer veränderten Haushalts-, Wirtschafts- und Sozialpolitik.

Entsprechend skeptisch ist der gegenwärtige Blick vieler Franzosen auf Europa. In den öffentlichen Debatten der vergangenen Jahre waren europaskeptische Positionen oft vorherrschend. So waren im Präsidentschaftswahlkampf 2022 nationalistischen, EU-feindliche Thesen rechtsextremer (Le Pen, Zemmour), aber auch ultralinker Kandidaten (Mélenchon) unüberhörbar, die zusammen immerhin über 50% der Wähler hinter sich hatten. Zwar treten die traditionellen Regierungsparteien (Sozialisten, Zentrum, Konservative) für die Europäische Union ein, aber das Bekenntnis wird vor allem in Oppositionszeiten oft mit wenig Überzeugung vorgetragen. Als einziger Kandidat vertrat Emmanuel Macron schon im Wahlkampf 2017 eine offensive proeuropäische Position: Er kritisierte die Illusion nationalistischer Alleingänge und sprach sich für eine handlungsfähige Europäische Union und eine kraftvolle europäische Politik aus. Diesen Kurs hat er als Präsident auch zielstrebig verfolgt (→ Kasten).

Emmanuel Macron und Europa

Macrons Wahlkampf 2017 war ein deutliches Kontrastprogramm zu der bei anderen Kandidaten vorherrschenden Europaskepsis oder -feindlichkeit. In seltener Deutlichkeit griff er die in Frankreich vielfach verbreiteten nationalpopulistischen Positionen an, bezeichnete den Rückzug auf das Nationale als verhängnisvolle Illusion und zeigte auf, dass die Verteidigung der Souveränität und des europäischen Gesellschaftsmodells nur auf europäischer Ebene Sinn mache. Gleichzeitig legte er die Wunde auf die Schwerfälligkeit und mangelnde Effizienz der Europäischen Union und plädierte für eine „Neufundierung Europas".

Macron schaffte es, mit seinem klaren Reformprogramm und seiner positiven europapolitischen Botschaft eine Mehrheit der Wähler hinter sich zu bringen. Kurz nach seiner Wahl skizzierte er in zwei wegweisenden Reden in Athen am 7.9.2017 und an der Sorbonne am 26.9.2017 umfassende Vorschläge für eine erneuerte Europäische Union. Kernziel ist der Aufbau einer „europäischen Solidarität" und „ein Europa, das schützt", was sowohl im Sinne ökonomischer Protektion (gegen unlautere Konkurrenz) als auch innerer und äußerer Sicherheit (Schutz der Außengrenzen; Außen- und Sicherheitspolitik, Kampf gegen den Terrorismus) gemeint ist.

Macrons Vorschläge stießen sich indessen bei den EU-Partnern oft auf Vorbehalte und teils Ablehnung. Der Präsident musste erkennen, dass Mehrheiten für seine ehrgeizigen Pläne schwer zu gewinnen waren, dass der Fortschritt in der EU eine Schnecke ist und zahlreiche Detailregelungen erfordert. Ein klarer Erfolg war indessen die 2020 gemeinsam mit Deutschland realisierte Einsetzung eines EU-Rettungsfonds zur Bekämpfung der Folgen der Pandemie, der 750 Milliarden Euro mobilisierte.

Inhaltlich steht Macron fest in der Tradition der französischen Europapolitik der vergangenen Jahrzehnte. Er kann deshalb in Frankreich auf eine breite parteienübergreifende Zustimmung bauen (die linken und rechten extremen Ränder ausgenommen). Zu dieser Tradition zählt das Grundverständnis der Europäischen Union als politisches Projekt, das Ziel eines außenpolitisch starken Europa, aber auch das Ziel, die EU als handlungsfähigen wirtschaftspolitischen Akteur mit eigenen Institutionen, Finanzmitteln und Instrumenten auszubauen. Dazu gehört auch, dass Macron in seiner Europapolitik durchaus selbstbewusst die französischen Interessen vertritt und dass seine Initiativen auch das Ziel haben, Frankreichs zwischenzeitlich verloren gegangene Rolle als Führungsmacht (mit Deutschland) in der EU zurückzugewinnen.

10.3 Frankreich und Deutschland: produktive Partnerschaft

Die enge Verknüpfung der europäischen Integration mit der deutsch-französischen Partnerschaft ist bereits erwähnt worden. Die Zusammenarbeit der beiden stärksten Länder der EU spielt auch heute eine zentrale Rolle in Europa – ohne sie wären keine substantiellen Fortschritte möglich. Diese bemerkenswerte Entwicklung ist nicht ohne die Last der Geschichte zu verstehen.

a) Von der „Erbfeindschaft" zur kooperativen Einbindung in Europa

Im Verlaufe des 19. Jahrhunderts hatte sich ein tiefer Gegensatz zwischen beiden Ländern herausgebildet. Nach Ende des deutsch-französischen Krieges 1870/71 wurde das Deutsche Reich im Spiegelsaal von Versailles, also auf dem Boden des besiegten Nachbarlandes proklamiert; dazu annektierte Deutschland das Elsass und das Departement Moselle. Daraus entstand ein feindseliges Verhältnis, das in beiden Gesellschaften verankert war und sich immer wieder auflud. Die Ideologie der „Erbfeindschaft" griff um sich, als ob beide Länder sozusagen genetische Feinde seien. Nach dem Ersten Weltkrieg, der sich an der Westfront fast ausschließlich auf französischem Boden abspielte und dem auf beiden Seiten Millionen von Menschen zum Opfer fielen, setzte das ausgeblutete Frankreich im Versailler Vertrag von 1919 äußerst harte Bedingungen gegen Deutschland durch. Dies belastete die junge Weimarer Republik ebenso wie die durchaus vorhandenen Ansätze einer deutsch-französischen Annäherung. Der Zweite Weltkrieg brachte für Frankreich eine Demütigung ohnegleichen, als es 1940 von Hitlers Truppen geradezu überrannt wurde und innerhalb weniger Wochen am Boden lag. Die Kollaboration des Marschall Pétain mit Nazi-Deutschland wurde als zusätzliche Entehrung Frankreichs empfunden. Zudem gab es zahlreiche Verbrechen der deutschen Besatzungstruppen wie z. B. die Auslöschung fast der gesamten Bevölkerung des Dorfes Oradour-sur-Glane. Allein der Widerstand im Inneren des Landes (Gruppierungen unterschiedlichster politischer Herkunft) und im Exil (de Gaulle) hielten dagegen.

Nach der bedingungslosen Kapitulation des Reiches waren die Beziehungen auf einem Tiefpunkt angelangt. In dieser Situation gab es widersprüchliche Überlegungen in Frankreich, wie man mit Deutschlands Zukunft verfahren sollte (→ Kap. 10.2 a). Schließlich setzte sich die Erkenntnis durch, dass eine (verschärfte) Neuauflage des Versailler Vertrags keinen dauerhaften Frieden bringen könnte und dass es sinnvoller war, einen Neuanfang im deutsch-französischen Verhältnis zu suchen. Die in diesem Zusammenhang bahnbrechende Idee des Schuman-Plans ist weiter oben bereits dargestellt worden. Hinzu kommt als weiteres Element die aktive Rolle der Zivilgesellschaft.

b) Die Rolle der Zivilgesellschaft

In der Tat ist die politische Annäherung zwischen beiden Ländern auch das Ergebnis zahlreicher zivilgesellschaftlicher Initiativen, die unmittelbar nach Ende des Zweiten Weltkriegs einen Neuanfang im bilateralen Verhältnis suchten. Sie sorgten mit ihrer vielfältigen Informations- und Aufklärungsarbeit und ersten Austauschprogrammen dafür, dass ein Netz von deutsch-französischen Kontakten entstand. Dieses bildete die Grundlage für den beginnenden Dialog und den damit verbundenen Prozess der Aussöhnung zwischen Franzosen und Deutschen.

Wer waren diese Kräfte der Zivilgesellschaft? Als Beispiel sei das 1948 gegründete Komitee für den Austausch mit dem neuen Deutschland (Comité d'échanges avec l'Allemagne nouvelle) genannt, das 1948 vom Philosophen Emmanuel Mounier und Alfred Grosser gegründet wurde. Ihm gehörten zahlreiche prominente Persönlichkeiten und Intellektuelle wie Jean-Paul Sartre, der Schriftsteller Vercors oder der Militärseelsorger Jean du Riveau an, darunter frühere Widerstandskämpfer und Verfolgte des nationalsozialistischen Rassen- und Verfolgungswahns. Sie setzten sich für den Dialog mit dem neuen Deutschland ein, gaben eine Zeitschrift heraus und organisierten öffentliche Vorträge deutscher Wissenschaftler, Politiker und Journalisten in Paris.

Auf diese und andere Initiativen – stellvertretend seien die 1946 entstandenen Herausgebergesellschaften der Zeitschriften *Dokumente* (Bonn) und *Documents* (Paris), aber auch das 1948 gegründete Deutsch-Französische Institut in Ludwigsburg (dfi) genannt – folgte ab 1950 mit der ersten Städtepartnerschaft zwischen Ludwigsburg und Montbéliard der Startschuss für eine umfassende Bewegung kommunaler Partnerschaften. Mit dem 1963 gegründeten Deutsch-Französischen Jugendwerk setzte eine wahre Massenbewegung von Jugendbegegnungen ein.

Damit ist eine außerordentliche Dichte an zivilgesellschaftlichen Kooperationen und Partnerschaften zwischen den beiden Nachbarländern entstanden. Das Spektrum ist sehr vielfältig; es umfasst insbesondere:

- über 2.200 Städtepartnerschaften, die mit ihren zahlreichen Aktivitäten und Akteuren jährlich etwa 220.000 bis 280.000 Menschen mobilisieren,
- knapp 400 deutsch-französische Gesellschaften in beiden Ländern mit etwa 40.000 Mitgliedern,
- etwa 4.000 Schulpartnerschaften mit zahlreichen gemeinsamen Projekten,
- zahlreiche Hochschulpartnerschaften und das Netzwerk der Deutsch-Französischen Hochschule, in dem 210 Hochschulen beider Länder 186 gemeinsame integrierte Studiengänge für ca. 6.400 Studenten anbieten,
- 22 deutsch-französische Wirtschaftsclubs (clubs d'affaires franco-allemands) mit 3.000 Mitgliedern, die sich als aktive Kommunikationsforen für Wirtschaftskontakte verstehen,
- und nicht zuletzt die knapp 8.000 Austausch- und Begegnungsprogramme des Deutsch-Französischen Jugendwerks, an denen jährlich fast 200.000 junge Menschen teilnehmen:

Nirgendwo auf der Welt sonst gibt es ein derart vielfältiges und breites bürgergesellschaftliches Netzwerk, das aus Tausenden von Partnerschaften gebildet wird und von Alfred Grosser einmal als die „menschliche Infrastruktur der deutsch-französischen Beziehungen" bezeichnet worden ist. Dies hat dem deutsch-französischen Verhältnis seine Originalität und Qualität verliehen und dazu beigetragen, Verständnis und Empathie für den Nachbarn in beiden Gesellschaften zu verankern.

Enge wirtschaftliche Beziehungen

Die enge wirtschaftliche Verflechtung beider Länder ist ein Kernelement des deutsch-französischen Verhältnisses. Für Frankreich ist Deutschland mit Abstand wichtigster Handelspartner. 14,1 % aller französischen Exporte gehen nach Deutschland, 14,9 % aller Importe kommen auf dem Nachbarland. Im deutschen Außenhandel dagegen liegt Frankreich mittlerweile hinter den USA, den Niederlanden und China nur noch auf dem 4. Platz. Frankreichs Gewicht am deutschen Außenhandel ist 2020 bei den Exporten auf 6,6 % und bei den Importen auf 4,8 % gesunken. Neben diesem Gefälle gibt es eine weitere Schieflage in den Wirtschaftsbeziehungen, weil Frankreich an anhaltend hohes Defizit Frankreichs im Handel mit Deutschland aufweist. Hier wirken sich die Probleme der französischen Industrie und Wettbewerbsfähigkeit aus (→Kap. 6.3).

Auch die Investitionsverflechtung ist beeindruckend. 3.200 Tochtergesellschaften deutscher Firmen sind in Frankreich präsent, die ca. 310.000 Menschen beschäftigen; umgekehrt arbeiten 2.737 französische Filialen mit ca. 363.000 Beschäftigten in Deutschland. Eine Reihe erfolgreicher industrieller Kooperationen etwa in der Rüstungsindustrie, der Luft- und Raumfahrt (Airbus, Ariane-Trägerrakete) und anderen Sektoren vervollständigen das Bild.

c) Der Elysée-Vertrag 1963 und die Regierungskooperation

Mit dem Elysée-Vertrag über die deutsch-französische Zusammenarbeit vom 22.1.1963 erfolgte ein weiterer qualitativer Sprung. Vorausgegangen war eine politische wie persönliche Annäherung zwischen Präsident Charles de Gaulle und Bundeskanzler Konrad Adenauer, die durch eine Reihe direkter Begegnungen und zwei spektakuläre Staatsbesuche (Adenauer in Frankreich: Juli 1962; de Gaulle in Deutschland: September 1962) untermauert wurde. Der von beiden Staatsmännern ausgehandelte und unterzeichnete Vertrag begründete die enge Kooperation zwischen beiden Regierungen, die sich fortan halbjährig zu gemeinsamen Sitzungen trafen (seit 2003 unter der Bezeichnung „deutsch-französischer Ministerrat"). Die regelmäßigen Konsultationen wie auch die Zusammenarbeit der Ministerialverwaltungen beider Länder erlaubten eine enge Abstimmung beider Regierungen in Hinblick auf die politischen Entscheidungen, die in der Europäischen Union anstanden. Damit entstand ein Vertrauensklima, das gemeinsames Handeln im Rahmen der europäischen Gremien ermöglichte, aber auch dafür sorgte, dass in Zeiten krisenhafter Verstimmungen, die es immer wieder gab, der Gesprächsfaden nicht abriss. Im Januar 2019 wurde der Elysée-Vertrag durch die Unterzeichnung des Aachener Vertrages ergänzt, der neue Felder der Kooperation benennt und besonders der Zivilgesellschaft eine wichtige Rolle in den Beziehungen zuschreibt. Im selben Jahr schufen der Bundestag und die französische Nationalversammlung eine deutsch-französische parlamentarische Versammlung mit 100 Abgeordneten; sie soll die Zusammenarbeit der Regierungen parlamentarisch stärker begleiten und kontrollieren und überdies gemeinsame politische Debatten zu strittigen europäischen Fragen ermöglichen.

Eine weitere Folge der Institutionalisierung der bilateralen Regierungskooperation ist, dass zahlreiche gemeinsame Organisationen und Institutionen der Zusammenarbeit geschaffen wurden: etwa das bereits erwähnte Deutsch-Französischen Jugendwerk (1963), die deutsch-französische Brigade (1987), der Kultursender Arte (1991) oder die Deutsch-Französische Hochschule (1997). Die Institutionalisierung erfasste auch andere Bereiche der Politik, etwa die Parlamente (deutsch-französische Parlamentariergruppe; gemeinsame Sitzungen der Europaausschüsse, 2019 Einrichtung einer deutsch-französischen Parlamentarischen Versammlung), die Ministerien (regelmäßiger Austausch von Beamten) sowie die Bundesländer und Regionen (regionale Kooperationspartnerschaften).

d) Eine deutsch-französische Motorenrolle?

Die enge deutsch-französische Regierungszusammenarbeit hat immer wieder entscheidende Impulse für die europäische Integration gesetzt. Alle wegweisenden Entscheidungen in der EU sind deutsch-französischen Initiativen zu verdanken oder durch einen von beiden Regierungen ausgearbeiteten Kompromiss zustande gekommen. Nicht immer funktioniert die Zusammenarbeit gut, vor allem wenn eine Regierung in politischen Schwierigkeiten steckt und nicht in der Lage ist, Kompromisslösungen innenpolitisch durchzusetzen. Dennoch gilt weiterhin: Ohne ein Einverständnis der beiden größten und wirtschaftsstärksten Nachbarländer sind wirkliche Fortschritte in der Europäischen Union nicht denkbar.

Die Motorenrolle der deutsch-französischen Kooperation für die Europäische Union bestand nicht darin, dass sich beide Länder in den zu regelnden Fragen immer einig gewesen wären. Im Gegenteil: Seit Beginn der EWG standen Frankreich und die Bundesrepublik oft für unterschiedliche, ja gegensätzliche Interessen, Positionen und Lösungsansätze. Dies betraf so fundamentale Fragen wie den föderalen oder intergouvernementalen Charakter der Europäischen Gemeinschaft, ihr Verhältnis zu den USA oder Grundfragen der Wirtschaftspolitik. Auch wenn diese Gegensätze mittlerweile weitgehend überwunden sind, stehen beide Länder auch heute oft für unterschiedliche Antworten auf die zu lösenden Fragen, insbesondere in der Wirtschafts- und Währungspolitik oder in der Einschätzung der Kernenergie. Das sorgt für Kontroversen. Aber nicht die Unterschiede sind das Problem – im Gegenteil ist es normal, dass es bei der Gestaltung von Politik, Wirtschaft und Gesellschaft in Europa unterschiedliche Positionen und Ansätze gibt. Entscheidend ist vielmehr der Umgang mit den Differenzen: die Fähigkeit, die Positionen einander anzunähern und Kompromisse zu finden, die für alle Beteiligten gangbar sind. In den vergangenen Jahrzehnten haben die französische und die deutsche Regierung es immer wieder verstanden, Interessengegensätze auszugleichen und tragfähige Kompromisslösungen zu erarbeiten. Mit dieser Fähigkeit, Unterschiede zu überbrücken, konnten sie auch eine Vorbildfunktion für die übrigen Partner einnehmen und diese ihrerseits zu Kompromissbereitschaft bewegen.

Allerdings hat sich in den letzten Jahren gezeigt, dass insbesondere bei innenpolitisch brisanten Themen die Kompromissfindung immer schwieriger wird. Zum einen sind die Positionen in den 27 EU-Staaten heterogener geworden, gleich ob es um Außen- und Sicherheitspolitik, um Wirtschaft und Währung oder um Energie, Umwelt und Klimawandel geht. Damit drohen gemeinsame Beschlüsse immer wieder zu einer Zerreißprobe der EU zu werden. Zum anderen sind heute zahlreiche Themen der EU-Politik innenpolitisch kontrovers und aufgeladen. Für ihre oft mühsam ausgehandelten Kompromisse müssen die Regierungen auch jeweils eine innenpolitische Mehrheit finden. Das ist vor allem dann kompliziert, wenn die öffentliche Meinung in Frankreich und Deutschland entgegengesetzte Positionen vertritt, etwa wenn es um die Stabilitätsregeln in der Währungszone oder um die Beurteilung der Kernenergie geht. Die deutsch-französische Zusammenarbeit muss künftig sowohl immer öfter über ihren bilateralen Horizont hinausschauen und gleichzeitig über die Regierungsebene hinaus Bürger und Parlamente stärker einbeziehen – ein schwieriger Spagat, der nicht immer Erfolg verspricht.

Weiterführende Literatur (Weitere Hinweise im Online-Anhang)

- Martin Koopmann et al. (Hrsg.): Neue Wege in ein neues Europa: Die deutsch-französischen Beziehungen nach dem Ende des Kalten Krieges, Baden-Baden: Nomos 2013
- Astrid Kufer et al. (Hrsg.): Handwörterbuch der deutsch-französischen Beziehungen, Baden-Baden: Nomos, 2. Aufl. 2015
- Hélène Myard-Delacroix: Im Zeichen der europäischen Einigung. 1963 bis in die Gegenwart, Darmstadt: Wissenschaftliche Buchgesellschaft 2011
- Hélène Myard-Delacroix/Andreas Wirsching: Vom Erbfeind zum guten Nachbarn: ein deutsch-französischer Dialog, Ditzingen: Reclam 2019
- Stefan Seidendorf (Hrsg.): Deutsch-französische Beziehungen als Modellbaukasten? Zur Übertragbarkeit von Aussöhnung und strukturierter Zusammenarbeit, Baden-Baden: Nomos 2012
- Henrik Uterwedde: Die deutsch-französischen Beziehungen. Eine Einführung, Opladen: Barbara Budrich 2019
- Wichard Woyke: Die Außenpolitik Frankreichs – eine Einführung, Wiesbaden: VS 2009, 337 S.

Weiterführende Literatur und Quellen

Frankreich-Bibliothek am Deutsch-Französischen Institut in Ludwigsburg
Beste Fachbibliothek zum zeitgenössischen Frankreich und zu den deutsch-französischen Beziehungen. Zum Bestand gehören neben Büchern und Zeitschriften unveröffentlichte Schriften (graue Literatur), Examensarbeiten sowie ein umfangreiches Pressearchiv. Onlinekatalog mit zahlreichen Links auf Volltexte. Dienstleistungen: Erstellung von themenbezogenen Bibliographien oder Dossiers, Beantwortung von Kurzanfragen, Kopieraufträge, Fernleihe u. a.
Kontakt: Tel. 07141/9303-34; frankreich-bibliothek@dfi.de.

Online-Anhang zu diesem Buch: https://doi.org/10.3224/84742623A
Der Online-Anhang zu diesem Buch bietet neben einer größeren Zahl von Tabellen und Abbildungen umfangreichere Literaturhinweise zu jedem Einzelkapitel, dazu zahlreiche Internet-Ressourcen und im Internet frei verfügbare Texte. Die Sammlung wird jährlich ergänzt.

Einführungen, Gesamtdarstellungen

Frank Baasner/Siegfried Frech/Dominik Grillmayer (Hrsg.): Das politische Frankreich: Gesellschaft, Wirtschaft, Politik und Kultur, Frankfurt/Main: Wochenschau Verlag 2019 315 S.

Corine Defrance/Ulrich Pfeil (Hrsg.): Länderbericht Frankreich, Bonn: Bundeszentrale für politische Bildung 2021, 606 S.

Dietmar Hüser/Hans-Christian Herrmann (Hrsg.): Macrons neues Frankreich. Hintergründe, Reformansätze und deutsch-französische Ansätze, Bielefeld: transcript 2020, 350 S. (zweisprachig)

Frankreich Jahrbuch 2018: Das Phänomen Macron und die Krise der Demokratie in Europa, Wiesbaden: Springer VS 2019, S. 11–182

Joseph de Weck: Emmanuel Macron. Der revolutionäre Präsident, Berlin: Weltkiosk 2021, 201 S.

Udo Kempf: Das politische System Frankreichs, Wiesbaden: Springer, 5. Aufl. 2017, 416 S.

Ingo Kolboom/Thomas Kotschi/Edward Reichel (Hrsg.): Handbuch Französisch. Sprache – Literatur – Kultur – Gesellschaft. Für Studium und Praxis. Berlin: Erich Schmidt Verlag, 2. Aufl. 2008, 1062 S.

Günter Liehr: Frankreich: ein Länderporträt, Berlin: Links, 4. Aufl. 2017, 248 S.

Hans-Jürgen Lüsebrink: Frankreich. Wirtschaft, Gesellschaft, Politik, Kultur, Mentalitäten: eine landeskundliche Einführung, Stuttgart: Metzler, 4. Aufl. 2018, 264 S.

Joachim Schild/Henrik Uterwedde: Die verunsicherte Französische Republik. Wandel der Strukturen, der Politik – und der Leitbilder? Baden-Baden: Nomos 2009, 223 S.

Manuela Wiegel: Emmanuel Macron: ein Visionär für Frankreich – eine Herausforderung für Deutschland, München: Europa-Verlag 2018, 214 S.

Periodika

Deutsch-Französisches Institut (Hrsg.): Frankreich-Jahrbuch. Wiesbaden: Springer VS (jährlich)

Dokumente/Documents. Zeitschrift für den deutsch-französischen Dialog (zweisprachig). http://www.dokumente-documents.info/

ParisBerlin. Zweisprachiges Newsmagazin, erscheint alle zwei Monate. http://de.parisberlinmag.com/

Nützliche deutschsprachige Internetquellen

http://www.france-blog.info (enthält über 2.800 Beiträge verschiedenster Art: Buch- und Veranstaltungshinweise, Informationen, Kommentare, podcasts von Interviews usw.)

www.dfi.de (Deutsch-Französisches Institut, Ludwigsburg. Informationen zu aktuellen Themen, Newsletter *dfi aktuell*; Frankreich-Bibliothek s. o.)

www.ambafrance-de.org (Französische Botschaft in Berlin, mit vielen nützlichen Informationen zu verschiedenen Themen)

https://dgap.org/de/think-tank/program/fr (Deutsche Gesellschaft für Auswärtige Politik, Programm Frankreich/deutsch-französische Beziehungen; bietet Kommentare und Analysen zu verschiedenen Themen)

Nützliche französische Internetquellen

www.vie-publique.fr (offizielle Seite der Regierung. Umfassende Informationen zu Grundlagen und Institutionen, öffentlichen Sachverständigenberichten und aktueller Politik)

www.insee.fr (Nationales Statistikamt. Umfassende Statistiken, auch themenbezogene Sammlungen, → Kap. 6, 7)

www.ladocumentationfrancaise.fr/rapports-publics (offizielle Seite der Documentation française; öffentliche Sachverständigenberichte zum Herunterladen)

Abkürzungsverzeichnis

AFP	Agence France Presse
ARTE	Association relative à la télévision européenne
BNP	Banque nationale de Paris
BPCE	Banques populaires, caisses d'épargne
CAC-40	Cotation assistée en continu
CAP	Certificat d'aptitude professionnelle
CESE	Conseil économique, social et environnemental
CFDT	Confédération française démocratique du travail
CFE-CGC	Confédération française de l'encadrement-Confédération générale des cadres
CFTC	Confédération française des travailleurs chrétiens
CPME	Confédération des petites et moyennes entreprises
CGT	Confédération générale du travail
CGT-FO	Confédération générale du travail – Force ouvrière
CIRAC	Centre d'information et de recherche sur l'Allemagne contemporaine
CNAM	Caisse nationale d'assurance maladie
CNAV	Caisse nationale d'assurance vieillesse
CNPF	Conseil national du patronat français
CSA	Conseil supérieur de l'audiovisuel
CSG	Contribution sociale généralisée
DGMIC	Direction générale des médias et des industries culturelles
EBRA	Est Bourgogne Rhône Alpes
EDF	Électricité de France
EELV	Europe Écologie-Les Verts
ENA	École nationale d'administration
ENS	École normale supérieure
ESC	École supérieure de commerce
ESSEC	École supérieure des sciences économiques et commerciales
FEN	Fédération de l'éducation nationale
FN	Front National
GDF	Gaz de France
HEC	Hautes études commerciales
INSEE	Institut national de la statistique et des études économiques
IUT	Institut universitaire de technologie
LFI	La France insoumise

LO	Lutte ouvrière
LR	Les Républicains
LREM	La République en marche
MEDEF	Mouvement des entreprises de France
MODEM	Mouvement démocrate
MPF	Mouvement du peuple français
MRP	Mouvement républicain populaire
NPA	Nouveau parti anticapitaliste
ORTF	Office de radiodiffusion-télévision française
PACTE	Plan d'action pour la croissance et la transformation des entreprises
PCF	Parti communiste français
PRG	Parti des radicaux de gauche
PS	Parti socialiste
REP	Réseaux d'éducation populaire
RMC	Radio Monte Carlo
RN	Rassemblement national
RPF	Rassemblement du peuple français
RPR	Rassemblement pour la République
RTL	Radio Télévision Luxembourg
SA	Société anonyme
SFIO	Section française de l'internationale ouvrière
SMIC	Salaire minimum interprofessionnel de croissance
SNCF	Société nationale des chemins de fer
STS	Section de technicien supérieur
TF1	Télévision française 1
TGV	Train à grande vitesse
UDF	Union pour la démocratie française
UDI	Union des démocrates et indépendants
UDR	Union des démocrates pour la République
UDVe	Union des démocrates pour la Ve République
UMP	Union pour un mouvement populaire
UNR	Union pour la nouvelle République
UNR-UDT	Union pour la nouvelle République – Union démocratique du travail